Rheinische Beiträge
zur lateinisch-romanischen Wortbildungslehre

herausgegeben von Hans Dieter Bork

2

Antônio José Sandmann

Wortbildung im heutigen brasilianischen Portugiesisch

Romanistischer Verlag
Bonn 1986

Romanistischer Verlag Jakob Hillen
Hochkreuzallee 46, 5300 Bonn 2

ISBN 3-924888-10-8
ISSN 0177-3615

Für

Branca,

Marcelo, Marcos,
Fátima und Ludmila

Inhaltsverzeichnis

Seite

1 Einleitung 1
1.1 Zur Wahl des Themas 1
1.2 Gegenstand und Ziel der Arbeit 2
1.3 Das Korpus 5
1.4 Zur Problematik der "Neubildungen" 8
1.5 Zur Gliederung der Arbeit 10

2 Derivation 12
2.1 Präfigierung 14
2.1.1 *a- (an-)* 16
2.1.2 *anti-* 16
2.1.3 *arqui-* 19
2.1.4 *auto-* 19
2.1.5 *bi-* 21
2.1.6 *co-* 21
2.1.7 *des-* 21
2.1.8 *dis-* 23
2.1.9 *ex-* 24
2.1.10 *extra-* 25
2.1.11 *extro-* 25
2.1.12 *fil(o)-* 26
2.1.13 *hiper-* 26
2.1.14 *in-* 26
2.1.15 *inter-* 28
2.1.16 *intra-* 28
2.1.17 *macro-, maxi-, mega-, micro, mini-* 29
2.1.18 *multi-* 30
2.1.19 *neo-* 31
2.1.20 *para-* 31
2.1.21 *poli-* 32
2.1.22 pós- 32
2.1.23 *pré-* 33
2.1.24 *pseudo-* 33

Seite

2.1.25 *re-* 34
2.1.26 *recém-* 36
2.1.27 *retro-* 37
2.1.28 *semi-* 37
2.1.29 *sub-* 38
2.1.30 *super-* 39
2.1.31 *supra-* 41
2.1.32 *tele-* 41
2.1.33 *trans-* 42
2.1.34 *ultra-* 42
2.1.35 *uni-* 43

2.2 Suffigierung 43
2.2.1 Substantivbildung 45
2.2.1.1 Desubstantivische Substantive 46
2.2.1.1.1 *-aço* 46
2.2.1.1.2 *-agem* 48
2.2.1.1.3 *-ão* 48
2.2.1.1.4 *-aria* 50
2.2.1.1.5 *-ário* 51
2.2.1.1.6 *-ato* 51
2.2.1.1.7 *-eira* 51
2.2.1.1.8 *-eiro* 51
2.2.1.1.9 *-ete* 53
2.2.1.1.10 *-filo* 54
2.2.1.1.11 *-ia* 54
2.2.1.1.12 *-ica* 54
2.2.1.1.13 *-inho(a)* 55
2.2.1.1.14 *-ismo* 58
2.2.1.1.15 *-ista* 62
2.2.1.1.16 *-ite* 66
2.2.1.1.17 *-mirim* 66
2.2.1.1.18 *-oca* 67
2.2.1.1.19 *-ódromo, -lândia, -rama* 68

Seite

2.2.1.2 Deadjektivische Substantive 69

2.2.1.2.1 *-ês* 70
2.2.1.2.2 *-eza* 70
2.2.1.2.3 *-ice* 70
2.2.1.2.4 *-idade/-edade* 71

2.2.1.3 Deverbale Substantive 72

2.2.1.3.1 *-ada* 72
2.2.1.3.2 *-agem* 73
2.2.1.3.3 *-ção* 73
2.2.1.3.4 *-dor(a)* 75
2.2.1.3.5 *-dura* 76
2.2.1.3.6 *-mento* 76

2.2.2 Adjektivbildung 79

2.2.2.1 Einführendes 79

2.2.2.2 Desubstantivische Adjektive 81

2.2.2.2.1 *-al* 81
2.2.2.2.2 *-ar* 82
2.2.2.2.3 *-ável* 82
2.2.2.2.4 *-eiro* 83
2.2.2.2.5 *-engo* 83
2.2.2.2.6 *-ense* 84
2.2.2.2.7 *-esco* 84
2.2.2.2.8 *-iano* 85
2.2.2.2.9 *-ico* 86
2.2.2.2.10 *-ino* 86
2.2.2.2.11 *-ivo* 87
2.2.2.2.12 *-oso* 87

2.2.2.3 Deadjektivische Adjektive 88

2.2.2.3.1 Augmentativbildungen mit *-ão* 88
2.2.2.3.2 Diminutivbildungen mit *-inho* 88
2.2.2.3.3 Superlativbildungen mit *-íssimo* 89

Seite

2.2.2.4 Deverbale Adjektive 90

2.2.2.4.1 *-ante* 90
2.2.2.4.2 *-ável/-ível* 92
2.2.2.4.3 *-tório* 93

2.2.3 Bildung von Verben 93

2.2.3.1 Infinitiv auf *-ar* 95
2.2.3.2 Infinitiv auf *-ecer* 97
2.2.3.3 Infinitiv auf *-izar* 97
2.2.3.4 Allgemeines über das Verbalsuffix 100

2.2.4 Adverbbildung 105

2.3 Regressive Ableitung 110

2.3.1 Einführendes 110
2.3.2 Regressive Ableitung: Diachronie vs. Synchronie 113
2.3.3 Regressive Ableitung und Synchronie 115

2.4 Konversion 119

2.4.1 Wortartänderung 124
2.4.2 Änderung der syntaktisch-semantischen Klasse 125
2.4.3 Exozentrische Bildungen 126
2.4.4 Metasprachlicher Gebrauch von sprachlichen Einheiten 127

2.5 Parasynthetische Derivation 128

2.6 Ableitungsrichtung: Präfigierung vs. Suffigierung 131

3 Halbderivation 136

3.1 Einführendes 136
3.2 Präfixoide 139
3.2.1 *além* 140
3.2.2 *bem, mal* 141
3.2.3 *contra, sobre* 142

Seite

3.2.4 *não* 144
3.2.5 *pró* 146
3.2.6 *sem* 147

3.3 Suffixoide 147

4 Zusammensetzung 149

4.1 Vorbemerkungen 149

4.2 Substantivbildung 150

4.2.1 Kopulative Substantivbildungen 150
4.2.2 Determinative Substantivbildungen 157

4.2.2.1 Typ N+N 157

4.2.2.1.1 Bildungen des Typs DM-DS 158
4.2.2.1.2 Bildungen des Typs DS-DM 164

4.2.2.2 Typen A+N, N+A, N+de+N 167

4.2.2.2.1 Unterschiede zwischen Komposita und syntaktischer Gruppe 167

4.2.2.2.1.1 Einführendes 167
4.2.2.2.1.2 Phonologisches Kriterium 170
4.2.2.2.1.3 Morphologisches Kriterium 171
4.2.2.2.1.4 Syntaktisches Kriterium 172
4.2.2.2.1.5 Semantisches Kriterium 173

4.2.2.2.2 Bildungen aus dem Korpus 175

4.2.2.2.2.1 A+N-Komposita 175
4.2.2.2.2.2 N+A-Komposita 176
4.2.2.2.2.3 N+de+N-Komposita 177

4.2.2.3 Typ V+N 178

4.2.2.4 Typ N+NUM 181

4.3 Adjektivbildung 182

4.3.1 Kopulative Adjektivbildungen 182
4.3.2 Determinative Adjektivbildungen 187

Seite

5 Besondere Arten der Wortbildung 190

5.1 Kürzung 190

5.1.1 Wortkürzung 190

5.1.1.1 Einführendes 190

5.1.1.2 Typ "BVG" 191

5.1.1.3 Typ "Hapag" 192

5.1.1.4 Typ "Kripo" 193

5.1.1.5 Typ "Ober" 194

5.1.2 Ellipse 195

5.2 Wortmischung 196

5.2.1 Homophone Wortmischungen 196

5.2.2 Nichthomophone Wortmischungen 197

5.3 Reduplikation 199

5.4 Analogiebildung 201

6 Schlußbetrachtungen 206

7 Literaturverzeichnis 214

Register der Bildungen des Korpus 219

Abkürzungen und Zeichen

umg.	umgangssprachlich
fig.	figürlich, im übertragenen Sinne
DS	Determinans (Nebenkonstituente der Wortstruktur)
DM	Determinatum (Hauptkonstituente oder Kern der Wortstruktur)
N	Nomen, Substantiv
A	Adjektiv
V	Verb
NUM	Numerale
m	maskulin
f	feminin
lat.	lateinisch
portug.	portugiesisch
Aurélio	*Novo Dicionário da Língua Portuguesa*, von Aurélio Buarque de Holanda Ferreira
JB	*Jornal do Brasil*
ESP	*O Estado de São Paulo*
GLO	*O Globo*[1]
ʌ	ungrammatisch; Bildung nach nichtregulärem Muster
>	lautliche Entwicklung zu
<	lautliche Entwicklung aus
←, →	Wortbildungsrichtung

1 Zu den Abkürzungen der Zeitungsnamen s. auch "Register", auf S. 212.

1 Einleitung

1.1 Zur Wahl des Themas

Wer sich öfter vor die Aufgabe gestellt sah, einen deutschen oder portugiesischen Text ins Portugiesische bzw. ins Deutsche zu übersetzen, weiß, wieviele Schwierigkeiten dies normalerweise mit sich bringt. Diese Schwierigkeiten entstehen hauptsächlich aus dem unterschiedlichen Satzbau beider Sprachen. Aber auch die Wortbildungen, besonders die deutschen Komposita, verlangen häufig vom Übersetzer größere Anstrengung, um treffende Entsprechungen im Portugiesischen zu finden. Insbesondere ist die Leichtigkeit des Deutschen, lange Komposita zu bilden, bemerkenswert. Im Portugiesischen gibt es keine formale Entsprechung zu "Weltmeisterschaftsqualifikationsspiel" oder "Nasenschleimhautentzündung". Dagegen bildet das Portugiesische mit Leichtigkeit lange Ableitungen, wie die folgenden aus dem Korpus: *redirecionamento* ← *+ direcion+a+mento* (von *re-* 'wieder' *+ direcionamento* 'Lenkung'), *desincompatibilização* 'das Niederlegen eines Amtes, das mit einem anderen Amt unvereinbar ist' ← *des/in compatibil+iza+ção*.

Der erste Anreiz zu dieser Untersuchung lag also darin, einen Vergleich zwischen der Wortbildung im Deutschen und im Portugiesischen anzustellen. Doch als ich zur genauen Festlegung der zu vergleichenden Bereiche überging, fiel mir auf, daß über die Wortbildung im Portugiesischen noch sehr wenig gearbeitet worden war und daß für diese Sprache heute noch gilt, was GAMILLSCHEG (56) über die Wortbildungslehre im Romanischen im allgemeinen sagte: "Die Romanische Wortbildungslehre ist trotz einzelner Ansätze zu einer neuen Problemstellung Stiefkind der Wissenschaft geblieben." Ich beschloß also, meine Bemühungen für diese Arbeit im Bereich der Wortbildung auf das Portugiesische ohne kontrastive Aspekte zu beschränken.

1.2 Gegenstand und Ziel der Arbeit

Diese Arbeit setzt sich als Ziel die Erforschung und Beschreibung der Wortbildungsmuster, die im heutigen brasilianischen Portugiesisch produktiv oder am produktivsten sind.[1] Es stellt sich demnach die Frage: Welcher Muster bedienen sich die Benutzer dieser Sprache, zu welchem Zweck auch immer, um neue Wörter zu bilden? Damit rückt der prozessuale, synthetische oder generative Aspekt der Wortbildung ins Zentrum des Interesses, was nicht bedeuten soll, daß der analytische Aspekt als antithetisch ausgeschlossen werden muß. Im Gegenteil, durch die Analyse der Konstituenten der einzelnen Neubildungen, durch die Gegenüberstellung von Input und Output der verschiedenen Wortbildungsverfahren gelangt man zu den Gemeinsamkeiten, zu den abstrakten Mustern, die den einzelnen Bildungen zugrunde liegen. Diese Arbeit befaßt sich grundsätzlich mit der Wortbildung im heutigen brasilianischen Portugiesisch, wobei die synchrone Sprachforschung Anwendung findet.

Bei der Beschreibung und Klassifizierung einer jeden Neubildung gelten als Schwerpunkte die Betrachtungen der morphologischen, syntaktischen und semantischen Aspekte. Stilistische, pragmatische oder phonologische Eigenschaften werden, wegen des Umfangs des Themas, nur dann herangezogen, wenn sie von besonderem Interesse sind. Die Morphologie betont z.B., daß die Neubildung *perdurabilidade* ein deadjektivisches Substantiv ist, die Syntax, daß das Suffix *-idade* sich nur mit Adjektiven verbindet und, indem es ein Adjektiv in ein Substantiv verwandelt, Nukleus oder Determinatum der Wortstruktur ist, während *perdurabil* Determinans ist, die Semantik schließlich, daß *perdurabilidade* ein Abstraktum ist. Vom phonologischen Standpunkt aus ist bei dieser Neubildung interessant, daß das Suffix *-ável* von *perdurável* vor *-idade* zu *-abil* wird, d.h. es ändern sich Laute und die Akzentuierung. Der stilistische Aspekt - *perdurabilidade*

1 GÖRLACH (74) sagt mit Recht, Produktivität sei eine Frage des Grades.

ist eine Erscheinung der gehobenen Sprache - kann hier weitgehend unberücksichtigt bleiben. Im Vergleich dazu ist eine Neubildung wie *vilarengo* 'Dorfbewohner' (S. 83f.) vom stilistischen Aspekt her hervorzuheben, denn das Suffix *-engo* gilt heute im allgemeinen als unproduktiv. Über stilistische Aspekte der Neubildungen bietet außerdem der Index mit der Lokalisierung aller behandelten Bildungen reichliche Hinweise. Der pragmatische Aspekt kann z.B. bei Augmentativ- oder Diminutivbildungen von Interesse sein (S. 50).

Daraus folgt, daß diese Arbeit, von Gegenstand und Methode her, sich in die Tradition vieler Werke der letzten Jahrzehnte, die Wortbildung synchron betreiben - es seien exemplarisch die von MARCHAND, DUBOIS, ADAMS, FLEISCHER, U. WANDRUSZKA und DARDANO erwähnt - einreihen läßt. Es werden aber auch ältere Autoren, die sich intensiver mit Wortbildung beschäftigt haben, besonders aus dem romanistischen Bereich berücksichtigt, wie MEYER-LÜBKE, ALLEN und ALEMANY BOLUFER. Des öfteren findet eine Auseinandersetzung mit brasilianischen Grammatiken der "traditionellen" Richtung statt. Der transformationalistische Ansatz, der Wörter nicht als spezifische und idiosynkratische Einheiten des Lexikons, sondern als eingebettete Sätze behandelt (s. BAUER, 3), wurde, u.a. den Argumenten MOTSCHs und OLSENs folgend, als überholt und unzureichend erachtet. Damit ist aber nicht gemeint, daß Wortbildungen nichts mit Sätzen gemeinsam haben. Die Syntax der komplexen Wörter ist, wie schon oben gezeigt wurde, ein wesentlicher Punkt dieser Arbeit, denn wie Sätze und Syntagmen, sind auch Wortbildungen strukturiert (S. 15), und bei determinativen Substantivbildungen des Typs N+N (s. Abschnitt 4.2.2.1) hat die Analogie zu Sätzen zur Einteilung der Neubildungen in prädikative und nichtprädikative Zusammensetzungen geführt.

Der lexikalistische Ansatz der Wortbildung andererseits hat m.E. vielversprechende Perspektiven, denn er baut seine Theorie explizit auf der Grundlage des Lexikons auf. Er sagt unter anderem, daß Wortbildungen nicht wie Sätze entstehen, daß Wortbildungsregeln, anders als syntaktische Regeln, Lücken aufweisen, daß Wörter Benennungsfunktion haben, Sätze dagegen Aussagefunktion, daß neue Wörter mehr als Sätze das Empfinden der Neuheit erwecken, daß Wörter, anders als Sätze, ein Inventar bilden und daß sie deswegen im Laufe der Zeit Änderungen ausgesetzt sind, die allgemein als Lexikalisierung oder Idiomatisierung bekannt sind. Trotzdem wurde dieser Ansatz zurückgestellt, weil er für das umfangreiche Thema dieser Arbeit - es wird hier kein Aspekt der Wortbildung ausgeschlossen - als noch nicht genügend ausgebaut erschien. Dafür sprach auch die Tatsache, daß in dieser Arbeit viele Daten verarbeitet werden und konsequenterweise weniger die Entwicklung neuer theoretischer Aspekte im Vordergrund stand. Die Menge der zu verarbeitenden Neubildungen empfahl, ohne gegenüber den verschiedenen Theorien die kritische Haltung aufzugeben, ein eher traditionalistisches Vorgehen, was nicht bedeuten soll, daß, wie bei der Betrachtung der Konversion zu sehen ist, nicht Argumente des lexikalistischen Ansatzes gebührende Beachtung finden.

Da die Erforschung der Produktivität von Wortbildungsmustern im heutigen brasilianischen Portugiesisch das Hauptziel dieser Arbeit ist, wird kein besonderes Gewicht auf die Einstufung jeder Neubildung als okkasionelle oder als bereits usuell gewordene Bildung gelegt, womit nicht gesagt werden soll, daß dieser Aspekt völlig unberücksichtigt bleibt, wie etwa, wenn von den ad-hoc-Bildungen des Korpus *passadólogo* und *pobrelogia* behauptet wird (S. 165f.), sie seien stark textgebunden und hätten deshalb kaum eine Chance, ins Lexikon aufgenommen zu werden. Fragen der Akzeptabilität von Neubildungen und Produktionsrestriktionen der Wortbildungsmuster werden uns beschäftigen, obwohl sie kein zentrales Ziel dieser Arbeit sind. Man vergleiche dazu z.B. die regulären und äußerst produktiven Suffixbildungen auf *-ista* und *-ável* oder die Präfixbildungen auf *re-* und *des-* mit den kaum noch produktiven Suffixbildungen auf *-engo* (*vilarengo*) oder den substantivischen Suffixbildungen auf *-íssimo* (*estrelíssima*), einem Suffix, das sich normalerweise nur mit Adjektiven oder auch Adverbien verbindet.

Der Entlehnung wird in dieser Arbeit kein besonderes Kapitel gewidmet, denn sie gehört, obwohl Entlehnung ein wichtiger

Faktor der Bereicherung des Wortschatzes einer Sprache darstellen kann, nicht zur eigentlichen Wortbildung. Es wird lediglich bei den einzelnen Bildungen oder Wortbildungsmustern eine entsprechende Bemerkung gemacht, wenn sie ihre Entstehung fremden Einflusses verdanken. Hier ist natürlich der besondere Einfluß des Englischen, hauptsächlich des amerikanischen Englisch, hervorzuheben.

Auf die Definition des Begriffs "Wort" und auf die Unterscheidung zwischen Flexion und Derivation wird hier gleichfalls nicht eingegangen. Interessierte Leser werden unter anderen auf folgende Arbeiten verwiesen: MARCHAND 1ff.), ADAMS (1ff.), ARONOFF (1ff.) und GÖRLACH (73). Die Definitionen der einzelnen Termini und die Unterscheidungen zwischen den einzelnen Wortbildungsverfahren sollen hier nicht näher betrachtet werden, sondern jeweils zu Beginn der einzelnen Kapitel. Besondere Aufmerksamkeit wird der Unterscheidung zwischen Kompositum und Wortgruppe geschenkt (s.u. 4.2.2.2.1), denn diese entscheidet in schwierigen Fällen, ob eine Neubildung ein Phänomen der Wortbildung oder zur Syntax zu rechnen ist.

1.3 Das Korpus

Das Thema "Wortbildung im heutigen brasilianischen Portugiesisch" bedarf einer kurzen Erläuterung. Warum ist da die Rede von Wortbildung im heutigen "brasilianischen" Portugiesisch und nicht im Portugiesischen im allgemeinen? Ich fand die Spezifizierung oder Begrenzung notwendig, denn das gewählte Korpus besteht aus zweiundvierzig brasilianischen Tageszeitungen des Jahres 1984: *Jornal do Brasil, O Globo* und *O Estado de São Paulo*. Außerdem war das Kriterium, ob eine Wortbildung zum Korpus gerechnet wurde oder nicht, die Tatsache, daß sie vom *Novo Dicionário Aurélio* (im folgenden einfach *Aurélio* genannt), einem brasilianischen Wörterbuch, nicht geführt wurde. Dennoch darf nicht so viel Gewicht auf die Spezifizierung "brasilianisch" gelegt werden, denn, obwohl zu vermuten ist, daß die Unterschiede zwischen dem Portugiesisch, das in Brasilien und in Portugal und seinen anderen ehemaligen Kolonien gesprochen wird, immer größer werden, sind wohl die Muster, nach denen neue Wörter geprägt werden, hier und dort grundsätzlich die gleichen. Es ist zu vermuten, daß es Unterschiede gibt, aber diese liegen wohl eher in der mehr oder weniger intensiveren Ausnutzung eines Musters in einem Gebiet. Dazu ein paar Beispiele: Neben den sieben mehr oder weniger alten Bildungen mit dem griechischen *dromo* 'Rennbahn' (*hipódromo* 'Pferderennbahn', *autódromo* 'Autorennbahn' usf.), die in den portugiesischen Wörterbüchern verzeichnet sind, hat man in Brasilien in den letzten zwei oder drei Jahren mehrere neue Wörter mit diesem Element gebildet: *sambódromo* (von *samba* 'Samba'; *sambódromo* ist in Rio de Janeiro ein riesiger Bau mit Zuschauertribünen, wo die Karnevalszüge stattfinden); *camelódromo* (von *camelô* 'Straßenhändler'; *camelódromo* ist in Rio de Janeiro eine Art Flohmarkt) usw., alle aus dem Korpus. Man kann auch vermuten, daß die anderen portugiesischsprechenden Gebiete kaum das vom deutschen/englischen *Land/land* stammende *-lândia* verwenden, um Ortsnamen zu bilden (*Uberlândia, Romelândia, Bragalândia* usw.) oder andere Bezeichnungen, in denen sich die Bedeutung etwas geändert hat: *cinelândia* 'Straße mit vielen Kinos', und die Bildung des Korpus *brizolândia* 'die Anhänger, die Clique Brizolas'. Schließlich noch eine Vermutung: das Korpus bietet uns mehrere Verbbildungen auf *-ar* und *-izar*, deren Basen Personennamen sind: *tancredar* 'Tancredo unterstützen', *tancredizar* 'an Tancredo anpassen', *montorar* 'Montoro unterstützen', *montorizar* 'an Montoro anpassen', *malufar* 'Maluf unterstützen' usw. Mir ist nicht bekannt, daß man dieses Muster, das in Brasilien neu ist, in den anderen portugiesischen Sprachräumen zur Neubildung von Wörtern verwendet hätte.

Als die Frage entschieden werden mußte, auf welchem Korpus die Arbeit aufgebaut werden könnte, dachte ich zunächst an Werke moderner brasilianischer Schriftsteller. Schriftsteller bilden neue Wörter, um ihrer Gedankenwelt Ausdruck zu geben, oder sie achten auf die Sprechart des Milieus, in dem sich die Figuren ihrer Werke bewegen, um dann diesen Figuren mittels der Sprache, die sie verwenden, mehr Authentizität zu verleihen. Lygia Fagundes TELLES zum Beispiel verwendet in ihrem Roman *As Meni-*

nas[1] mehrmals das adjektivische Superlativsuffix *-érrimo*: *cafonérrimo* 'sehr unmodisch' (S. 7), *importantérrimo* 'sehr wichtig (S. 35), *chiquérrimo* 'sehr schick' (S. 40), *simplérrimo* 'sehr einfach', Bildungen, die nicht den Wortbildungsregeln der Standardsprache folgen. Bei anderen Autoren fand ich eine Vorliebe für andere Muster, doch bei keinem einzelnen und auch nicht bei mehreren genügend Material, das mir ermöglicht hätte, das Thema "Wortbildung im heutigen brasilianischen Portugiesisch" einigermaßen umfassend darzustellen. Daraufhin versuchte ich es mit Zeitungen. Das Ergebnis war eine angenehme Überraschung. Gleich der ersten Nummer des *Jornal do Brasil* vom 8. Januar 1984, einer Sonntagsausgabe, entnahm ich 143 Wortbildungen, die nicht im *Aurélio* verzeichnet waren. Und nicht nur die Zahl der Wortbildungen war vielversprechend. Die Vielfalt der Muster war noch erstaunlicher. Zur Probe einige Beispiele aus dieser Zeitungsnummer: Präfigierung: *inverdade* 'Lüge'; Suffigierung: *joelhaço* (von *joelho* 'Knie' + *-aço*; *joelhaço* ist ein Schlag mit dem Knie); kopulatives N+N-Kompositum: *cozinheira-arrumadeira* 'Köchin + Zimmermädchen'; determinatives N+N-Kompositum: *salário-educação* 'gesetzlicher Beitrag der Unternehmen zur Berufsausbildung ihrer Angestellten'; kopulatives A+A-Kompositum: *brasileiro-paraguaio* 'brasilianisch + paraguayisch'; determinatives A+A-Kompositum: *carioca-alemão* 'die Bewohner von Rio de Janeiro deutscher Herkunft betreffend'; Kürzung: *o (guarda de) segurança* 'der Wächter'; Konversion: *o aprovo* 'die Genehmigung'; regressive Ableitung: *o entorno* 'die Umgebung', usf.

Ich entschloß mich also, als Korpus für meine Arbeit eine Auswahl brasilianischer Tageszeitungen zu nehmen, zweiundvierzig im ganzen, aus allen Monaten des Jahres 1984.

Neben der großen Zahl von Bildungen und der Vielfalt von Wortbildungsmustern sprachen noch andere Faktoren für die Wahl eines solchen Korpus, d.h. Texten aus Tageszeitungen: in

---

1 TELLES, L.F., 1978: *As Meninas*. Rio de Janeiro: J. Olympio.

einer Zeitung werden praktisch alle Bereiche des menschlichen Wissens und Tuns behandelt - Politik, Wirtschaft, Gesellschaftsleben, Werbung, Kunst, Sport, Religion, um nur einige zu nennen. In einer Zeitung werden Interviews mit allen möglichen Vertretern der verschiedensten kulturellen und gesellschaftlichen Schichten publiziert, Briefe aller Art veröffentlicht, so daß in einer Zeitung nicht nur die Standardsprache Platz hat. So bietet uns unser Korpus, neben Bildungen aus der Sprache der Gebildeten wie *desburocratização* 'Entbürokratisierung', *pós-modernidade* 'die Postmoderne', auch Bildungen aus der Umgangssprache: *garotão* 'gesunder kleiner Junge' oder auch 'wohlhabender müßiger junger Mann', *filhinho-de-papai* 'Muttersöhnchen', *cestinha* 'Basketballspieler, der viele Punkte macht', usf.

Es leuchtet natürlich ein, daß bei einer nicht so großen Zahl von Zeitungsnummern und bei einer relativ kurzen Zeitspanne nur von einem bedingt repräsentativen Korpus die Rede sein kann. Andererseits darf wohl hervorgehoben werden, daß die Vielfalt der Bereiche des menschlichen Wissens und Handelns, die in ausgewählten Tageszeitungen zum Ausdruck kommt, zweifellos für eine stilistische Diversifikation, für die Repräsentativität des Korpus dieser Arbeit spricht.

1.4 Zur Problematik der "Neubildungen"

Ein wesentlicher Punkt für diese Untersuchung ist, was unter "Neubildung" zu verstehen ist. Traditionell wird in der Lexikographie das Alter eines Wortes nach dem ersten Beleg festgelegt. Für das Portugiesische gibt der *Dicionário da Língua Portuguesa* von Cândido de FIGUEIREDO (1973) bei vielen Wörtern Quelle und Datum des Erstbelegs an. Speziell für das brasilianische Portugiesisch gibt es kein solches Werk. Für den Zweck dieser Arbeit habe ich deshalb als "Neubildungen" die aus den Zeitungen entnommenen Wörter angegeben, die im *Aurélio* nicht vorkommen.

Ich möchte noch auf einige Probleme dieses Verfahrens aufmerksam machen: 1. der *Aurélio* wurde im Jahre 1975 herausgegeben; seitdem haben nur Neudrucke stattgefunden. 2. Obwohl er ziemlich umfangreich ist, kann der *Aurélio* keinen Anspruch auf Vollständigkeit erheben. 3. Nach dem Prinzip, das ich von Prof. M. GÖRLACH, während einer Sitzung seines Hauptseminars im Wintersemester 1984/85, "Englische Lexikologie und Lexikographie", an der Universität zu Köln gehört habe: "Was herleitbar ist, ist auslaßbar", werden viele Wörter gar nicht ins Wörterbuch eingetragen. Was das Portugiesische betrifft, kann z.B. fast jedes Substantiv ein Diminutiv- oder ein Augmentativsuffix bekommen. Man trägt das Wort mit einem Diminutiv- oder Augmentativsuffix im allgemeinen nur ein, wenn es semantisch auffällig ist. *Palavrão* z.B. ist nicht nur das 'lange Wort' oder das 'Wort, dessen Aussprache schwierig ist'; es bedeutet auch 'Schimpfwort'. Es gehört also ins Wörterbuch, und so finden wir es auch im *Aurélio*. Die Sachkenntnis sagt uns, daß *calçadão*, eine Bildung aus dem Korpus, ein relativ neues Wort sein muß. *Calçadão* 'Fußgängerzone' ist nicht einfach das Augmentativ von *calçada* 'Bürgersteig', sondern mehr; es ist idiomatisiert und muß deswegen im Wörterbuch aufgenommen werden. Beispiel eines idiomatisierten Diminutivs ist die Bildung aus dem Korpus *cestinha* 'Basketballspieler, der viele Punkte macht' (von *cesta* 'Korb' + Diminutivsuffix *-inha*). *Cestinha* mit der Bedeutung 'kleiner Korb' ist nicht lexikalisiert und muß nicht ins Wörterbuch eingetragen werden.

Der *Aurélio* bringt auch keine Beispiele mit dem Präfix *ex-* 'der ehemalige', was auch nicht notwendig ist, denn die Bildungen mit diesem Präfix sind völlig durchsichtig. Von vielen Bildungen, die das Korpus enthält, besonders diejenigen mit den oben genannten Präfixen und Suffixen, kann man nicht unbedingt behaupten, sie seien neu. Viele existieren schon im ungeschriebenen Lexikon, im Bewußtsein der Sprecher. Aber da es ja mehr und eigentlich um die noch heute existierende Produktivität eines Musters als um die Frage nach der "Neuheit" jeder einzelnen Bildung geht, ist das verwendete Kriterium m.E. berechtigt, und im Falle des brasilianischen Portugiesisch gibt es keinen anderen Ausweg.

Das Gesagte soll anhand eines Beispiels erläutert werden. Es wurde oben bemerkt, daß der *Aurélio* keine Eintragungen mit dem Präfix *ex-* 'ehemalig' führt. Dem angegebenen Kriterium zufolge, alle Wörter der Zeitungen, die nicht im *Aurélio* sind, ins Korpus aufzunehmen, wurden neunzehn Bildungen mit *ex-* aufgelistet. Obwohl mehrere von diesen bestimmt nicht neu sind, wie z.B. *ex-presidente* 'ehemaliger Präsident' und *ex-chanceler* 'ehemaliger Kanzler', zeugt trotzdem die Gesamtzahl der Bildungen von der Produktivität dieses Musters, denn nebst den beiden Beispielen gibt es auch andere, die bestimmt neu sind, weil die Basis ein neues Wort ist: *ex-andreazzista* (von *andreazzista* 'Anhänger von Mário Andreazza'), *ex-pedessista* (von *pedessista* 'Anhänger der brasilianischen politischen Partei P.D.S.', Abkürzung von *Partido Democrático Social*) usf.

Ich hoffe, daß damit klar ist, um was es in dieser Arbeit geht, wenn die Rede von Neubildungen des Korpus ist. Im Vordergrund muß immer das Interesse um die Produktivität eines Musters und nicht so sehr die "Neuheit" eines jeden Beispiels stehen.

1.5 Zur Gliederung der Arbeit

Die Gliederung dieser Arbeit folgt der Klassifikation der Wortbildungsprozesse, die hier angenommen wurde. In der Regel ist dies die traditionelle Einteilung. Nach einer Einleitung (Kapitel 1) folgt die Derivation (Kapitel 2), geteilt in Präfigierung, Suffigierung, regressive Ableitung, Konversion, parasynthetische Derivation und Ableitungsrichtung: Suffigierung vs. Präfigierung. Als selbständiges Kapitel (3), zwischen Ableitung und Zusammensetzung, erscheint die Halbderivation. Im Kapitel 4 wird dann die Zusammensetzung betrachtet. Kapitel 5 schließt vier besondere Arten der Wortbildung ein, nämlich die Kürzung, die Wortmischung, die Reduplikation und die Analogiebildung. Neben den Schlußbetrachtungen und dem Literaturverzeichnis wird ein Verzeichnis aller Wortbildungen des Korpus mit genauen Angaben der Fundstelle und der Behandlung in der vorliegenden Arbeit vorgelegt.

Wegen der umfangreichen Thematik dieser Arbeit wird auf die Grundlagen der Klassifikation der Wortbildungsprozesse hier nicht näher eingegangen.[1] Grundsätzlich werden folgende Krite-

1 Zu diesem Thema s. VÖGEDING 1981, Teil B, Kapitel 1: *Zur Abgrenzung von Komposition und Derivation*, S. 68 ff.

rien angenommen: Wenn beide Konstituenten eines Wortgebildes auch frei vorkommen, heißt der Wortbildungsprozeß Komposition oder Zusammensetzung: *deus-dinheiro* (von *deus* 'Gott' + *dinheiro* 'Geld'). Wenn eine der Konstituenten nicht frei vorkommt und reihenbildend ist, wird der Wortbildungsprozeß Ableitung, Affigierung oder auch Derivation genannt: *autofinanciável* (von *auto-* 'selbst' + *financiável* 'finanzierbar') (Präfigierung); *malufiano* 'Anhänger Paulo Malufs' (Suffigierung). In die Kategorie "Reihenbildung" gehören auch Bildungen, die dadurch zustande kommen, daß sich eine fremdsprachliche Konstituente (wie z.B. das deutsche/englische *Land/land* (portugiesisch *-lândia*) oder aus dem Griechischen bzw. Lateinischen hergeleiteten *auto-* und *multi-*) leicht mit portugiesischen Wörtern verbindet, d.h. sie wird nicht mehr als ein fremdsprachliches Element empfunden: *autoproclamar-se* 'sich selbst zu etwas ausrufen'; *multilíngüe* 'mehrsprachig'; *Brizolândia* 'Anhänger Leonel Brizolas'.

Zudem schließt die Eigenschaft "reihenbildend" die Bildungen mit den aus dem Griechischen oder Lateinischen entlehnten gelehrten Stämmen oder aus diesen Sprachen entlehnten gelehrten Ableitungsbasen aus, die nur gebunden vorkommen und hauptsächlich zur Bildung von zusammengesetzten oder abgeleiteten wissenschaftlichen Termini dienen: *ecomuseologia*, *ecossistema*, *otorrinolaringologia*, *eletroencefalograma*. Damit ist aber nicht ausgeschlossen, daß solch ein griechischer oder lateinischer Stamm zur Klasse der Affixe übergeht, wenn er reihenbildend wird, was z.B. bei *filo-* (*-filo*) der Fall ist: *filonipônico* 'japanerfreundlich' (Präfigierung); *germanófilo* 'deutschfreundlich' (Suffigierung).

Es bleibt eine Gruppe von Bildungen, deren Zugehörigkeit zweifelhaft erscheint (s.u. Kapitel 3, "Halbderivation").

2 Derivation

Das Kapitel der Derivation wird in dieser Arbeit in sechs Teilen behandelt: 2.1 Präfigierung; 2.2 Suffigierung; 2.3 regressive Ableitung; 2.4 Konversion; 2.5 parasynthetische Derivation; 2.6 Ableitungsrichtung: Suffigierung vs. Präfigierung. Präfigierung und Suffigierung sind wegen ihrer Produktivität die wichtigsten Teile der Derivation oder Ableitung. Präfixe und Suffixe haben als gemeine Eigenschaft, daß sie gebundene Morpheme sind und daß mit ihnen serienweise Wörter gebildet werden oder gebildet werden können. Sie unterscheiden sich einmal, indem Präfixe, auch Vorsilben genannt (s. *Wahrig*), einem Stamm vorangestellt werden, während Suffixe, auch Nachsilben genannt (s. *Wahrig*), an das Ende des Stammes gehängt werden. Dieser Unterschied ist m.E. aber nur ein oberflächlicher Aspekt (vgl. dazu TIETZE 1974, S. 8f.). Sie unterscheiden sich vielmehr in der Funktion oder durch das Resultat, das sie hervorbringen. Präfixe treten an einen Stamm wie Adjunkte, adnominale (*minissaia* 'Minirock') oder adverbiale (*retornar* 'zurückkehren'). Sie sind das Determinans des resultierenden komplexen Wortes und verändern nicht die Wortart der Basis. Suffixe hingegen verändern, mit Ausnahme der Augmentativ- oder Diminutivsuffixe, die Wortart der Basis (z.B. wird aus dem Adjektiv *belo* 'schön' + Suffix *-eza* das Substantiv *beleza* 'Schönheit' gebildet), oder es wird mit ihnen ein anderes Wort derselben Wortart gebildet: aus dem Substantiv *matriz* 'Matrize' + Suffix *-aria* wird ein anderes Substantiv gebildet: *matrizaria* 'Matrizenfabrik'. *Matriz* und *matrizaria* gehören zu verschiedenen Bezeichnungsklassen. Dadurch, daß das Suffix die Wortart oder die Wortartsubkategorie der Basis ändert, ist es das Determinatum des Wortbildungsproduktes: *pera* 'Birne' + *-eira* → *pereira* 'Birnbaum' (*per-eira*).[1]
DS DM

---

1 Sicherlich spielt die Tatsache, daß Suffixe, im Gegenteil zu Präfixen, im Wort immer den Hauptakzent bekommen (die einzigen Ausnahmen sind die wenig produktiven *-ico* und *-aco*) eine nicht unbedeutende Rolle. Angesichts dieser Tatsachen ist der letzte Teil der folgenden Aussage von BECHARA (206) kaum zu verstehen: "Ao contrário dos sufixos, que assumem um valor morfológico, os prefixos têm mais força significativa, [...]."

Die regressive Ableitung wird in dem Kapitel "Derivation" behandelt, weil man es bei ihr im Grunde auch mit Suffixen zu tun hat. Natürlich besteht ein wesentlicher Unterschied zwischen der Suffigierung und der regressiven Ableitung, denn während es sich dort um eine Addition von Suffixem handelt, haben wir bei der regressiven Ableitung die Subtraktion eines Suffixes: Suffigierung: *levantar* 'heben' + *-mento* → *levantamento* 'Erhebung'; regressive Ableitung: *levantar* → *levante* 'Aufstand, Verschwörung'.

Die Konversion ihrerseits hat auch mit der Suffigierung zu tun, denn wie meist bei dieser haben wir bei der Konversion den Übergang eines Wortes in eine andere Wortklasse, nur daß es diesmal ohne Zufügung eines Morphems geschieht: *ridiculo* 'lächerlich' (Adjektiv) → *o ridiculo* 'das Lächerliche' (Substantiv); *poder* 'können' (Verb) → *o poder* 'die Macht' (Substantiv). Bezeichnungen wie "Nullableitung" bzw. "Ableitung mit Nullmorphem", die die Konversion in struktureller Terminologie bekommt (s. BUSSMANN 1983), zeigen auch, warum die Konversion üblicherweise im Kapitel der Derivation behandelt wird.

Bei der parasynthetischen Derivation schließlich haben wir die gleichzeitige Hinzufügung zweier Affixe, eines Präfixes und eines Suffixes, an einen Stamm: *grota* 'Grotte' → *engrotar-se* 'sich verstecken'.[1]

In dem letzten Teil "2.6 Ableitungsrichtung: Suffigierung vs. Präfigierung" wird der Frage nachgegangen, ob es bei komplexen Wörtern wie *reaparelhamento* 'Wiederausrüstung, Neueinrichtung', das eine Präfigierung (*re-* + *aparelhamento* → *reaparelhamento*) oder eine Suffigierung (*reaparelhar* + *-mento* → *reaparelhamento*) darstellen kann, Kriterien gibt, die uns zu behaupten erlaubten, es habe eine Präfigierung und nicht eine Suffigierung bzw. eine Suffigierung und nicht eine Präfigierung stattgefunden.

1 Beispiel aus CASTRO (100).

2.1 Präfigierung

Da mit Suffixen meistens die Wortart der Basis verändert wird, ist es naheliegend, das Kapitel der Suffigierung nach der Wortart des Ergebnisses des Wortbildungsprozesses in Substantiv-, Adjektiv-, Verb- und Adverbbildungen zu teilen. Da dies bei den Präfixen nicht der Fall ist und dazu die einzelnen Präfixe sich oft mit substantivischen, adjektivischen oder verbalen Basen verbinden, werden hier die neuen Bildungen in alphabetischer Reihe der Präfixe aufgeführt. Es werden dann bei den einzelnen Präfixen, nebst ihrem semantischen Wert und sonstigen wichtigen Eigenschaften, die Kombinationsmöglichkeiten hervorgehoben.

Man kann, wie DARDANO (109-136) und FLEISCHER (214f., 289f., 325f.) es getan haben, die Präfixbildungen in gewisse Gruppen teilen, doch, wie TIETZE (43) sagt, sind "die Präfixableitungen [...] nur schwer sinnvoll zu untergliedern". Nimmt man wie WIDDIG (1982) semantische Aspekte als Grundlage der Klassifizierung, steht man vor der Tatsache, daß die Präfixe oft mehr als eine Bedeutung haben können. Dies ist z.B. bei der einerseits lokalen, andererseits steigernden Bedeutung von *extra-*, *super-* und *ultra-* der Fall. Nimmt man die Kombinationsmöglichkeiten als Grundlage, muß man in Betracht ziehen, daß viele Präfixe sich mit Substantiven, Adjektiven und Verben verbinden können. Zu diesen Gründen kommt schließlich die Tatsache, daß das Korpus, auf dem diese Arbeit aufbaut, im Vergleich zu dem gesamten Wortschatz des Portugiesischen sehr beschränkt ist und mehrere Präfixe nicht vertreten sind. Deshalb finde ich es angebracht, die Neubildungen mit Präfixen in dieser einfacheren alphabetischen Reihenfolge aufzuführen.

Zu Beginn dieses Kapitels (S. 12) wurde ein kurzer Vergleich zwischen Präfigierung und Suffigierung gezogen. Sicherlich ist es angebracht, auch zwischen Präfigierung und Komposition einen Vergleich anzustellen. Präfixe sind Derivationsmorpheme, d.h. sie sind gebundene und reihenbildende Morpheme, während ein Kompositum aus der Zusammenfügung freier Morpheme zustande kommt: Präfigierung: *anti-semitico* 'antisemitisch' (*anti-* kommt nur gebunden vor und ist reihenbildend, d.h. es verbindet sich oft und leicht mit portugiesischen Wörtern und wird deswegen nicht mehr als fremdes Element empfunden); Komposition: *mesa-redonda* 'der runde Tisch' (*mesa* 'Tisch' und *redondo* 'rund' können auch frei im Satz vorkommen).

Die Grenze zwischen Präfigierung und Komposition ist nicht immer scharf. Es gibt Übergangsfälle, die sogenannten Präfixoide, die in dem Kapitel 3 "Halbderivation" behandelt werden. Auch gibt es Schwierigkeiten, Elemente wie z.B. *auto-* und *pseudo-* zu klassifizieren. Die Autoren sind sich, wie wir in den Abschnitten 2.1.4 und 2.1.24 sehen werden, darüber oft nicht einig. Unser Standpunkt ist folgender: wenn sich Elemente fremden Ursprungs, wie z.B. *pseudo-* und *auto-*, im Portugiesischen eingebürgert haben und reihenbildend geworden sind (s. das auf S. 11 angegebene Kriterium für "reihenbildend"), dann werden sie zu den Präfixen gezählt und nicht mehr als fremde gebundene Stämme betrachtet.

Was die syntaktisch-semantische Struktur der Präfixbildungen und Zusammensetzungen betrifft, sei bemerkt, daß jene immer die Reihenfolge DS-DM vorweisen, worin sie sich mit den Zusammensetzungen, die nach fremdem Muster gebildet werden, decken: Präfigierung: *intramuscular* 'intramuskulär' (DS DM); Zusammensetzung nach fremdem Muster: *motosserra* (DS DM) 'Motorsäge'. Es muß hier aber darauf hingewiesen werden, daß die Zusammensetzungen, die nach fremdem Muster gebildet werden, obwohl sie heute durch den starken Einfluß anderer Sprachen vermutlich immer zahlreicher werden, doch eine Randerscheinung sind und daß die eigentliche Struktur der portugiesischen Komposita die Reihenfolge DM-DS aufweist: *cheiro-verde* (DM DS) 'Gewürzpflanze' (von *cheiro* 'Geruch' + *verde* 'grün';[1]) *chá-de-cadeira* (DM DS) 'lange Wartezeit' (von *chá* 'Tee' + *cadeira* 'Stuhl'); *mulher-goiabada* (DM DS) 'die Hausfrau' (von *mulher* 'Frau' + *goiabada* 'Marmelade aus *goiaba*, einer Frucht').[2]

---

1 Im Portugiesischen werden auch die Simplizia *cheiro* oder der Plural *cheiros* mit der Bedeutung 'Gewürzpflanze' verwendet.

2 Beispiel aus Lygia Fagundes TELLES, 1980. *A Disciplina do Amor*. Rio de Janeiro: Nova Fronteira (S. 16).

Bildungen aus dem Korpus:[1]

2.1.1 *a-* (vor Vokal *an-*)

Dieses Präfix bedeutet soviel wie 'nicht' und wird mit gelehrten Adjektiven verbunden:
aético (von *ético* 'ethisch');
apartidário (von *partidário* 'parteilich');
anecóico (von *ecóico* 'Echo hervorbringend').

2.1.2 *anti-*

Die Grundbedeutung dieses Präfixes, das sich mit Adjektiven und Substantiven verbindet, ist 'gegen'. Das Korpus bietet uns jedoch einige Neubildungen, wo *anti-* soviel wie 'nicht gut, schlecht' bedeutet. Diese Bildungen werden hier getrennt aufgelistet.

---

1 Es erscheint sinnvoll, zu Beginn dieses Kapitels die orthographischen Regeln der Bindestrichsetzung zwischen dem Präfix und der Basis wiederzugeben (s. dazu den *Formulário Ortográfico*; *Aurélio*, S. XI):
"Dentro desse princípio, deve-se empregar o hífen nos seguintes casos:
Nos vocábulos formados pelos prefixos:
a) *auto, contra, extra, infra, intra, neo, proto, pseudo, semi e ultra*, quando se lhes seguem palavras começadas por vogal, *h, r ou s: auto-educacão, proto-revolucionário, pseudo-revelação, semi-selvagem, ultra-sensível*, etc.
OBSERVAÇÃO. - A única exceção a esta regra é a palavra *extraordinário*, que já está consagrada pelo uso.
b) *ante, anti, arqui* e *sobre* quando seguidos de palavras iniciadas por *h, r ou s: ante-histórico, anti-higiênico, arqui-rabino, sobre-saia*, etc.
c) *supra*, quando se lhe segue palavra encetada por vogal, *r ou s: supra-axilar, supra-renal, supra-sensível*, etc.
d) *super*, quando seguido de palavra principiada por *h ou r: super-homem, super-requintado*, etc.
e) *ab, ad, ob, sob* e *sub*, quando seguidos de elementos iniciados por *r: ab-rogar, ad-renal, ob-reptício, sob-roda, sub-reino*, etc.
f) *pan* e *mal*, quando se lhes segue palavra começada por vogal ou *h: pan-asiático, pan-helenismo, mal-educado, mal-humorado*, etc.
g) *bem*, quando a palavra que lhe segue tem vida autônoma na língua ou quando a pronúncia o requer: *bem-ditoso, bem-aventurança*, etc.
h) *sem, sota, soto, vice, vizo, ex* (com o sentido de cessamento ou estado anterior), etc.: *sem-cerimônia, sota-piloto, sota-ministro, vice-reitor, vizo-rei, ex-director*, etc.
i) *pós, pré* e *pró*, que têm acento próprio, por causa da evidência dos seus significados e da sua pronunciação, ao contrário dos seus homógrafos inacentuados, que, por diversificados foneticamente, se aglutinam com o segundo elemento: *pós-meridiano, pré-escolar, pró-britânico*; mas *pospor, preanunciar, procônsul*, etc."

Mit der Bedeutung 'gegen':

antialérgico 'gegen Allergie';
antiandreazzista (von *andreazzista* 'Anhänger Mário Andreazzas');
antibelicosidade (von *belicosidade* 'Streitlust');
antiboicote (von *boicote* 'Boykott');
anticâncer (von *câncer* 'Krebs');
anticandidato (von *candidato* 'Kandidat');
anticontinuísta (von *continuísta* 'Anhänger der Kontinuität gewisser Verhältnisse');
anticonvencional (von *convencional* 'konventionell');
anticonvulsionante (von *convulsionante* 'verkrampfend, revolutionär');
anticrime (von *crime* 'Verbrechen');
antidissidente (von *dissidente* 'Dissident');
antiecológico (von *ecológico* 'ökologisch');
antiestatismo (von *estatismo* 'politische Lehre, die die Gewichtigkeit des Staates behauptet');
antiestatizante (von *estatizante* 'verstaatlichend');
antifurto (von *furto* 'Diebstahl');
antiguerrilha (von *guerrilha* 'Guerrilla');
antiinflacionário (von *inflacionário* 'inflationär');
anti-Maluf (von *Paulo Maluf*, Präsidentschaftskandidat);
antimalufista (von *malufista* 'Anhänger Paulo Malufs');
antimilitar (von *militar* 'militärisch');
antiocidental (von *ocidental* 'westlich');
antipopular (von *popular* 'das Volk betreffend');
antipovo (von *povo* 'Volk');
antiprorrogacionista (von *prorrogacionista* 'Anhänger der Amtsverlängerung des Präsidenten Figueiredo');
anti-recesso (von *recesso* 'Parlamentsferien');
anti-Revolução (von *Revolução* (Kürzung für *Revolução de 31 de março de 1964*) 'Revolution');
anti-sandinista (von *sandinista* 'Sandinist');
anti-superstição (von *superstição* 'Aberglaube');
anti-subversivo (von *subversivo* 'subversiv');
antiterror (von *terror* 'Terror');
anticonceptivo, ein Synonym zu *anticoncepcional*;

antiterrorista (von *terrorista* 'Terrorist');
antitruste (von *truste* 'Trust');
antitussígeno (von *tussígeno* 'den Husten erregend').

Mit der Bedeutung 'nicht gut, schlecht':

anticultura (von *cultura* 'Kultur': *anticultura* ist 'die schlechte Kultur');
antifutebol (von *futebol* 'Fußball': *antifutebol* ist 'der schlechte Fußball');
antijogo (von *jogo* 'Spiel': *antijogo* ist 'das schlechte Spiel');
antilei (von *lei* 'Gesetz': *antilei* ist 'das schlechte Gesetz');
antimúsica (von *música* 'Musik': *antimúsica* ist 'die schlechte Musik').

Diese Bildungen sind alle Substantive. Das Präfix *anti-* bedeutet nicht mehr einfach 'gegen'. Es hat hier also eine Bedeutungsänderung oder eine semantische Erweiterung stattgefunden.

Wie zu erwarten, ist das Präfix *anti-* sehr produktiv, und die meisten Neubildungen (23 von 39) stammen aus dem politischen Bereich. Auch die Pharmakologie ist mit 5 Neubildungen gut repräsentiert, was auch leicht zu verstehen ist, denn Arzneimittel sind öfter Gegenmittel. Was die Lexikographie betrifft, ist zu bemerken, daß die Wortbildungen mit *anti-* eigentlich nur eingetragen werden sollten, wenn das Präfix von der normalen Bedeutung 'gegen' abweicht. Klare, durchsichtige Wortbildungen wie *antiocidental* oder *antimilitar* müssen nicht ins Wörterbuch eingetragen werden. Dagegen müssen m.E. alle substantivischen Neubildungen des Korpus *antijogo*, *antifutebol*, *antilei*, *anticultura*, *antimúsica* verzeichnet werden.

Schließlich ist zu bemerken, daß in all den hier aufgeführten Neubildungen das Präfix *anti-* an Adjektive oder Substantive getreten ist, und daß viele Neubildungen mit Nomina vorzugsweise adjektivisch verwendet werden: *política antipovo*, *lei antiterror*, *lei antitruste*.

2.1.3 *arqui-*

Arqui- gehört zu den Steigerungspräfixen; da es seltener verwendet wird als z.B. *super-* oder *supra-*, hat es eine stärkere Wirkung. Aus dem Korpus:
arquiinimigo 'Erzfeind' (von *inimigo* 'Feind').

2.1.4 *auto-*

Dieses Präfix bedeutet 'selbst'. Dazu der *Dictionnaire du Français Contemporain*, der *auto-* nicht als Präfix bezeichnet: "Auto-, élément qui, en français, entre dans la composition de mots comme pronom réfléchi complément du nom (*de soi-même*): *faire son autocritique*, c'est porter un jugement sur ses propres actes; *l'autodestruction*, c'est l'anéantissement de sa propre personne." Das Korpus enthält 20 Neubildungen, von denen 10 Substantive sind, 6 Verben und nur 4 Adjektive:
auto-administrar (von *administrar* 'administrieren, verwalten');
auto-apelidado (von *apelidado* 'genannt');
autobatizar-se (von *batizar* 'taufen, nennen');
autocopiativo (von *copiativo* 'zum kopieren geeignet');
autodefinir-se (von *definir* 'definieren');
autodenominar-se (von *denominar* 'nennen');
autodepuração[1] (von *depuração* 'Reinigung');
autodisciplina (von *disciplina* 'Disziplin');
autofinanciar-se (von *financiar* 'finanzieren');
autofinanciável (von *financiável* 'finanzierbar');
autoflagelação (von *flagelação* 'Geißelung');
auto-imagem (von *imagem* 'Bild');
automediação (von *mediação* 'Vermittlung');
autoproclamar-se (von *proclamar* 'ausrufen');
autopromoção (von *promoção* 'Beförderung');

---

1 Nomina actionis auf *-ção* und *-mento* sowie Adjektive auf *-ável* sind normalerweise Deverbalia. Wenn die verbale Basis jedoch nicht im Wörterbuch aufgeführt wird oder nicht existiert, muß man m.E. eine Präfigierung annehmen. Dies ist der Fall in diesem Abschnitt bei *autodepuração, autofinanciável, autoflagelação, automediação, auto-regeneração, auto-regulação, auto-subrogação* und *auto-sustentável*, deren substantivische oder adjektivische Basen der *Aurélio* aufführt.

auto-regeneração (von *regeneração* 'Erneuerung');
auto-regulação (von *regulação* 'Regulierung, Einstellung');
auto-sub-rogação (von *sub-rogação* 'Subrogation');
auto-sustentável (von *sustentável* 'haltbar, tragbar');
autoteste (von *teste* 'Test').

Das Korpus zeigt, daß *auto-* sich leicht mit portugiesischen Wörtern verbindet und somit nicht mehr als ein fremdes sprachliches Element empfunden wird. Es ist reihenbildend geworden, eine der wesentlichen Eigenschaften der Affixe. Trotzdem wird es nicht von allen Autoren als Präfix bezeichnet. Eine Stichprobe gab folgendes Ergebnis. Zunächst aus den brasilianischen Autoren: für BACK & MATTOS (456) und MANSUR GUERIOS (213) ist es ein Präfix; für den *Aurélio*, CUNHA (80), BECHARA (230) und ROCHA LIMA (192) ist es kein Präfix, sondern ein griechischer Stamm (*radical*) oder, wie der *Aurélio* sagt, ein Kompositionselement (*elemento de composição*). Dabei geben alle, außer CUNHA (47), die orthographischen Normen über die Anwendung des Bindestrichs des *Formulário Ortográfico*, der *auto-* als Präfix bezeichnet, kommentarlos wieder: "[...], deve-se empregar o hífen nos seguintes casos: 5º - Nos vocábulos formados pelos prefixos: a) *auto*, *contra*, *extra*, *infra*, *intra*, *neo*, *proto*, *pseudo*, *semi* e *ultra* [...]".[1] Unter den Autoren anderer Sprachen betrachten TIETZE (46) für das Englische und FLEISCHER (295) für das Deutsche *auto-* als ein Präfix. Es wird nicht zu den Präfixen gezählt bei DARDANO für das Italienische und bei MEYER-LÜBKE, THIELE und HAENSCH & LALLEMAND für das Französische.

Auto- darf nicht mit *auto*, Kürzung von *automóvel* und Konstituente einiger Zusammensetzungen verwechselt werden: *auto-estrada* 'Autobahn', *autopeça* 'Autoteil', die der *Aurélio* aufführt. In Brasilien ist auch *auto-escola* 'Fahrschule' (vgl. französisch *auto-école*) sehr verbreitet.[2]

---

1 Der *Formulário Ortográfico* ist am 12.8.1944 von der Academia Brasileira de Letras genehmigt worden (s. auch Anm. 1 auf S. 16).

2 Im *Aurélio* werden das Präfix *auto-* und das Kurzwort *auto* vom orthographischen Standpunkt aus gleich behandelt: Präfigierung: *auto-análise*, *autoretrato*, *autobiografia*; Zusammensetzung: *auto-estrada*, *autódromo*, *autopista*.

Man beachte schließlich den pleonastischen Aspekt der verbalen Neubildungen *autobatizar-se*, *autodefinir-se*, *autodenominar-se*, *autofinanciar-se* und *autoproclamar-se*. Wenn wir sehen, daß *Ele se proclamou imperador* ('Er hat sich zum Kaiser ausgerufen') und *Ele se autoproclamou imperador* ('Er hat sich selbst zum Kaiser ausgerufen') mögliche Sätze des Portugiesischen sind, aber **Ele autoproclamou imperador* nicht, dann kommen wir zum Schluß, daß das Pronomen *se* 'sich' eigentlich die Reflexivität beinhaltet und *auto-* nur eine sekundäre oder verstärkende Funktion hat.

2.1.5 *bi-*

Das Präfix *bi-* 'zwei, zweimal, doppelt' kennt die Variante *bis-*, z.B. in *bisavô* 'Urgroßvater'. Über die Produktivität dieser Variante im heutigen Portugiesisch sagt das Korpus aber nichts aus, denn es bietet uns nur zwei Bildungen mit *bi-*:
bimilenar (von *milenar* 'tausendjährig');
bicama (von *cama* 'Bett'); *bicama* kommt in Werbetexten vor, darunter einmal mit einer Zeichnung, aus der ersichtlich wird, daß es sich um ein Ausziehsofa, das in ein Doppelbett verwandelt werden kann, handelt. Eigentlich wäre zu erwarten, daß Neubildungen völlig motiviert sind. Doch dies ist nicht der Fall bei *bicama*, das eher als 'Doppelbett' gedeutet werden sollte. *Bicama* ist also schon bei seiner Entstehung lexikalisiert.

2.1.6 *co-*

Co- bedeutet 'mit, gemeinsam'. Aus dem Korpus:
co-gestão 'Mitbestimmung' (von *gestão* 'Verwaltung');
co-patrocinar (von *patrocinar* 'fördern, die Schirmherrschaft übernehmen').

2.1.7 *des-*

Unter den 34 Neubildungen mit *des-* sind 10 Adjektive, 17 Substantive und 7 Verben. Dieses Präfix gehört zu denjenigen, die eine negative Bedeutung ausdrücken. Doch gibt es Unterschiede: vor den Adjektiven, die alle,außer *desestatizante* 'reprivatisierend', einen statischen Inhalt haben (z.B. *desatualizado* 'nicht aktualisiert') bedeutet *des-* einfach 'nicht', oder es negiert die Basis, mit der es sich verbindet. Vor den Verben und den Substantiven (diese sind zum größten Teil Nomina actionis) bedeutet *des-* meistens 'Beseitigung, Trennung, Entfernung, Rückkehr zu einem Zustand', wobei es dem deutschen *ent-* nahesteht: *desburocratização* 'Entbürokratisierung', *desestabilizar* 'unstabil machen, entstabilisieren'. Daß es produktiv ist, zeigen die Zahlen eindeutig. ↳ destabilisieren

Bildungen aus dem Korpus mit der Bedeutung 'nicht':

desassistido 'nicht verpflegt';
desatualizado 'nicht aktualisiert';
desbalanceado 'nicht ausgeglichen';
desbalanço 'Unausgeglichenheit';
descompromissado 'nicht verpflichtet';
desemocionalizado 'nicht erregt';
desentrosamento 'Disharmonie, Unstimmigkeit';
desfavoritismo (von *favoritismo*, das seinerseits von *favorito* 'Favorit, voraussichtlicher Sieger eines Wettkampfes' abgeleitet wurde; *desfavoritismo* ist die Lage, in der ein Wettkämpfer oder eine Mannschaft nicht favorisiert wird);
desinformação 'das Nichtinformiertsein';
desintervenção 'die Nichtintervention'; Kontext des Korpus: "a desintervenção na economia" 'das Nichteingreifen (des Staates) in die Wirtschaft';
desmunido 'nicht versorgt, nicht versehen mit...';
despoliciado 'nicht bewacht'.

Bildungen aus dem Korpus mit der Bedeutung 'ent-':

desburocratização 'Entbürokratisierung';
desburocratizante 'entbürokratisierend';
descolonização 'Entkolonisierung';
descontaminação 'Dekontamination';
descontração 'Entkrampfung';
desengajamento 'Disengagement';
desentrosamento 'Aussonderung, Angliedern';
desestabilizador 'entstabilisierend';

desestabilização[1] 'Entstabilisierung';
desestabilizar 'entstabilisieren';
desestatização 'Reprivatisierung';
desestatizante 'reprivatisierend';
desestigmatizar (von *estigmatizar* 'stigmatisieren, brandmarken'; *desestigmatizar* fig. 'ein Stigma oder Brandmal entfernen');
desestruturação 'Entstrukturierung';
desfiliação 'Austritt (aus einer Partei oder Vereinigung)';
desincompatibilização 'das Niederlegen eines Amtes, das mit einem anderen Amt unvereinbar ist';
desindexação 'Ausschließung aus einem Index'; in Brasilien wird *desindexação* z.B. mit der Bedeutung 'Ausschließung aus der Liste der Waren, deren Preise zur Berechnung der Inflationsrate in Betracht gezogen werden', verwendet;
desinflacionar 'die Ursachen der Inflation beseitigen';
desmalufar 'Paulo Maluf nicht weiter unterstützen';
desmistificar 'entmystifizieren';
desnuclearizado (s. nächstes Beispiel);
desnuclearizar 'die Atomwaffen oder -werke entfernen';
destrato 'Bruch' (von *trato* 'Abmachung, Vereinbarung').

2.1.8 *dis-*

Das Präfix *dis-* steht inhaltlich dem Präfix *des-* sehr nahe. Da es im Korpus aber nur einmal vorkommt: *disfusão* (von *fusão* 'Verschmelzung, Zusammenschluß'; Kontext: *disfusão da Guanabara e Estado do Rio de Janeiro* 'Trennung von Guanabara und dem Staat Rio de Janeiro, die man zu einem Staat zusammengeschlossen hatte') und nicht an die Stelle des Präfixes *des-* in den obigen Neubildungen mit diesem Präfix treten kann (man könnte z.B. nicht **disnuclearizar* oder **dispoliciado* sagen), wurde es hier getrennt angeführt.

---

1 Da der *Aurélio estabilização* und nicht das Verb *desestabilizar* aufführt, muß bei der Bildung von *desestabilização* eine Präfigierung angenommen werden (s.u. Kapitel 2.6 "Ableitungsrichtung: Suffigierung vs. Präfigierung", S. 131ff.).

2.1.9 *ex-*

Der *Aurélio* verzeichnet keine Wörter mit dem Präfix *ex-*, das (im Portugiesischen als ein Diphthong /ey/+s ausgesprochen) wie in anderen Sprachen 'ehemalig' bedeutet. Er bringt, wie zu erwarten ist, das Präfix *ex-* mit einer Erläuterung des Inhalts und Anwendungsbeispielen. So mag der Einwand erhoben werden, daß überhaupt kein Anhaltspunkt existiert, ob ein Wort mit *ex-* als usuelles Wort oder als eine Neubildung zu betrachten ist. Dieses Problem wurde schon in der Einführung dieser Arbeit diskutiert; mit den aufgeführten Bildungen aus dem Korpus soll lediglich gezeigt werden, daß das Muster mit *ex-* 'ehemalig' noch produktiv ist und wie die Bildungen entstehen. Von Wörtern wie *ex-presidente* 'Expräsident' und *ex-vice-presidente* 'Exvizepräsident' kann mit Sicherheit gesagt werden, daß sie keine Neubildungen sind. Aber wer kann dasselbe von *ex-publicitário* 'Expublizist', *ex-montonero* 'Exmontonero' oder *ex-segundo homem* 'ehemaliger Stellvertreter' sagen? Ferner ist es eine richtige Entscheidung, diese Wörter nicht in das Wörterbuch aufzunehmen, denn sie sind völlig durchsichtig, und wie soll die Entscheidung fallen darüber, was ins Wörterbuch gehört und was nicht?

Die 19 Wörter des Korpus sind ausschließlich Nomina, was besagt, daß *ex-* sich nur mit Nomina, genauer: nur mit Personenbezeichnungen verbindet:

ex-aliado (von *aliado* 'Alliierter';
ex-andreazzista (von *andreazzista* 'Anhänger von Mário Andreazza');
ex-apresentador (von *apresentador* 'Moderator');
ex-arquiteto (von *arquiteto* 'Architekt');
ex-chanceler (von *chanceler* 'Kanzler');
ex-combatente (von *combatente* 'Kriegsteilnehmer');
ex-consultor (von *consultor* 'Berater');
ex-guerrilheiro (von *guerrilheiro* 'Guerrillakämpfer');
ex-integrante (von *integrante* 'Teilnehmer');
ex-montonero (von *montonero* 'Anhänger der argentinischen politischen Gruppe der Montoneros');

ex-parlamentar (von *parlamentar* 'Parlamentarier');
ex-pedessista (von *pedessista* 'Anhänger der brasilianischen politischen Partei P.D.S., Abkürzung von *Partido Democrático Social*');
ex-presidente (von *presidente* 'Präsident');
ex-presidiário (von *presidiário* 'Sträfling');
ex-prisioneiro (von *prisioneiro* 'Gefangener');
ex-publicitário (von *publicitário* 'Werbefachmann');
ex-segundo homem (von *segundo homem* 'zweiter Mann, Stellvertreter');
ex-vice-presidente (von *vice-presidente* 'Vizepräsident');
ex-titular (von *titular* 'Stammspieler').

2.1.10 *extra-*

Von diesem Präfix sagt DARDANO (123) mit Recht: "Dal significato locale si passa a quelli di eccezionalità, superiorità, estraneità ecc." Das Korpus enthält eine Neubildung, in der *extra-* eine steigernde Bedeutung hat: *extraforte* 'außerordentlich stark' (von *forte* 'stark'), und drei, in denen es 'außerhalb' bedeutet, also eine lokale Bedeutung hat:
extradoméstica (von *doméstica* 'häuslich, einheimisch');
extra-sensorial (von *sensorial* 'sinnlich');
extraterrestre (von *terrestre* 'irdisch').
Die Basis ist in den vier Wörtern ein Adjektiv.

2.1.11 *extro-*

BECHARA (223) gibt *extro-* als Variante von *extra-* und als Beispiel *extroverter* (s. *extrovertido* 'extrovertiert').
Doch würde er schwerlich viel mehr Wörter finden. Der *Aurélio* z.B. hat keinen einzigen Eintrag mit *extro-*; die Neubildung des Korpus *extrojeção* (Kontext: *extrojeção da sensualidade* 'Ausstrahlung der Sensualität') ist eher als Analogiebildung zu betrachten (s.u. 5.4): es wurde nach *introjeção*, das eine Entlehnung aus dem Englischen (*introjection*) ist, gebildet.
Von einem produktiven Muster kann hier kaum die Rede sein.

2.1.12 *fil(o)-*

Die Leichtigkeit, mit der *fil(o)-* (oder auch das Suffix *-filo*) sich mit portugiesischen Wörtern verbindet, zeigt, daß es reihenbildend und somit ein Präfix ist. Die Bedeutung ist 'freundlich, liebend'.

Bildungen des Korpus:

filocidental (von *ocidental* 'westlich');
filonipônico (von *nipônico* 'Japaner').
Die Basen beider Neubildungen sind Adjektive; das Produkt der Ableitung wird im Korpus auch adjektivisch verwendet: *o pragmatismo filocidental e filonipônico da China.*

2.1.13 *hiper-*

Hiper- gehört zu den Präfixen, die eine Steigerung bezeichnen. Es entspricht semantisch dem Präfix *super-*; da es aber seltener als dieses gebraucht wird, hat es eine besondere stilistische Kraft: *hiperinflação* (von *inflação* 'Inflation'; im Korpus ist von der brasilianischen 'Hyperinflation' die Rede); *hipermercado* (von *mercado* 'Markt'). Diese Bildung kommt in einem Werbetext vor und wurde wahrscheinlich neben *supermercado* gebildet, weil *supermercado* heute mehr als 'großer Laden' die Art des Geschäfts bezeichnet. Für diesen Sachverhalt spricht eine Bildung wie *supermercadinho*, mit Diminutivsuffix *-inho*, der ich in einer Stadt in Brasilien begegnet bin.[1]

2.1.14 *in-*

Im portugiesischen Wortschatz existieren zwei homonyme Präfixe *in-*; eins mit negativer Bedeutung (*incomum* 'ungewöhnlich') und eins mit der Bedeutung 'in, hinein' (*incluir* 'einschließen'), das auch in der Form *en-* vorkommt und oft in parasynthetischen Bildungen erscheint (*enterrar* 'beerdigen'). Mit der Be-

1 Dazu: im Französischen bezeichnet *hypermarché* einen großen Supermarkt; daneben *supermarché* einen einfachen Selbstbedienungsladen (s. DFC).

deutung 'in, hinein' kommt die Form *in-* in Neubildungen heute wahrscheinlich nicht mehr vor. Jedenfalls bietet unser Korpus nur Beispiele mit dem Präfix *in-* in seiner negativen Bedeutung.

Bevor die Neubildungen aufgelistet werden, wird eine Übersicht von den orthographischen Formen, den lautlichen Werten und den Kontexten, in denen diese und jene vorkommen, mit Beispielen dargeboten:

Orthographie	Lautlicher Wert	Kontext	Beispiel
i	i	l,m,n	iliquidável, imaturo, inegociabilidade
ir	i	r	irrealismo
im	ĩ	p,b	impossível, imbatível
in	ĩ	t,d	intranqüilo, indefinição
		k,g	inconclusivo, ingrato
		f,v	infalível, inverdade
		s,z	insuscetível, inzeloso[1]
		s,z	inchoco[1], ingênuo
in	in	Vokale	inelasticidade

Aus dem Korpus:

iliquidável (von *liquidável* 'liquidierbar');
inconcluso (von *concluso* 'beendet');
indefinição (von *definição* 'Entschlossenheit');
indesmobilizável (von *desmobilizável* 'demobilisierbar');
indiscriminatório (von *discriminatório* 'diskriminierend');
inelasticidade (von *elasticidade* 'Elastizität');
inegociabilidade (von *negociabilidade*, ein Adjektivabstraktum aus *negociável* 'verkäuflich');
insuscetível (von *suscetível* 'empfindlich, empfindsam');
inverdade (von *verdade* 'Wahrheit'; *inverdade* 'Unwahrheit' ist

---

1 *Inzeloso* (von *zeloso* 'eifrig') und *inchoco* (von *choco* 'bebrütet') sind ad-hoc gebildet worden.

m.E. im Vergleich zu *mentira* 'Lüge' euphemistisch);
irrealismo (von *realismo* 'Realismus');
irrealista (von *realista* 'Realist, realistisch').[1]

Von den 11 Neubildungen sind 6 Substantive und 5 Adjektive. Darunter befindet sich also kein Verb; selbst unter den Substantiven sind keine Nomina actionis oder Nomina agentis zu finden. Auch im *Aurélio* sind Verben mit dem negativen Präfix *in-* eine Seltenheit (*indeferir* 'nicht genehmigen'). Die Breite des Themas erlaubt es nicht, der Frage nachzugehen, ob dieses Präfix sich nur ungern mit Wörtern, die in ihrer Semantik dynamische Aspekte beinhalten, vereinigt. Doch es bleibt hier der Vorschlag zu einer solchen Untersuchung.

2.1.15 *inter-*

Nach dem *Aurélio* drückt dieses Präfix '*posição intermediária, reciprocidade*' aus. Es ist mit zwei Neubildungen repräsentiert, einem Adjektiv und einem Nomen:
intersindical (von *sindical* 'gewerkschaftlich));
interfronteiras (von *fronteiras* 'Grenzen').
Dieses Präfix setzt immer zwei oder mehr Gegenstände voraus, die in Beziehung gebracht werden.

2.1.16 *intra-*

Dieses Präfix bedeutet 'innen, innerhalb':
intra-auricular (von *auricular* 'das Ohr betreffend');
intrapartidário[2] (von *partidário* 'parteilich').

---

1 Zu dem hier vertretenen Standpunkt, daß *irrealismo* von *realismo* und *irrealista* von *realista* durch Präfigierung und nicht durch Suffigierung von *irreal* abgeleitet wurden, s.u. 2.6 "Ableitungsrichtung: Suffigierung vs. Präfigierung".

2 Die Tatsache, daß die Paraphrase von *intrapartidário* 'innerhalb der Partei' und nicht 'innerhalb des Parteilichen' lautet, erweckt die Vermutung, es handle sich hier eher um eine parasynthetische Derivation: Präfix *intra-* + *partido* + Suffix *-ário* (s.u. 2.1.19, S. 31, Anm. 1, und 2.5 "Parasynthetische Derivation").

Im Gegensatz zu *inter-* setzt *intra-* nicht zwei oder mehr Gegenstände miteinander in Beziehung, sondern bezieht sich auf eine Stelle innerhalb eines Objektes oder Raumes.

2.1.17 *macro-, maxi-, mega-, micro-* und *mini-*

Diese Präfixe werden in einem einzigen Abschnitt behandelt aufgrund ihrer alphabetischen Ordnung und ihren inhaltlichen Gemeinsamkeiten. Die drei ersten, *macro-, maxi-* und *mega-*, sind Augmentativpräfixe, die zwei letzten, *micro-* und *mini-*, Diminutivpräfixe.

Aus dem Korpus:

macroassalto (von *assalto* 'Überfall');
maxidesvalorização (von *desvalorização* 'Geldentwertung');
megaprojeto (von *projeto* 'Projekt'; *mega-* hat, weil es weniger verwendet wird, eine besondere stilistische Färbung);
micro-Brasis (von *Brasis*, Plural von *Brasil* 'Brasilien'; Kontext: *Dentro desse Brasil existem micro-Brasis, de seus amores particulares* 'In diesem Brasilien gibt es Mikrobrasilien (pl.), die er besonders liebt');
microcircuito (von *circuito* 'Stromkreis, Ringbahn');
microempresa (von *empresa* 'Unternehmen');
microempresário (von *empresário* 'Unternehmer');
microengenho (von *engenho* 'Apparat, Maschine');
microfestival (von *festival* 'Festival');
microinformática[1] (von *informática* 'Informatik');
microprocessador (von *processador* 'Prozessor');
microtrator (von *trator* 'Traktor');
minibloco (von *bloco* 'Demonstrationsgruppe');
miniblusa (von *blusa* 'Bluse');
minidesvalorização (von *desvalorização* 'Geldentwertung');
minigênio (von *gênio* 'Genie');
minijornal (von *jornal* 'Tageszeitung');

---

1 Obwohl die Paraphrasierung von *microinformática* nicht 'kleine Informatik', sondern 'Informatik durch Mikroelemente' lautet, handelt es sich dabei m.E. um eine Präfigierung: *micro- + informática* → *microinformática* (vgl. *microbiologia*, *microfísica*).

miniplano (von *plano* 'Plan);
miniposto (von *posto* 'Tankstelle');
minirreforma (von *reforma* 'Reform');
minissérie (von *série* 'Serie');
minizoológico (von *zoológico* 'Zoo').

Was die Orthographie des Portugiesischen betrifft (s. dazu Anm. 1, S. 16), ist zu bemerken, daß diese Elemente nicht als Präfixe behandelt werden, sondern wie die griechischen oder lateinischen gebundenen Stämme (*radicais gregos ou latinos*), denn sonst hätte man *macro-assalto*, *micro-informática*, *micro-empresa*, *micro-empresário*, *micro-engenho*, *mini-série* und *mini-reforma* mit Bindestrich (übrigens ist *mini-reforma* im Korpus mit Bindestrich geschrieben, was ein Verstoß gegen die orthographische Norm ist, auf der anderen Seite aber das Empfinden verraten kann, daß man es mit einem Präfix zu tun hat).

Alle Bildungen mit diesen Präfixen sind Substantive, was nicht ohne Bedeutung ist, denn 'groß' und 'klein' ist doch eine Eigenschaft der Dinge (s. *Dingwort*, ein Synonym zu *Substantiv*). Man könnte vermuten, daß der zunehmende Gebrauch dieser Präfixe der Tatsache zuzuschreiben ist, daß sie emotionell neutraler, d.h. mit weniger Gefühl beladen sind als die Diminutiv- und Augmentativsuffixe.[1]

2.1.18 *multi-*

Dieses Präfix bedeutet 'viel, vielfach' und verbindet sich mit Adjektiven und Substantiven: *multidisciplinar* (von *disciplinar*, einem Adjektiv, das von *disciplina* 'Disziplin, Fachgebiet' abgeleitet wurde; Kontext: *programa multidisciplinar* 'Programm aus mehreren Fachgebieten');
multiconfessional (von *confessional* 'konfessionell');
multipartidário (von *partidário* 'parteilich'; der *Aurélio* hat

---

1 Bei *minimercado* 'Minimarkt' und *mercadinho* 'kleiner Markt' haben das Präfix *mini-* und das Suffix *-inho* die gleichen Funktionen. Die Bedeutung und die Wirkung auf den Hörer/Leser mögen wohl nicht die gleichen sein, was aber mehr von pragmatischen Faktoren abhängt.

pluripartidário, synonym zu *multipartidário*);
multifamiliar (von *familiar* 'die Familie betreffend'; Kontext: *construções multifamiliares* 'Mehrfamilienhäuser');
multiusuário[1] (von *usuário* (Adj.) 'nützlich'; Kontext: *computador multiusuário* 'Mehrzweckcomputer');
multivisão (von *visão* 'Sicht').

2.1.19 *neo-*

Neo- 'neu, jung' verbindet sich mit Adjektiven und Substantiven:
neocruzeiro (von *cruzeiro* 'brasilianische Währungseinheit'; *neocruzeiro* ist der *cruzeiro* nach der Währungsreform);
neo-rico (von *rico* 'reich, der Reiche'; der *Aurélio* bringt *novo-rico* (Lehnübersetzung des französischen *nouveau-riche*), ein Synonym zu der Neubildung *neo-rico*);
neokeynesiano (von *keynesiano*, nach Keynes, englischer Wirtschaftswissenschaftler);
neo-udenismo (von *udenismo*, Doktrin der U.D.N, Abkürzung von *União Democrática Nacional*, ehemalige politische Partei in Brasilien). Interessant ist die Tatsache, daß der *Formulário Ortográfico* *neo-* sowie *proto-* und *pseudo-*, im Gegensatz zu *macro-*, *micro*, *mono-*, *mega-*, *maxi-* und *mini-*, als Präfixe behandelt (s. dazu Anm. 1, S. 16).[2]

2.1.20 *para-*

Mit dem Präfix *para-* 'neben, bei' bietet das Korpus nur eine Bildung, das Adjektiv *paradidático* (von *didático* 'didaktisch'); Kontext aus dem Korpus: "Na Trigésima Feira do Livro, Mário Quintana autografará um novo livro paradidático: *O Sapo Amarelo*, dedicado aos adolescentes."

---

1 Da die Adjektive *disciplinar* und *usuário* kaum mit den Bedeutungen 'ein Fachgebiet betreffend' bzw. 'nützlich, zweckmäßig' verwendet werden, stellt sich die Frage, ob es sich nicht vielleicht um parasynthetische Bildungen handelt. Ähnliche Vermutung möchte ich gegenüber den obigen Neubildungen *multiconfessional*, *multipartidário* und *multifamiliar* äußern, doch soll diesen Untersuchungen hier nicht näher nachgegangen werden. Jedenfalls scheint der Bereich der Anwendung des Wortbildungsmusters der parasynthetischen Derivation viel größer zu sein als man bis jetzt dachte (s.u. 2.5).

2 *Neonazista* ist wohl als Entlehnung zu sehen.

2.1.21 *poli-*

Poli- 'viel' kommt in zwei Adjektiven vor:
poliesportivo (von *esportivo* 'sportlich'; Kontext: "quadras poliesportivas" = Sportplätze für mehrere Sportarten);
politraumatizado 'vielmals verletzt, erschüttert' (von *traumatizado* 'schockiert, verletzt, erschüttert').[1]

2.1.22 *pós-*

Pós- 'nach' ist neben *pré-* eines der wenigen Präfixe, dessen Vokal offen ist, was die Orthographie veranlaßt hat, einen Akzent auf *pós-* zu setzen und zwischen dem Präfix und der Basis einen Bindestrich. Die Neubildungen mit *pós-* sind überwiegend Adjektive und Substantive, aber auch ein Verb (*pós-graduar-se*) ist unter ihnen:
pós-fixado (von *fixado* 'festgelegt');
pós-graduar-se 'den Magistergrad oder Doktortitel erwerben' (von *graduar-se* 'ein allgemeines Hochschulstudium beenden');
pós-guerra (von *guerra* 'Krieg');
pós-industrial (von *industrial* 'industriell');
pós-modernidade (von *modernidade* 'Modernität');
pós-parto (von *parto* 'Entbindung');
pós-populista (von *populista* 'Anhänger des *populismo*', volkstümliche politische Richtung; Kontext: "[...] para administrar o Brasil pós-populista" = um das Brasilien nach der Zeit des *populismo* zu verwalten);
pós-Revolução (von *Revolução*, Kürzung für *Revolução de 31 de março de 1964*);
pós-revolucionário[2] (von *revolucionário* 'revolutionär');
pós-64 (von *64*, Kürzung für *Revolução de 31 de março de 1964*);
pós-25 de abril (von *25 de abril* '25. April' (1984)).

---

1 Dazu Anm.1 auf S. 31.

2 *Pós-revolucionário*, wie bei anderen Neubildungen schon erwähnt wurde (s.o., S.28, Anm. 2, und S.31, Anm. 1), ist wohl eher als eine parasynthetische Bildung zu sehen. Doch dies bedarf noch näherer Untersuchung.

2.1.23 *pré-*

Die Bildungen mit *pré-* 'vor, vorher, vorweg' sind wie die mit vielen anderen Präfixen gebildeten Wörter meist völlig motiviert und brauchen deshalb nicht ins Wörterbuch eingetragen zu werden. *Pré-* tritt meistens an Substantive, aber auch ein paar Adjektive und ein Verb finden sich unter den Neubildungen.

Bildungen aus dem Korpus:

pré-calamidade (von *calamidade* 'Katastrophe');
pré-classificação (von *classificação* 'Klassifizierung');
pré-condição (von *condição* 'Bedingung');
pré-contrato (von *contrato* 'Vertrag);
pré-convocar 'vor dem normalen Termin einberufen' (von *convocar* 'einberufen');
pré-gravado (von *gravado* 'aufgenommen');
pré-grito de Carnaval (von *grito de Carnaval* 'Karnevalsbeginn');
pré-jubileu (von *jubileu* 'Jubiläum');
pré-lançamento 'das Herausbringen vor der normalen Angebotszeit' (von *lançamento* 'Herausbringen'; Kontext: *lançamento de um novo modelo de carro* 'Herausbringen eines neuen Automodells');
pré-metrô (von *metrô* 'U-Bahn');
pré-olímpico (von *olímpico* 'olympisch');
pré-partido (von *partido* 'Partei');
pré-pombalino (von *pombalino* 'den Marquês de Pombal betreffend', einen ehemaligen portugiesischen Minister);
pré-programado (von *programado* 'programmiert');
pré-programa (von *programa* 'Programm');
pré-qualificação (von *qualificação* 'Qualifizierung');
pré-selecionado (von *selecionado* 'ausgewählt');
pré-teste (von *teste* 'Test').

2.1.24 *pseudo-*

Pseudo- bedeutet 'unecht, falsch, Schein-, schein-'. Die Grammatiken des Portugiesischen wie auch DARDANO (109-136) für das Italienische und MEYER-LÜBKE (137-161) für das Französische listen *pseudo-* nicht unter den Präfixen auf.[1] Da es sich aber leicht mit portugiesischen Wörtern verbindet und kaum noch als ein fremdes Element empfunden wird, kann *pseudo-* als Präfix betrachtet werden.[2]

Aus dem Korpus:

pseudo-intelectualidade (von *intelectualidade* 'Kollektiv von Intellektuellen');
pseudoliderança (von *liderança* 'Führung');
pseudo-social (von *social* 'sozial').

2.1.25 *re-*

In den Wörtern des Korpus bedeutet *re-* in der Regel 'wieder', doch kann es in anderen Bildungen des portugiesischen Wortschatzes und selbst in einigen Neubildungen andere Inhalte haben. Zunächst die Neubildungen mit der Bedeutung 'wieder':
reaglutinar (von *aglutinar* 'agglutinieren');
reaplicação (von *aplicação* 'Anwendung, Anlegen von Geld, Kapital');
reapropriar-se (von *apropriar-se* 'sich aneignen');
reaquecimento (von *aquecimento* 'Heizung, Erwärmung');
recadastramento (von *cadastramento* 'Eintragung');
reconversão (von *conversão* 'Konversion, Bekehrung');
redescoberta (von *descoberta* 'Entdeckung');
reencetar (von *encetar* 'beginnen');
reinauguração (von *inauguração* 'Einweihung');
reinclusão (von *inclusão* 'Einschließung');
reinserção (von *inserção* 'Einfügung');
reinstitucionalização (von *institucionalização* 'Institutionalisierung');
renegociar (von *negociar* 'handeln');

---

1 BACK & MATTOS (456), die sich einer völlig anderen Nomenklatur bedienen, bringen *pseudo-* unter den *raízes mencionais*, einer Morphemklasse, die unseren Präfixen entspricht.

2 Der *Formulário Ortográfico* behandelt *pseudo-* als ein Präfix (dazu s. Anm. 1 auf S. 16).

reofensiva (von *ofensiva* 'Offensive');
repovoamento (von *povoamento* 'Besiedlung');
reprivatizar (von *privatizar* 'privatisieren');
ressocialização (von *socialização* 'Sozialisierung');
retestar (von *testar* 'testen').

Wie zu Beginn dieses Abschnittes gesagt wurde, bedeutet *re-* in den Neubildungen in der Regel 'wieder'. Bei einigen Neubildungen kann man jedoch hinzufügen '+ anders', d.h. 'wieder + anders'. *Releitura* z.B. ist 'Wiederlesen + eine andere Lesart, eine andere Interpretation'. Dieselbe Deutung 'wieder + anders' gilt auch für folgende Neubildungen des Korpus:
reagrupar (von *agrupar* 'gruppieren');
reaparelhar (von *aparelhar* 'ausrüsten');
rearrumação (von *arrumação* 'Aufräumen, Einordnung');
redirecionar (von *direcionar* 'leiten, lenken');
redivisão (von *divisão* 'Teilung);
reinterpretar (von *interpretar* 'interpretieren');
reordenamento (von *ordenamento* 'Einordnung');
reutilização (von *utilização* 'Benutzung, Verwendung').

In anderen Wörtern des portugiesischen Wortschatzes kann *re-* auch 'Intensität plus Wiederholung einer Handlung' ausdrücken. Es bedeutet 'immer wieder, wieder und wieder': *repisar* (fig.) 'wiederholen' (Kontext: *repisar um tema, um assunto* 'ein Thema öfter wiederholen'); *rebrilhar* 'einen starken Glanz ausstrahlen'; *recozer* 'durchkochen' (von *cozer* 'kochen'). Als ein verstärkendes Präfix sieht *re-* auch ALEMANY BOLUFER (1920, 203): "Refuerza la significación del simple, como en *realzar, reamar, reconcomerse, resaber, resoplar*".[1]

---

1 Zu den kreativen literarischen Möglichkeiten, die das verstärkende Präfix *re-* bietet, sagt CASTRO (39f.): "Os prefixos de intensidade *re* e *arre*, comuns em Gil Vicente, Antônio Prestes, Simão Machado e outros, fortalecem a linguagem de Guimarães Rosa. Gil Vicente empregou o verbo *arrepinhar*, usou *renão, resi, remando*. Em *Grande Sertão: Veredas* encontram-se: *arrebusco, arreglórias, arreleques, arrepoeira, reafundo, recheio, refrio, remorto*."

Von den 26 aufgelisteten Neubildungen sind 10 Verben und 16 Nomina. Diese Substantive haben meistens Basen, die von Verben abgeleitete Nomina actionis mit den Suffixen *-ção* und *-mento* sind. Aber auch die nicht mit *-ção* und *-mento* abgeleiteten Basen, z.B. *descoberta* 'Entdeckung', sind Nomina actionis. Dies besagt also, daß *re-*, im Gegensatz zu dem Präfix *in-* z.B. (s.o. 2.1.14), an Wörter tritt, die einen Vorgang, einen Prozeß ausdrücken.

Schließlich eine Bemerkung über die Eintragung der Bildungen mit *re-* ins Lexikon. Der *Aurélio* bringt zahlreiche Einträge mit der schlichten Bedeutung 'wieder': *readmitir* 'wiedereinstellen'; *readotar* 'wiederadoptieren'; *readormecer* 'wiedereinschlafen' etc. Meines Erachtens ist dies überflüssig. Es gibt ein Kriterium, um zu entscheiden, was eingetragen werden soll und was nicht. Da alle Verben und Substantive mit einem dynamischen Inhalt mit *re-* ein komplexes Wort bilden können, genügt es, die mit *re-* präfigierten Wörter einzutragen, die, wie oben gezeigt wurde, einen abweichenden oder komplexeren Inhalt haben.

2.1.26 *recém-*

Der *Aurélio* erklärt *recém-* als apokopierte Form des Adjektivs *recente* 'neu, letzt-': *recém-nascido* 'neugeboren'. In dieser gekürzten Form wird es frei und in adverbialer Funktion in Südbrasilien, unter Einfluß des spanischen *recién*, verwendet.[1] Sonst kommt *recém-* 'neu-, kürzlich, soeben' nur gebunden vor und wird somit als ein Präfix betrachtet. Es verbindet sich lediglich mit dem adjektivisch verwendeten Partizip des Perfekts. Die Orthoepie verlangt, daß *recém-* auf der letzten Silbe betont wird, wonach sich die Orthographie richtet, indem sie einen Akzent auf diese Silbe, sowie zwischen *recém-* und der Basis

1 Cf. dazu das Stichwort *recém* des *Aurélio*: "De *recente*, com apócope, com infl. do esp. *recién*. Adv. SC. e RS.Recentemente: *Sigismundo chegou recém*; 'Adeus, gosto de soltar o pensamento por aí, feito cavalo desencilhado recém' (M. Cavalcanti Proença, *Manuscrito Holandês*, p. 37)."

einen Bindestrich setzt. Der Grund dieser Anordnung ist die Tendenz, die erste Silbe zu betonen, wenn nicht das ganze Präfix, eben weil es ein Präfix ist, unbetont zu lassen. Tatsächlich steht hinter dieser Tendenz das Bewußtsein, daß Präfixe sprachliche Elemente sind, die phonologisch, syntaktisch und semantisch eine sekundäre Rolle spielen.

Aus dem Korpus:
recém-assinado (von *assinado* 'unterschrieben');
recém-criado (von *criado* 'erschaffen, erzeugt');
recém-eleito (von *eleito* 'gewählt');
recém-encontrado (von *encontrado* 'gefunden');
recém-fundado (von *fundado* 'gegründet');
recém-inaugurado (von *inaugurado* 'eingeweiht');
recém-lançado (von *lançado* 'herausgebracht, herausgegeben'; Kontext: *os artigos recém-lançados no mercado* 'die eben auf den Markt gebrachten Artikel');
recém-morto (von *morto* 'tot, getötet').

2.1.27 *retro-*

Retro- bedeutet 'hinten, zurück, rückwärts'.

Bildungen aus dem Korpus:

retroescavadeira (von *escavadeira* 'Bagger'; *retroescavadeira* ist ein Bagger, mit dem man vorwärts und rückwärts arbeiten kann);
retroporto (von *porto* 'Hafen'; *retroporto*, das einem deutschen 'Hinterhafen' entsprechen könnte, bezieht sich auf den Hafen ohne den Kai, auf die Teile des Hafens also, die nicht am Ufer liegen).

2.1.28 *semi-*

Von den 12 Bildungen mit *semi-* 'halb' sind 10 Adjektive und 2 Substantive. Bei den Adjektiven hat *semi-* eine adverbiale Funktion: es wird zur Kennzeichnung des Grades oder des Maßes gebraucht. Bei den Substantiven hat *semi-* eine adjektivische Funktion.

Aus dem Korpus:

semi-aberto (von *aberto* 'offen');
semi-árido (von *árido* 'trocken');
semiclandestinidade (von *clandestinidade* 'Heimlichkeit, Untergrund');
semicongelado (von *congelado* 'gefroren, eingefroren');
semidestruído (von *destruído* 'zerstört');
semidiretório (von *diretório* 'Parteivorsitz'; im Korpus steht *semi-Diretório*, und weil das Wort sich auf eine Parteiführung, die nur aus den stellvertretenden Leitern bestand, bezieht, hat es eine pejorative Färbung);
semi-embutido 'halbeingebaut' (von *embutido* 'eingebaut, eingelegt');
semi-estacionário (von *estacionário* 'unveränderlich, nicht fortschrittlich, stagnierend');
semi-estafado (von *estafado* 'erschöpft');
semilotado (von *lotado* 'voll besetzt, ausverkauft');
semimobilado (von *mobilado* 'möbliert');
semi-submersível (von *submersível* 'tauchfähig').

Außer der abwertenden Tönung, die das Wort *semidiretório* hat, eine Inhaltsnuance, die übrigens nur aus dem Kontext oder der Situation her zu erkennen ist, sind alle Neubildungen mit *semi-* völlig durchsichtig, woraus zu entnehmen ist, daß es überflüssig ist, sie ins Lexikon einzutragen.

2.1.29 *sub-*

Sub- 'unter, unten' kommt im Portugiesischen oft in Rangbezeichnungen innerhalb einer Institution oder gesellschaftlichen Einrichtung vor: *subgerente* (von *gerente* 'Betriebsleiter'); *subdelegado* (von *delegado* 'Polizeikommissar'); *subdiretor* (von *diretor* 'Leiter').

Doch in mehreren Bildungen des Korpus drückt *sub-* auch eine negative Bewertung aus:

subabitação (von *habitação* 'Wohnung'; *subabitação* ist die nicht menschenwürdige Wohnung):
subemprego (von *emprego* 'Stelle, Arbeitsplatz') ist eine Beschäftigung, die nicht das Nötige für ein würdiges Menschenleben einbringt.

Aus dem Korpus:

subabitação[1] (von *habicação* 'Wohnung');
subcontador (von *contador* 'Buchhalter');
subempregado (von *empregado* 'Arbeitnehmer, Angestellter');
subemprego (von *emprego* 'Arbeitsplatz, Anstellung');
subempreiteira (von *empreiteira* 'Bauunternehmer');
submetralhadora (von *metralhadora* 'Maschinengewehr');[2]
subocupado (von *ocupado* 'beschäftigt');
subpensamento (von *pensamento* 'Gedanke'; *subpensamento* kommt in einem literarischen Text vor);
subtransmissão 'Weiterleitung, Weitergabe' (von *transmissão* 'Leitung');
subutilização 'nicht voller Gebrauch' (von *utilização* 'Gebrauch').

2.1.30 *super-*

Super- hat in den Beispielen des Korpus selten die lokale Bedeutung 'über' (diese Funktion wird mehr dem Präfixoid *sobre* und dem Präfix *supra-* überlassen). *Super-* bedeutet meistens nur noch 'sehr groß, besonders groß', und ihm kommt oft auch noch eine wertende Funktion zu. Mit diesem Inhalt wird *super-* oft umgangssprachlich auch frei verwendet: *gasolina super* 'Superbenzin'; *uma casa super* 'ein Superhaus', und das Korpus weist auch ein Beispiel aus der Werbesprache auf: *Super Centro Vogue*, Name einer großen Verkaufsstätte. Bei *gasolina super* und *uma*

---

1 Im Korpus steht *sub-habitação*, eine Schreibweise, die nicht den Vorschriften des *Formulário Ortográfico* folgt. *Sub-* wird mit der Basis, die mit *h* anfängt, ohne Bindestrich verbunden (s. im *Aurélio* *subumano* ← *sub+humano*, *subepático* ← *sub+hepático* und Anm. 1 auf S. 16).

2 Es ist aus dem Kontext des Korpus nicht eindeutig zu erkennen, um welche Waffe es sich bei *submetralhadora*, einem Fachausdruck, handelt.

casa super steht *super* nach dem Substantiv, in der Position, in der normalerweise im Portugiesischen auch das Adjektiv steht. Bei *Super Centro Vogue* haben wir sicherlich den Einfluß des englischen Wortstellungsmusters. Im Gegensatz zum Prozeß der Entstehung vieler Affixe, die zunächst als freie Wörter vorkamen und schließlich zu gebundenen Morphemen wurden, löst sich *super-* von den Stämmen ab. Unter den Neubildungen sind Substantive, ein paar Adjektive und ein Verb:

superbroca (von *broca* 'Bohrer');

supercandelariano (von *candelariano*, Ethnikum von *Candelária*, berühmte und sehr belebte Straße in Rio de Janeiro; *supercandelariano* ist im Korpus eine Bezeichnung für einen berühmten Besucher dieser Straße);

supercérebro fig. 'sehr intelligenter Mensch' (von *cérebro* 'Gehirn, Intelligenz');

superdelegado (von *delegado* 'Delegierter'; *superdelegado* bezieht sich auf die Delegierten des Wahlsystems der USA);

supereconômico (von *econômico* 'sparsam');

superestrutural (von *estrutural* 'strukturell'; bei diesem Wort überwiegt die lokale Bedeutung: über die sozialen und politischen Strukturen);

superexpressivo (von *expressivo* 'ausdrucksvoll');

superliquidação (von *liquidação* 'Ausverkauf');

superministério (von *ministério* 'Ministerium'; *superministério* ist das Ministerium, das ein primus inter pares ist);

supernovo (von *novo* 'neu');

superpetroleiro (von *petroleiro* 'Tanker');

supersabedoria (von *sabedoria* 'Weisheit');

superpoder (von *poder* 'Macht');

superpresidente (von *presidente* 'Präsident');

supersecretário (von *secretário* 'Sekretär');

supertecnocrata (von *tecnocrata* 'Technokrat');

supertime (von *time* 'Team, Mannschaft');

supervalorizar 'überbewerten' (von *valorizar* 'schätzen').

2.1.31 *supra-*

Supra- 'ober-, über-' hat in dem Beispiel des Korpus *supra-partidário* 'überparteilich'[1] eine lokale Bedeutung. Wie in dem unmittelbar vorhergehenden Abschnitt bemerkt wurde, tendiert *supra-*, wie auch das Präfixoid *sobre*, mehr dazu, die lokale Bedeutung zu übernehmen, während sich *super-* in Richtung der steigernden und wertenden Funktion spezialisiert. Um dies zu bestätigen, braucht man nur die Einträge mit diesen Elementen, die der *Aurélio* enthält, miteinander zu vergleichen.

2.1.32 *tele-*

Tele- 'fern, weit' ist im heutigen Portugiesisch nicht mehr nur ein gelehrter griechischer Stamm, dem wir in Bildungen wie *telescópio* 'Teleskop', *telepatia* 'Telepathie' etc. begegnen. *Tele-* ist heute ein Präfix. Grundlage dieser Behauptung: es ist reihenbildend und wir nicht mehr als ein fremdes Morphem empfunden.[2]

---

1 S. dazu Anm. 1 auf S. 31.

2 Unter den konsultierten Grammatiken des Portugiesischen halten *tele-* für ein Präfix BACK & MATTOS (456) und MANSUR GUÉRIOS (214). BECHARA (225) listet *tele-* unter dem Titel *Prefixos e Elementos Gregos* auf, wodurch er dem Problem der Klassifizierung von *tele-* als Präfix oder gelehrtem griechischem Stamm ausweicht, denn in solch einem Kontext ist der Begriff "Element" sehr vage. DARDANO (167) für das Italienische und MEYER-LÜBKE für das Französische betrachten *tele-* nicht als Präfix. HAENSCH & LALLEMAND (55) führten *tele-* unter den Präfixoiden auf. Diese Position von HAENSCH & LALLEMAND wird uns noch länger in Kapitel 3 "Halbderivation" beschäftigen. Das Korpus enthält auch die Bildung *telefilme* 'Fernsehfilm', wo *tele-* als Kürzung von *televisão* gesehen werden kann oder das ganze Wort als eine Entlehnung.
Wer der Behauptung begegnet, in *telescópio* und *telepatia*,komplexen Wörtern, die aus zwei gebundenen und gelehrten griechischen Stämmen bestehen, *tele-* sei ein Stamm, in *telecompra* und *teleprocessamento* hingegen,hybriden Bildungen, *tele-* sei ein Präfix, mag wohl denken, es bestehe ein Widerspruch. Die Lösung dazu ist auch kaum zu finden. Man muß lediglich akzeptieren, daß es in natürlichen Sprachen, Zeichensysteme, die sich in einem ständigen Wechsel und gegenseitigem Austausch befinden, Grenzfälle gibt, die sich nicht ohne weiteres in bestimmte Fächer einordnen lassen.

Bildungen aus dem Korpus:

telecompra 'Einkauf, der durch einen Computer direkt auf das Bankkonto übertragen wird' (von *compra* 'Kauf');
teleinformatizar (von *informatizar* 'mit den Mitteln und Techniken der Informatik versehen');
telejogo (von *jogo* 'Spiel'; das Wort ist wohl die Lehnübersetzung von englisch *telegame*);
teleprocessamento (von *processamento* 'Verarbeitung');
telessupervisão (von *supervisão* 'Überwachung').

Außer *teleinformatizar*, das auch in der adjektivisch verwendeten Form des Partizip des Perfekts *teleinformatizado* erschien, sind alle Neubildungen Substantive.

2.1.33 *trans-*

Mit dem Präfix *trans-* 'hindurch, (hin)über, jenseits von' haben wir die Bildung *transexual*[1] (von *sexual* 'sexuell'), die im Korpus substantivisch verwendet wird. Dieses Wort ist wahrscheinlich keine originale Bildung des Portugiesischen.

2.1.34 *ultra-*

Der *Wahrig* führt 'jenseits(von)' und 'über ... hinaus' als Synonyme von *ultra-*. In den vier Neubildungen des Korpus hat *ultra-* keine lokale Bedeutung, sondern stets eine steigernde. Es bedeutet soviel wie 'sehr, höchst...'. Die Basen der Bildungen des Korpus sind alle Adjektive:
ultrafechado (von *fechado* 'geschlossen, Exklusiv');
ultraleve (von *leve* 'leicht'; *ultraleve* 'eine Art Flugzeug' ist substantiviert worden);
ultranacionalista (von *nacionalista* 'nationalistisch');
ultra-secreto (von *secreto* 'geheim').

---

1 S. dazu Anm. 1 auf S. 31.

2.1.35 *uni-*

Mit *uni-* 'ein, einzig' haben wir das Substantiv *unidimensionalidade* (von *dimensionalidade*) und das Adjektiv *unilinear* (von *linear* 'linear').[1]

2.2 Suffigierung

Die m.E. wichtigsten Unterschiede zwischen Derivation, Halbderivation und Komposition sowie zwischen Präfigierung und Suffigierung wurden im Abschnitt 1.5 und zu Beginn des Kapitels 2 aufgeführt. Dort wurde auch die allgemein in der portugiesischen Sprachlehre verbreitete Meinung erwähnt, Affixe, hauptsächlich Suffixe, seien semantisch leerere Elemente als z.B. Stammorpheme, eine Meinung, die in folgender Behauptung BECHARAs (206) Ausdruck fand: "Ao contrário dos sufixos, que assumem um valor morfológico, os prefixos têm mais força significativa [...]." Noch klarer ist jedoch ROCHA LIMA (180): "Ao contrário dos prefixos, que, como vimos, guardam certo sentido, com o qual modificam, de maneira mais ou menos clara, o sentido da palavra primitiva, os sufixos, vazios de significação [sic!], têm por finalidade formar séries de palavras da mesma classe gramatical." An die Autoren solcher Behauptungen möchte ich die Frage richten, welcher Unterschied zwischen *-ada* und *golpe* 'Schlag' in *martelada* 'Hammerschlag' (von *martelo* 'Hammer' + *-ada*), zwischen *-ada* und *pontada, golpe* 'Stich' in *facada* 'Messerstich' (von *faca* 'Messer' + *-ada*), zwischen *-eira* und *árvore* 'Baum' in *pereira* 'Birnbaum' (von *pera* 'Birne' + *-eira*) oder zwischen *-eiro* und *homem* 'Mann' in *leiteiro* (von *leite* 'Milch' + *-eiro*) bestehe. Suffixe sind nicht inhaltlos (s. oben ROCHA LIMA), sie sind nicht weniger bedeutungsvoll als Präfixe (s. oben BECHARA) und entsprechen oft sogar semantisch bestimmten Lexemen: *violeiro* 'Gitarrist' (von *viola* 'eine Art Gitarre' + *-eiro*), eine Suffixbildung, entspricht der syntaktischen Gruppe *tocador de viola* 'Gitarrenspieler' (die deutsche

---

1 Dazu s. Anm. 1 auf S. 31.

Übersetzung gibt uns, wie bei 'Pianist' und 'Klavierspieler', die Suffixbildung 'Gitarrist' und das Kompositum 'Gitarrenspieler').

GAUGER (1968, 94) geht noch weiter, wenn er von dem spanischen *martillazo II* 'Hammerschlag' (von *martillo* 'Hammer' + *-azo*) sagt: "Hier ist nicht *-azo* ein Zusatz zu *martillo*, sondern umgekehrt *martillo* ein solcher zu *-azo*; *martillo II* meint nicht einen Hammer, zu dem der Schlag hinzukäme; vielmehr: es meint überhaupt keinen Hammer, sondern einen Schlag, von dem zusätzlich ausgesagt ist, daß er mit einem Hammer, nicht mit einem anderen Gegenstand, geführt wird. Primär ist im Inhalt '*martillazo II*' der Inhalt *-azo*, denn er meint - im Gegensatz zu '*martillo*' - was die Bildung als ganze bezeichnet."

Dazu ist auch folgende Bemerkung LEISIs (100), der ich eine Übersetzung der Beispiele ins Portugiesische beifüge, aufschlußreich: "Das Vorherrschen des einen oder anderen Typus ist für eine Sprache charakteristisch. So läßt sich z.B. für das Deutsche und das Französische folgende (weiter ergänzbare) Tabelle aufstellen:

Deutsch	Französisch	[Portugiesisch]
Aschen-becher	cendr-ier	[cinz-eiro]
Feuer-wehr-mann	pomp-ier	[bomb-eiro]
Seil-bahn	funicul-aire	[funicul-ar]
Schlaf-saal	dort-oir	[dormi-tório]
Wasch-becken	lav-oir	[lava-tório]
Kirsch-baum	ceris-ier	[cerej-eira]

Der deutschen Komposition steht hier und in vielen andern Fällen eine französische Derivation gegenüber; [...]"

Nach diesen Erläuterungen über die Semantik der Suffixe noch einige Bemerkungen über den Aufbau dieses Kapitels.

In diesem Kapitel wurde nach der Wortartzugehörigkeit des Ergebnisses des Wortbildungsverfahrens zunächst folgende Klassifizierung vorgenommen: Substantivbildung, Adjektivbildung, Verbbildung und Adverbbildung. Bei jedem dieser Teile wurde dann eine Subklassifizierung durchgeführt.

a) Substantiv- und Adjektivbildungen wurden jeweils nach der Basis folgendermaßen geteilt:
   1. desubstantivische Substantive/Adjektive,
   2. deadjektivische Substantive/Adjektive,
   3. deverbale Substantive/Adjektive.
b) Verbbildungen, da es sich um weniger Suffixe handelt, wurden nach der alphabetischen Reihenfolge der Suffixe klassifiziert.
c) Die Adverbbildungen, die nur das Muster Adjektiv + *-mente* → Adverb kennen, wurden nicht weiter unterteilt.

Bei den Substantiv- und Adjektivbildungen wurde die oben angegebene Unterteilung gemacht, zunächst, weil es sich um zahlreiche Suffixe handelt, zweitens wegen der Selektion: die substantiv- bzw. adjektivbildenden Suffixe verbinden sich oft nur mit Basen einer bestimmten Wortklasse: *-mento* z.B. verbindet sich nur mit Verben, um ein Nomen actionis zu bilden: *endividar* 'verschulden' + *-mento* → *endividamento* 'Verschuldung'; *-oso* nur mit Substantiven, um ein Adjektiv zu bilden: *preconceito* 'Vorurteil' + *-oso* → *preconceituoso* 'jemanden betreffend, der Vorurteile hat'.

2.2.1. Substantivbildung

Wie zu vermuten, sind unter den Neubildungen die Substantive bei weitem die zahlreichsten. Dazu einige treffende Bemerkungen FLEISCHERs (9): "Die sprachliche Bewältigung der sich ständig verändernden Umwelt des Menschen fordert einen ununterbrochenen Ausbau des Wortschatzes. Neue Dinge und Erscheinungen des täglichen Lebens müssen bezeichnet werden, neue Gedanken ihre sprachliche Fassung erhalten; neue Termini werden mit dem Fortschreiten der Wissenschaften nötig." Andererseits scheint es klar zu sein, daß "neue Dinge und Erscheinungen", "neue Gedanken" ebenso wie "das Fortschreiten der Wissenschaften" hauptsächlich mit Nomina ausgedrückt werden.

Wir klassifizieren die Substantivbildungen, je nach Wortklasse der Basis, in drei Untertypen: desubstantivische, deadjektivische und deverbale Substantive. Bei den Neubildungen mit den einzelnen Suffixen werden dann, wenn zweckmäßig, Erläuterungen über die Klassifizierung in verschiedene Untertypen gegeben.

2.2.1.1 Desubstantivische Substantive

2.2.1.1.1 *-aço*

Caçarolaço fig. 'Treffen einer großen Gruppe von Politikern' (von *caçarola* 'Kochtopf'); *panela* 'Kochtopf' und das Diminutiv *panelinha* sind schon länger (s. *Aurélio*) im übertragenen Sinne als Bezeichnungen für 'Clique, Sippschaft' üblich;
buzinaço 'lautes Hupen, laute Unterbrechung', in Anspielung auf ein brasilianisches Fernsehprogramm, in dem der Leiter die Teilnehmer mit einer Hupe unterbricht, wenn sie Fehler machen (von *buzina* 'Hupe');
barulhaço (von *barulho* 'Lärm');
joelhaço 'kräftiger Schlag mit dem Knie' (von *joelho* 'Knie').

Die drei ersten Beispiele sind Augmentative: Subst + *-aço* → Nomen Augmentativum. Anstatt *-aço* wird auch *-aça* mit weiblichen Substantiven verbunden: *matrona* 'Matrone' → *matronaça*. Zu *mulher* führt der *Aurélio* *mulheraço* und *mulheraça* auf.[1] Anstatt *caçarolaço* könnte man auch *caçarolaça* und anstatt *buzinaço* *buzinaça* erwarten, wie man nach meinen Sprachkenntnissen als native speaker des Portugiesischen von einem guten Spiel oder Match (port. *partida*) neben *partidaço* auch *partidaça* sagen kann. Man liebt es jedoch im Portugiesischen, aus weiblichen Substantiven mittels Suffix männliche Augmentativbildungen zu formen. Dies ist wahrscheinlich aus der Empfindung zu erklären, das Männliche eigne sich besser dem Ausdruck des Großen und Starken.[2]

---

1 Die Bedeutung von *mulheraço* und *mulheraça* kann je nach Kontext pejorativ 'große + ungeschickte Frau' oder meliorativ 'sehr attraktive Frau' sein.

2 Dazu ist das ganze 6. Kapitel von HASSELROT (133-168) "Du changement de genre comme moyen d'indiquer une relation de grandeur" aufschlußreich. Ich möchte einiges daraus hervorheben (133): "En principe, les suffixes diminutifs romans, surtout les plus populaires, *-ellu*, *-ittu*, *-inu*, n'exercent pas d'influence sur le genre du substantif qu'ils modifient. Les langues romanes sont sur ce point fidèles à la tradition latine et

Zum anderen ist die Bemerkung wohl angebracht, daß auf der Suche nach bildkräftigeren Ausdrucksmitteln seltener verwendete Augmentativsuffixe bevorzugt werden, um dem Emotionalen Ausdruck zu verleihen.

Schließlich wird *-aço* in *joelhaço* eine Funktion zugeschrieben, die es im Portugiesischen seltener hat: es bezeichnet einen kräftigen Schlag, Stoß oder Hieb mit X (X = Basis). *Joelhaço* ist also ein 'kräftiger Stoß mit dem Knie' wie *pataço* und *munhecaço* 'kräftiger Schlag mit der Klaue oder Huf bzw. Hieb mit der Hand' sind. In diesen Wörtern werden also sowohl 'Hieb mit X' als auch 'kräftig, energisch', das Augmentative, zum Ausdruck gebracht. All dies bewirkt das Suffix *-aço*. Indem der *Aurélio pataço* (von *pata* 'Tatze, Huf, Fuß') + *-aço*) als *patada violenta* 'heftiger Hieb mit der Tatze' umschreibt, zeigt er, daß auch er *-aço* als 'kräftiger Schlag oder Hieb' deutet. GAUGER (1968, 93f.) sieht im spanischen *martillazo* zwei Homonyme: *martillazo I* 'großer Hammer' und *martillazo II* 'Schlag mit dem Hammer'. Homonym, wie er sagt, sind eigentlich die Suffixe *-azo I* 'groß' und *-azo II* 'Schlag'. Parallel dazu kann man im Portugiesischen von *-aço I* (*caçarolaço* 'großer Topf') und *-aço II* (*joelhaço* 'heftiger Stoß mit dem Knie') sprechen. Es ist aber doch so, daß im Portugiesischen die Bildungen mit *-aço II* auch die Bedeutung von *-aço I* hinzunehmen: *pataço* ist also nicht wie *patada* einfach ein 'Schlag mit der Tatze', sondern ein 'heftiger Schlag mit der Tatze'. Mit anderen Worten: *-aço I* hat *-aço II* beeinflußt und ihm seine Bedeutung übertragen.[1]

---

s'opposent nettement à l'allemand, dont les suffixes diminutifs, ainsi que le grec *-ion*, transforment en neutres les noms masculins ou féminins auxquels ils s'attachent." Und weiter (133f.): "Un troisième groupe offre beaucoup plus d'intérêt: il comprend les cas où, à l'aide d'un même suffixe, on a formé, à partir d'un même mot-base, deux dérivés, l'un masculin, l'autre féminin. Entre ces deux, il existe une relation de grandeur; en général le mot féminin désigne un objet plus grand, une notion plus étendue que le masculin, mais le cas contraire peut aussi se produire."

1 Ausführliche Auskunft über die Entstehung zweier homonymer Suffixe *-aço* gibt uns MALKIEL (1959). Dazu aus S.193: "The contention of this paper is that, counter to the opinion prevalent since Diez's manual of Romance morphology (1838), the suffix *-azo/-aço* indicative of a blow (henceforth called *-azo2, -aço2*) is genetically unrelated to the homonymous products of Lat. *-aceu* (to be known as *-azo1, -aço1*) and to their infrequent variant *-acho*."

Das Portugiesische hat für die Funktion 'Hieb oder Schlag mit X' auch das Suffix *-ada*, übrigens viel produktiver als *-aço*, aber ohne die Bedeutung 'kräftiger Hieb mit X': *joelhada* 'Stoß mit dem Knie', *machadada* 'Hieb mit der Axt', *cabeçada* 'Stoß mit dem Kopf'.

2.2.1.1.2 *-agem*

Mit diesem Suffix werden im allgemeinen Nomina actionis gebildet: *canoagem* 'Kanu-Sport' (von *canoa* 'Boot': dieses Wort mag das französische *canotage* 'Kanu-Sport' als Modell gehabt haben, wurde aber mit Mitteln des heutigen Portugiesisch gebildet);
panfletagem (von *panfleto* 'Flugblatt': *panfletagem* ist das Verfassen eines Textes in der Form eines Pamphlets');
malufagem (von Paulo Maluf, Kandidat zu Brasiliens letzter Präsidentschaftswahl: *malufagem* bedeutet 'die Unterstützung Malufs');
farofagem (von *farofa* 'Speise, deren Hauptzutat Maniokmehl ist': *farofagem* bedeutet (besonders in Rio de Janeiro) 'Picknick am Strand'; von *farofa* wurden auch *farofar* 'am Strand picknicken' und *farofeiro* 'Person, die am Strand picknickt', abgeleitet).[1]

2.2.1.1.3 *-ão*

Mit *-ão* werden Augmentative gebildet:
bandejão (von *bandeja* 'Tablett'; *bandejão* bezeichnet das Tablett z.B. in Studentenrestaurants);
bolsão (von *bolsa* oder *bolso* 'Tasche, Sack') wird in der soziologischen Fachsprache in Junkturen wie *bolsão de miséria* 'Elendsviertel', *bolsão improdutivo* 'unproduktiver Teil der Bevölkerung', *bolsão de resistência* 'Teil der Bevölkerung, der Verbesserungsmaßnahmen widersteht' metaphorisch verwendet;
Brizolão 'Name einer großen Schule' (von *Brizola*, Gouverneur des Staates Rio de Janeiro). Augmentative von Personennamen werden wie im Falle von *Brizolão* in Brasilien öfter gebildet, um große Bauten oder Stadien zu bezeichnen: als Stadien gibt es unter anderen *Pelezão* (von *Pelé*), *Castelão* (von Ex-Präsident *Castelo Branco*);

---

1 Die Neubildung *camelotagem* 'Straßenhandel' ist besonders interessant, weil das etymologische *-t* (cf. französisch *camelot*), das bei der Entlehnung

calçadão (von *calçada* 'Fußsteig'); *calçadão* ist die Fußgängerzone und ist in diesem Sinne ein lexikalisiertes Augmentativ, denn es ist nicht nur 'langer oder breiter Fußsteig', sondern 'die ganze Straße oder die Straßen, die in den Städten für die Fußgänger reserviert sind';
chapão 'große oder gute Wahlliste' (von *chapa* 'Wahlliste');
cirandão 'Gemeinschaftsarbeit, an der viele Personen beteiligt sind' (von *ciranda* 'Rundtanz, Gemeinschaftsarbeit');
dinheirão (von *dinheiro* 'Geld'; *dinheirão* ist natürlich 'viel' Geld, wie *dinheirinho* 'wenig' und nicht 'kleines' Geld ist);
emendão 'lange Gesetzesabänderung' (von *emenda* 'Abänderung eines Gesetzes oder des Grundgesetzes');
fraldão (von *fralda* 'Windel'; *fraldão* ist im Korpus ein Segeltuch, das zum Aufsammeln von Müll verwendet wird);
garotão (von *garoto* 'kleiner Junge', 'wohlhabender, müßiger junger Mann');
goleirão 'junger Torwart' (von *goleiro* 'Torwart');
Gonzagão (von *Luís Gonzaga*, Komponist und Sänger, der *Gonzagão* genannt wird im Gegensatz zu seinem gleichnamigen Sohn, auch Sänger und Komponist, der *Gonzaguinha* genannt wird);
Manuelzão, Augmentativ von *Manuel*;
micrão (von *micro*, Kürzung von *microcomputador*; *micrão* kommt in einem Werbetext vor und bedeutet 'guter Mikrocomputer');
povão (von *povo* 'Volk': *povão* wird meistens für die anonymen Fans eines Fußballklubs verwendet);
subemendão (von *subemenda*; s. oben *emenda*);
tapetão (von *tapete* 'Teppich': *tapetão* wird in der Sprache des Sports pejorativ für Entscheidungen sportlicher Ereignisse verwendet, die nicht auf dem Spielfeld getroffen werden; diese Bedeutungserweiterung ist einem metonymischen Prozeß zuzuschreiben);
varandão (von varanda 'Vorbau').

Von den achtzehn neuen Augmentativbildungen auf *-ão*, die hier vorgeführt wurden, sind mehrere hinsichtlich der emotionalen Einstellung des Sprechers überwiegend neutral: *bolsão*, *emendão*, *subemendão*, *fraldão*, *cirandão*, *Brizolão*, *Manuelzão* und *varandão*.

---

camelô auch nicht in der Schrift bewahrt wurde, als Fugenkonsonant wiederkehrt.

Sie bringen zum Ausdruck, daß das Denotat mehr als die normale Größe hat. In *Gonzagão* bezeichnet *-ão* den 'Vater' im Gegensatz zu *Gonzaguinha*, dem 'Sohn'. In *povão, partidão, goleirão, jogão* und *chapão* dient das Suffix zum Ausdruck der positiven emotionalen Stellungnahme des Sprechers. *Calçadão, fraldão* und *bandejão* sind lexikalisierte Augmentative; ihr Inhalt ist nicht einfach die Summe von Basis und Suffix. *Garotão* wird im Korpus pejorativ gebraucht: 'wohlhabender, müßiger Junge'. In anderen Kontexten kann es aber eine meliorative Nuancierung haben: 'gesunder, kräftiger kleiner Junge', 'starker junger Mann', 'guter Jugendlicher' etc. Die Bedeutung einer Augmentativ- wie auch einer Diminutivbildung ist oft von der Situation abhängig, eine Angelegenheit der Pragmatik also. GAUGER (1971, 126f.) gibt dafür interessante Beispiele, von denen ich eines hier wiedergebe: "-Papà, cento lirette... -Cento lirette adesso? E per che fare? Cento lire le chiami lirette...?"

2.2.1.1.4 *-aria*

Neubildungen:

matrizaria 'matrizenfabrik' (von *matriz* 'Matrize');
ferramentaria 'Werkzeugfabrik' (von *ferramenta* 'Werkzeug').

Das Suffix *-aria* hat hier die alte Funktion, den Ort zu bezeichnen, wo sich etwas befindet oder wo etwas hergestellt wird. BECHARA (218) drückt dies so aus: "Para significar causa produtora, lugar onde se encontra ou se faz a coisa denotada pela palavra primitiva." Zu dem Suffix *-aria* sagt ALLEN (23): "It is used in the formation of a number of abstract and collective nouns, as well as some concrete nouns." Zu diesen *concrete nouns* zählen die Bildungen des Korpus und einige Beispiele aus ALLEN (ib.): "*chapa* 'sheet of metal' → *chaparia* 'sheet metal work'; *ourives* 'goldsmith' → *ourivesaria* 'goldsmithing, goldsmith's shop'; *pada* 'little loaf of bread → *padaria* 'bakery'."

2.2.1.1.5 *-ário*

Neubildungen:

bastonário (von *bastão* 'Stab': *bastonário* ist der 'Stabträger', der 'Leiter'; Kontext aus dem Korpus: "[...] uma comissão, de que fazia parte a grande figura de Ângelo de Almeida Ribeiro, bastonário da Ordem dos Advogados.");
eletricitário (von *eletricidade* 'Elektrizität': *eletricitário* ist der, 'der mit Stromversorgung zu tun hat'; die Teilung des Wortes in Konstituenten ist etwas schwierig, denn man muß ein *eletricit-(ário)* akzeptieren, das von älteren Bildungen wie *publicitário, panfletário* oder auch von dem Stamm französischer/englischer Vorbilder, bei denen *-té/-ty* durch das portugiesische *-idade* ersetzt wurde, beeinflußt worden sein kann);
metroviário 'den U-Bahnverkehr betreffend' (von einem hypothetischen *metrovia* - s.u. 5.4 "Analogiebildung").

2.2.1.1.6 *-ato*

Neubildung:

campesinato 'Klasse der Ackerbauer' (von *campesino* 'Ackerbauer'). Dies Suffix kommt häufiger in der Variante *-ado* vor: *proletariado* 'die Klasse der Proletarier', *professorado* 'die Klasse der Lehrer'. *-Ato* und *-ado* sind hier Suffixe, mit denen Substantivabstrakta gebildet werden (s. MEYER-LÜBKE 1966, S.58ff.).

2.2.1.1.7 *-eira*

Neubildung:

coqueira (von *coque* 'Koks'). Das Suffix *-eira* bezeichnet unter anderem den 'Ort, wo sich etwas befindet, Behälter', Bedeutung, die ihm auch bei *coqueira* zukommt.

2.2.1.1.8 *-eiro*

Substantive auf *-eiro* mit substantivischer Basis sind meistens Nomina agentis:

baloeiro (von *balão* 'Luftballon': *baloeiro* 'jemand, der Luftballons macht, verkauft oder sie in die Luft läßt'; bei dieser Bildung ist das Fehlen des *-n-* (*baloneiro*) beachtlich);
caminhoneiro (von *caminhão* 'LKW'; *caminhoneiro* 'LKW-Fahrer');
canavieiro (nach *canavial* ← *canavea* 'Zuckerrohrplantage'; *canavieiro* 'Arbeiter in einer Zuckerrohrplantage);
caroneiro (von *carona* 'Mitfahrt': *caroneiro* 'Mitfahrer');
cegonheiro (von *cegonha* 'Storch': nach der Märchengestalt, die die Kinder bringt, ist *cegonha* der LKW, der neue Wagen transportiert, und *cegonheiro* der Fahrer dieser LKWs);
farofeiro (von *farofa* 'Speiseart, deren Hauptzutat Maniokmehl ist'; *farofeiro* ist derjenige, der am Strand picknickt; zur selben Wortfamilie gehören das Verb *farofar* und das Nomen actionis *farofagem*);
grafiteiro (von *grafito* ← it. *graffito*: *grafiteiro* ist derjenige, der *grafitos* malt);
malufeiro (von *Paulo Maluf*, Kandidat zu Brasiliens letzter Präsidentschaftswahl: *malufeiro* war allgemein der Anhänger *Malufs*, für seine Gegner Synonym zu 'korrupter Politiker');
motoqueiro (von *motoca*, Diminutiv von *moto*, das seinerseits Kürzung von *motocicleta* 'Motorrad' ist: *motoqueiro* 'Motorradfahrer');
roqueiro (von *roque* (← englisch *rock and roll*): *roqueiro* ist der Rock and Roll-Spieler wie auch der Fan dieser Musikart).[1]

Schließlich bietet uns das Korpus mit dem Suffix *-eiro/-deiro* (zur Variante *-deiro*, s.u. 2.2.3.4, S.104f.) noch die Neubildung *atoladeiro* 'Morast', aber mit einer verbalen Basis (*atolar* 'steckenbleiben, sich festfahren') und mit der Bedeutung 'Ort der Handlung', einer Bedeutung, die es im Portugiesischen mit anderen Suffixen teilt. Von *atolar* selbst sind im *Aurélio* die Ableitungen *atoleiro*, *atolador*, *atoladouro* und *atoladoiro*, alle mit der Bedeutung 'Morast', aufgeführt.

---

1 Das Portugiesische kennt ein *roqueiro*, Ableitung von *roca* 'Spinnrocken'. Weil der Gegenstand aber außer Gebrauch ist, kennen wenig Sprecher des Portugiesischen diese Wörter, hauptsächlich die jüngeren Benutzer der Sprache. Darum handelt es sich bei *roque* → *roqueiro* um eine völlig neue Bildung.

Die Funktion, den 'Ort einer Handlung' zu bezeichnen, haben nach ALLEN die Suffixe *-douro*, Variante *-doiro* (30), *-eiro*, *-eira* (36) und *-tório* (65). Von *-douro*, *-doiro* sagt er: "Pt. *-doiro*, *-doira* is the regular development of ClL *-torium*, *-toriam*. In modern Portuguese, these may be written *-douro*, *-doura*, and pronounced accordingly." Diesbezüglich muß daran erinnert werden, daß heute, wenigstens nach meiner Erfahrung im brasilianischen Portugiesisch, nur noch *-douro* produktiv ist. Über *-dor* als Suffix, das den 'Ort einer Handlung' bezeichnet, sagt er nichts. Auch der *Aurélio* sagt nichts darüber, obwohl er Wörter wie *escorregador* 'Rutschbahn', *atolador* 'Morast' (s. oben) und *lavador* 'Waschanlage' aufführt. Schließlich findet sich nichts dergleichen bei BECHARA, CUNHA, MANSUR GUÉRIOS und ROCHA LIMA. Dies ist nicht die Gelegenheit, sich länger damit zu beschäftigen, doch möchte ich behaupten, daß *-dor* in der hier erwähnten Funktion von *-douro* abzuleiten ist, wofür neben Beispielen wie den oben aufgeführten auch umgangssprachliche Formen wie *corador* 'Bleiche' (statt *coradouro*) und *escorredor* 'Gestell für nasses Geschirr' (statt *escorredouro*) sprechen.

2.2.1.1.9 *-ete*

Neubildungen:

cartazete 'kleines Plakat' (von *cartaz* 'Plakat');
disquete 'kleine Platte' (von *disco* 'Platte, Diskus'; mit der Bedeutung 'Diskette', Teil des Computers, ist *disquete* wohl eine Entlehnung);
sofanete 'kleines Sofa' (von *sofá* 'Sofa', mit Hiatustilger *n* vor dem Suffix *-ete*). Mit *-ete* werden Diminutive gebildet. Es ist längst nicht so produktiv und verbreitet wie *-inho*, und die wenigen Beispiele des Korpus erlauben keine Schlüsse auf einen speziellen Wert, der dieses Suffix, das aus dem Italienischen und Französischen (s. *Aurélio*) gekommen ist, von *-inho* absondern könnte.

2.2.1.1.10 *-filo*

Das Korpus bietet uns nur eine Bildung mit dem Suffix *-filo* 'freundlich, liebend': *cinéfilo* (von *cine*, Kurzform von *cinema* 'Filmkunst'). In dem Roman *Mad Maria* des brasilianischen Schriftstellers Márcio Souza (1983, 54) bin ich der Bildung *germanófilo* 'deutschfreundlich' begegnet.

2.2.1.1.11 *-ia*

Mit diesem Suffix werden Substantivabstrakta (s. MEYER-LÜBKE, S. 65f.) gebildet: *defensoria*: 'Rechtsanwaltschaft' (von *defensor* 'Verteidiger');[1] *controladoria* 'Kontrollamt' (von *controlador* 'Kontrolleur'). CUNHA (68) sagt von diesem Suffix, es bezeichne den Ort, an dem sich eine Aktivität vollzieht ("lugar onde se exerce uma atividade: *delegacia*, *reitoria*").

Was ALEMANY BOLUFER (71) von dem spanischen *-ia* sagt, gilt wohl auch für das portugiesische: "Cuando se añade a substantivos denota, como los sufijos ATO y ADO, dignidad, empleo o cargo; y por extensión, en algunos, el territorio sobre el que se extiende aquélla, o el lugar en que se ejercen éstos; como *alcadía*, que significa el oficio o cargo de alcade, el territorio de la jurisdicción del mismo, y la oficina donde se despachan los negocios en que él entiende."[2]

2.2.1.1.12 *-ica*

Neubildungen:

ritualística (von *ritualista* 'Ritualist': *ritualística* bezeichnet die Gesamtheit der Riten eines Vorgehens oder auch die Lehre des Rituals; wahrscheinlich hatte man das schon ältere Wort *processualística* 'Prozeßordnung, die Lehre von der Prozeßordnung' als Vorbild);

---

1 Zu *defensoria* s. auch 5.4 "Analogiebildung".

2 Im Korpus kam auch die Bildung *artesania* 'handwerkliches Können' vor, wahrscheinlich eine Entlehnung aus dem Spanischen.

robótica (von *robô* 'Roboter': *robótica* ist die Lehre der Wissenschaft von den Robotern). Man beachte das Wiederkehren des *t*, das in *robô*, das zu uns über das französische *robot* (Aussprache ohne *t*) gekommen ist, heute auch in der Orthographie ausgelassen wird.

2.2.1.1.13 *-inho(a)*

Neubildungen:

biritinha 'Schnäpschen' (von *birita* 'Zuckerrohrschnaps');
bondinho (von *bonde* 'Sraßenbahn': *bondinho* ist wahrscheinlich die Kürzung von *bondinho aéreo* 'Seilbahn' und ist heute mit dieser Bedeutung lexikalisiert);
caixinha (von *caixa* 'Kiste, Büchse, Schachtel': *caixinha* ist heute mit der Bedeutung 'Sparbüchse' lexikalisiert);
cançãozinha 'Liedchen' (von *canção* 'Lied');
cantinho (von *canto* 'Ecke': *cantinho* wird in Syntagmen wie *meu cantinho* 'mein Eckchen' mit der Bedeutung 'mein Haus, mein Heim' mit emotionaler Tönung gebraucht);
cestinha 'Körbchen' (von *cesta* 'Korb': *o cestinha* ist im Basketballspiel der Spieler, der viele Punkte macht);
chopinho (von *chope* 'Faßbier');
coisinha (von *coisa* 'Ding, Sache': *coisinha* wird im Korpus pejorativ verwendet; Kontext: "Ainda vou examinar muitas coisinhas nessa ata"; es kann aber die verschiedensten emotionalen Tönungen bekommen);
conversinha (von *conversa* 'Gespräch');
corridinha (von *corrida* 'Lauf');
dinheirinho (von *dinheiro* 'Geld': *dinheirinho* bedeutet 'wenig Geld', nicht 'kleines Geld');
empurrãozinho (von *empurrão* 'Stoß': *empurrão* und *empurrãozinho* können auch 'Hilfe, Fürsprache' bedeuten);
escolinha (von *escola* 'Schule': *escolinha* ist mit der Bedeutung 'allgemeine Lehranstalt, die nicht zum offiziellen Schulsystem gehört' lexikalisiert: *escolinha de basquete*, *escolinha de vôlei*);
estalinho (von *estalo* 'Knall': *estalinho* ist das kleine Feuerwerk);

fadinha (von *fada* 'Fee');
feirinha (von *feira* 'Markt': *feirinha* ist der Flohmarkt);
filhinho-de-papai (von *filho* 'Sohn' + *de* 'von' + *papai* fam. 'Vater'; *filhinho-de-papai* 'wohlhabender müßiger junger Mann');
golpezinho (von *golpe* 'Putsch, Schlag');
golzinho 'schönes Tor' (von *gol* 'Tor');
Gonzaguinha (von *Luís Gonzaga Júnior*, Sänger und Komponist, im Gegensatz zu seinem gleichnamigen Vater, der *Gonzagão* genannt wird; das Diminutivsuffix bedeutet hier also 'Sohn', das Augmentativsuffix 'Vater');
gracinha (von *graça* 'Scherz, Reiz': *graça* und *gracinha* werden oft prädikativ in Sätzen wie *Ela é uma graça/gracinha*, mit der Bedeutung 'Sie ist reizend' verwendet; die Tönung kann aber auch Ironie sein);
historinha (von *história* 'Geschichte': *historinha* ist im Sinne von 'Märchen, Kindergeschichte' lexikalisiert);
jeitinho (von *jeito* 'Geschick, Art': *jeito* und *jeitinho* kommen viel in dem Kontext *dar um jeito/jeitinho* 'etwas geschickt tun, ein Problem lösen' wie auch in dem Syntagma *jeitinho brasileiro* 'die geschickte Art des Brasilianers, Schwierigkeiten zu lösen oder zu umgehen' vor; im Gegensatz zu *jeito* hat *jeitinho* eine etwas abwertende Konnotation);
joguinho (von *jogo* 'Spiel, Match');
luzinha 'etwas oder schwaches Licht' (von *luz* 'Licht');
modelinho (von *modelo* 'Modell');
momentinho (von *momento* 'Moment, Augenblick');
musiquinha (von *música* 'Musikstück');
obrazinha (von *obra* 'Werk');
patrulhinha (von *patrulha* 'Patrouille, Wache');
precinho (von *preço* 'Preis');
previazinha (von *eleição prévia* 'Vorwahl');
rodinha (von *roda* 'Rad, Kreis');
sambinha (von *samba* 'Samba');
serzinho (von *ser* 'Wesen');
terceirinha pejorativ 'die dritte Klasse' (von *terceira classe* 'dritte Klasse, Touristenklasse');
timinho (von *time* 'Team, Mannschaft');
zerinho (von *zero* 'Null': *zerinho* ist aus der Werbesprache und

kommt oft in Kontexten wie *carro zero quilômetros* und *carro zerinho* 'neuer Wagen' vor).

Zu mehreren Neubildungen wurden schon erläuternde Bemerkungen gemacht. Hier noch ein paar mit allgemeinerem Charakter. Es sei zunächst bemerkt, daß die Gradmorpheme im Portugiesischen äußerst produktiv sind und mehrere Inhalte haben. Diminutive können Sympathie zu einem Gegenstand ausdrücken, wie in *serzinho*. Ein anderes Mal bezwecken sie Verharmlosung irgend einer unangenehmen Situation. Wenn jemand *corridinha* statt *corrida* sagt, soll der Lauf als nicht so weit erscheinen oder nicht so müde machen, eine Wartezeit nach *Um momentinho!* soll nicht so lange werden und ein Preis (*precinho*) nicht so hoch erscheinen. Die meliorative oder pejorative Stellungnahme ist oft nur aus dem Kontext oder der Situation zu erschließen, was teils zu den pragmatischen Aspekten der Sprache gehört: im Korpus werden *golzinho* 'Tor' und *coisinha* 'Sache' abwertend gebraucht: "O Botafogo ... satisfeito com seu golzinho" ('Der Fußballklub Botafogo, zufrieden mit seinem einen armseligen Tor'); "Ainda vou examinar muitas coisinhas nessa ata..." ('Ich werde noch manche unklare Sache in diesem Protokoll prüfen...'). Sie müssen es aber nicht immer sein. Die Diminutivbildungen des Korpus beweisen also nochmals die allgemein festgestellte Tatsache, die auch bei ETTINGER (93) zum Ausdruck kommt: "Eine Definition der Diminutive wird hier nicht gegeben, aber aus der Studie geht hervor, daß weniger die Verkleinerung als vielmehr die stilistisch verwertbaren affektischen Bedeutungsnuancen im Mittelpunkt der Arbeit stehen."

Die normale Form des Diminutivsuffixes ist *inho(a)*. Oft tritt aber ein *z* dazu: bei *empurrão* ⟶ *empurrãozinho*, *canção* ⟶ *cançãozinha* als Hiatustilger; bei *ser* ⟶ *serzinho* und *gol* ⟶ *golzinho* wird durch das *z* die Ausspracheänderung der Endlaute *r* [rr] und *l* [L] vermieden. Schwieriger ist die Beurteilung von *golpe* ⟶ *golpezinho* und *obra* ⟶ *obrazinha*, wo doch eigentlich *golpinho* und *obrinha* zu erwarten wären. Dazu eine Bemerkung CUNHAs (66): "Excetuando-se o caso das palavras terminadas em *s* e *z*, que naturalmente exigen a forma *-inho* (*pires-inho*, *rapaz-inho*), não é fácil indicar as razões que comandam a escolha entre *-inho* e *-zinho*." Ein größeres Korpus würde darüber vielleicht mehr Aufschluß bringen.

Da im Portugiesischen eigentlich an alle Substantive das Diminutivsuffix *-inho/-zinho* treten kann, werden diese Diminutiva normalerweise nicht in den Wörterbüchern aufgeführt. Allein Wörter mit selteneren Diminutivsuffixen finden dort Platz: *cruzeta* (von *cruz* 'Kreuz') und *caixote*, *caixeta* (von *caixa* 'Kiste, Schachtel, Büchse') werden z.B. im *Aurélio* aufgeführt, aber nicht *cruzinha* und *caixinha*. Es wäre hier die Bemerkung angebracht, daß auch lexikalisierte Diminutiva wie *caixinha*, *bondinho*, *escolinha*, *estalinho*, *cestinha* und *historinha* im Wörterbuch Platz haben müßten, denn ihr voller Inhalt ist nicht einfach aus der Summe der Bedeutung von Basis und Suffix zu entnehmen.

Zum Schluß ist zu bemerken, daß die Verwendung der Diminutivformen bei vielen Sprechern des Portugiesischen eine tief verwurzelte Gewohnheit geworden ist, so daß sie keine besondere Ausdruckskraft mehr haben.[1] Die Diminutivbildungen sind ein Reichtum, dessen sich alle romanischen Sprachen mit Ausnahme des Französischen erfreuen.

2.2.1.1.14 *-ismo*

Die meisten Bildungen mit *-ismo* haben eine substantivische Basis. Um die Behandlung dieser Wörter zu vereinfachen, werden hier aber auch Neubildungen auf *-ismo* mit adjektivischer Basis (*causal* → *causalismo*) Betrachtet. Bildungen auf *-ismo* sind nach MEYER-LÜBKE (58-74) Substantiv- und Adjektivabstrakta und haben unterschiedliche Bedeutungen: sie bezeichnen philosophische,

---

1 Nach Prof. Rosário Farani MANSUR GUÉRIOS ist dies überwiegend ein Merkmal der *ginoglossia* 'Frauensprache' . (Meine Bemerkungen basieren auf Notizen, die ich während seiner Vorlesungen gemacht habe). Eça de QUEIROZ bringt im Roman *O Crime do Padre Amaro* (Lisboa: Livros do Brasil) die Figur des Libaninho, der Frömmigkeit und Homosexualität zu vereinbaren versteht und dessen Sprache durch den übertriebenen Gebrauch von Diminutiva charakterisiert ist. Ein Beispiel aus S. 114: "Ai, filhos - acudiu o Libaninho num tom choroso - se houvesse só pobrezinhos isto era o Reininho dos Céus!"

religiöse und politische Lehren und Theorien, politische, gesellschaftliche und künstlerische Richtungen, Verhaltensweisen, etc.

Bildungen mit dem Suffix *-ismo* stehen mit den Bildungen auf *-ista* und manchmal auch auf *-ico* in näherer semantischer Beziehung (vgl. *paternalismo*, *paternalista*, *paternalístico*), ein Tatbestand, der DARDANO (68) zu sagen veranlaßt: "Il tre termini, che costituiscono un microsistema, sono in rapporto reciproco tra loro." Wie *-ista* ist *-ismo* sehr produktiv, was von seiner Funktion her leicht zu verstehen ist. *-Ismo* kann auch in einem Kontext mit pejorativer Färbung als selbständiges Wort gebraucht werden. Dazu aus BECHARA (228): "Estamos no século dos *ismos* e das *logias*."

Wie viele andere Suffixe hat *-ismo* mehrere Funktionen: Bei Ableitungen von Eigennamen kann *-ismo* die politische Richtung bezeichnen: *montorismo*, *reaganismo*; bei *corujismo* handelt es sich um eine Verhaltensweise; die meisten Neubildungen bezeichnen eine politische, philosophische oder soziologische Lehre: *grevismo* und *assembleismo* 'Glaube an die Wirksamkeit von Streiks bzw. Versammlungen zur Lösung von Arbeitskonflikten', *estatismo*, *irrealismo*, *prorrogacionismo*, etc. Bemerkenswert ist bei vielen Bildungen auf *-ismo* die pejorative Tönung, die oft kontext- oder situationsabhängig ist: *clientelismo*, *golpismo*, *visionarismo*, *entreguismo*, *aventureirismo*, *assistencialismo*, etc. *Entreguismo* kann nur pejorativ sein, während *assistencialismo*, wie im Korpus ("O trabalhismo foi entre nós muito mais uma palavra para encobrir as práticas do assistencialismo de Estado."), abwertende Nuancierung (übertriebener Paternalismus), aber in einem anderen Kontext auch neutrale Bedeutung haben kann: politische Richtung, die der Sozialhilfe größeres Gewicht beimißt.

Bildungen aus dem Korpus:

assembleismo (von *assembléia* 'Versammlung') 'Glaube an die Wirksamkeit von Versammlungen zur Lösung von Arbeitskonflikten';
assistencialismo (von *assistencial* 'die Sozialhilfe betreffend') 'politische Richtung, die der Sozialhilfe größeres Gewicht beimißt; übertriebener Paternalismus';

aventureirismo (von *aventureiro* 'Abenteurer, abenteuerlich') 'Haltung derjenigen, die meinen, Politik oder die öffentliche Verwaltung seien eine Angelegenheit für Abenteurer';
causalismo (von *causal* 'kausal') 'Einstellung derer, die nach den Ursachen der Ereignisse suchen';
cientificismo (von *científico* 'wissenschaftlich') 'übertriebenes Vertrauen auf die Wissenschaft';
clientelismo (von *clientela* 'Kundschaft') 'Haltung der Politiker, die ihr Amt benutzen, um sich und ihrer Gruppe Vorteile zu verschaffen';
comunitarismo 'Gemeinschaftssinn' (von *comunitário* 'gemeinschaftlich');
corujismo (von *coruja* 'Eule') 'Haltung der Eltern, die gern vor anderen ihr Kind loben';
discricionarismo 'Willkürherrschaft' (von *discricionário* 'willkürlich, arbiträr');
divisionismo (von *divisão* 'Teilung') 'Haltung der Politiker, die das Interesse des Ganzen aus den Augen verloren haben';
ensaísmo 'Essaywesen, Essaystil' (von *ensaio* 'Essay'; Kontext aus dem Korpus: "Na hora em que a crîtica literária se dividia entre o ensaîsmo de jornal e a liçāo de cátedra [...] mestre do ensaîsmo crîtico de lîngua portuguesa.");
estatismo (von *Estado* 'Staat') 'politisches System, das dem Staat große Bedeutung zuerkennt';
entreguismo (von *entrega* 'Übergabe') 'politische Haltung derjenigen, die ihr Land fremden Interessen preisgeben';
fisiologismo (von *fisiologia* 'Physiologie') 'politisches Verhalten derjenigen, die möglichst neutral bleiben, um daraus Nutzen zu ziehen und um politisch leichter zu überleben';
golpismo (von *golpe de estado* 'Putsch') 'Einstellung derjenigen, die glauben, Putsche eigneten sich zur Lösung politischer Probleme';
grevismo (von *greve* 'Streik') 'Glaube an die Wirksamkeit von Streiks zur Lösung von Arbeitskonflikten';
imobiliarismo (von *imobiliário* 'den Immobilienmarkt betreffend') 'übertriebene Immobilienmarktwirtschaft';

irrealismo 'unrealistische Einstellung' (von *irreal* 'irreal');
isolacionismo (von *isolação* 'Zurückgezogenheit') 'Isolationismus';
jurisdicismo 'Gerichtsbarkeit' (von *jurisdição* 'Recht, Befugnis');
liquidacionismo 'Ausverkaufsstimmung' (von *liquidação* 'Liquidierung, Ausverkauf');
monotematismo (nach *monotemático* 'monothematisch, einthematisch') 'Wiederholung desselben und einzigen Themas';
montorismo (von *Franco Montoro*, Gouverneur des Staates São Paulo) 'Montoros politische Linie';
nasserismo (von *Nasser*, Expräsident von Ägypten) 'Nassers politische Linie';
natalismo (von *natal* 'Geburt') 'Doktrin, die die Geburtenbeschränkung bekämpft';
oficialismo (von *oficial* 'offiziell') 'die regierende politische Partei';
patrulhismo (von *patrulha* 'Wache, Patrouille') 'Verhalten des Politikers, der dauernd das Handeln des Gegners überwacht';
prorrogacionismo (von *prorrogação* 'Prorrogation, Amtsverlängerung') 'politische Richtung, die die Amtsverlängerung von Präsident João Baptista Figueiredo wollte';
protagonismo 'Verteidigung einer Doktrin' (nach *protagonista* 'Protagonist, Vorkämpfer');
reaganismo (von *Ronald Reagan*) 'Regans politische Linie';
recreativismo (von *recreativo* 'erholsam') 'die Meinung, daß die öffentliche Verwaltung Erholungsmöglichkeiten für die Bevölkerung schaffen muß';
unipessoalismo (von *unipessoal*, das aus *uni-* 'ein-, Ein-' und *pessoal* 'persönlich, personell' besteht) 'politisches System, in dem die Macht durch eine Person ausgeübt wird';
visionarismo (von *visionário* 'visionär') 'unrealistische Einstellung'.[1]

---

1 Es sei hier bemerkt, daß besonders bei Bildungen, die nach DARDANOs Aussage (s. Anfang dieses Abschnittes) ein Mikrosystem bilden, oft nicht von Ableitung "von" einem Stamm zu reden ist, sondern von Bildung "nach" einem anderen Wort: vgl. *Montoro* —> *Montorismo* (<— "von" *Montoro*) und *monotemático* —> *monotematismo* (<— "nach" *monotemático*).

2.2.1.1.15 *-ista*

Bildungen aus dem Korpus:

Mit der Bedeutung 'Anhänger oder Sympathisant eines Politikers':
amaralista (von *Amaral Neto*);
andreazzista (von *Mário Andreazza*);
aurelianista (von *Aureliano Chaves*);
castilhista (von *Júlio de Castilhos*);
gonzaguista (von *Gonzaga da Motta*);
macielista (von *Marco Maciel*);
malufista (von *Paulo Maluf*);
robertista (von *Roberto Magalhães*);
tancredista (von *Tancredo Neves*);
virgilista (von *Virgílio Távora*).

Mit der Bedeutung 'Mitglied einer Partei':
frentista (von *Frente de Libertação Nacional*);
pedessista (von *PDS*);
pedetista (von *PDT*);
peemedebista oder *pemedebista* (von *PMDB*);
pessedista (von *PSD*);
petista (von *PT*).
Bei den Doppelformen *peemedebista* und *pemedebista* zeigt sich klar, daß keine Einheitlichkeit in der Aussprache der Abkürzungen herrscht: *m* wird einmal als *eme* und anderes Mal als *me* ausgesprochen (s. Kapitel 5.1 "Wortkürzung").

Mit der Bedeutung 'Beruf oder Beschäftigung':
aparista von *apara* 'Abfall'; *aparista* 'Abfallhändler');
pratista (von *prato* 'Becken': *pratista* 'Beckenschläger');
quadrinista (von *quadrinho* 'Comics': *quadrinista* 'Zeichner von Comics');
velocista (von *veloz* 'schnell' oder nach *velocidade* 'Schnelligkeit': *velocista* 'Schnelläufer').

Die Bedeutung 'Nomen agentis' dieser Bildungen sondert sich beträchtlich von den vorhergehenden und von den folgenden, wo *-ista* im allgemeinen 'Anhänger, Sympathisant' bezeichnet, ab.

Wir haben es auch bei diesem Suffix mit mehreren Funktionen zu tun.

Mit der allgemeinen Bedeutung 'Anhänger einer politischen, soziologischen, literarischen, philosophischen Lehre oder Richtung':

bom-mocista 'Heuchler, Hypokrit' (von *bom-moço*, das im *Aurélio* als "indivíduo hipócrita, fingido" gedeutet wird; von *bom-moço* könnte man auch *bom-mocismo* 'Hypokrisie, Heuchelei' ableiten);

clientelista (von *cliente* 'Kunde'; Kontext aus dem Korpus: "[...] aprovação de leis de favor, de caráter demagógico ou clientelista");

cordelista (von *literatura de cordel* 'Volksliteratur des Nordostens Brasiliens);

desenvolvimentista (von *desenvolvimento* 'Entwicklung');

detalhista (von *detalhe* 'Detail': im Korpus in dem Kontext *descrição detalhista* 'Beschreibung mit Details');

diretista (von *eleições diretas* 'Wahl des Präsidenten durch alle Wahlberechtigten');

ecologista (von *ecologia* 'Ökologie');

economicista (von *econômico* 'wirtschaftlich');

emancipacionista (von *emancipação* 'Emanzipation');

emendista (von *emenda* 'Abänderung der Verfassung);

europeísta (von *Europa*);

futurologista (von *futurologia* 'Futurologie);

golpista (von *golpe* 'Putsch');

gradualista (von *gradual* 'graduell': graduelle Abschaffung der Militärdiktatur);

historicista (von *histórico* 'historisch');

igualitarista (von *igualitário*, das nach dem französischen Modell *égalitaire* gebildet wurde);

indiretista (von *eleições indiretas* 'Wahl des Präsidenten durch das Parlament');

integrista (nach *integrismo* 'konservative religiöse Richtung');

irrealista (von *irreal* 'irreal');

natalista (von *natal* 'Geburt' und nach *natalismo* 'Doktrin, die die Geburtenbeschränkung bekämpft');

preservacionista (von *preservação* 'Erhaltung');
privatista 'Anhänger der Privatwirtschaft' (von *privado* 'privat');
prorrogacionista (von *prorrogação* 'Amtsverlängerung, Prorrogation');
reducionista (von *redução* 'Amtsverkürzung');
tenentista (zu *tenente* 'Leutnant und nach *tenentismo* 'Aufstand der Leutnants');
terceiro-mundista (von *Terceiro-Mundo* 'Dritte Welt').

Mit der Bedeutung 'Fan eines Sportklubs':
romanista (von *Clube de Futebol Roma* 'Fußballklub Rom').[1]
Die Verwendung des Suffixes *-ista* mit dieser Funktion ist nicht neu im Portugiesischen (vgl. *Grêmio de Futebol Porto-Alegrense* ⟶ *gremista*;[2] *Clube de Regatas Flamengo* ⟶ *flamenguista*).[2]
Das Wort *romano* würde sich übrigens schlecht zur Bezeichnung der Bedeutung 'Anhänger des Fußballklubs Rom' eignen, denn es ist schon mit der Bedeutung 'Einwohner der Stadt Rom' belegt.

Schließlich kamen die Neubildungen *exclusivista* 'die Verhaltensweise dessen betreffend, der nur seine Standpunkte gelten läßt' (von *exclusivo*) und *liquidacionista* (zu *liquidação* 'Liquidierung, Ausverkauf') vor, die überwiegend adjektivisch gebraucht werden und die der Einfachheit halber auch hier behandelt wurden.

Kurios ist das Substantiv *brasilianista* (auch in der Form *brazilianista*), eine Entlehnung aus dem Englischen: *brazilianist* ist in den USA der Experte in brasilianischen Angelegenheiten (*Brazil* ⟶ *brazilianist*; Kontext aus dem Korpus: "O professor norte-americano Thomas Skidmore, brasilianista, que se encontra no Rio, disse [...]").

Unser Korpus zeigt mit 49 Neubildungen, daß *-ista* ein sehr produktives Suffix ist. Ferner kann man sehen, daß es verschiedene

---

1 Der *Aurélio* hat das Wort *romanista*, aber nur mit der Bedeutung 'Romanist'. Zur Bezeichnung der Zugehörigkeit zum Fußballklub Rom (A.C. Roma) listet WOLF (355) ital. *romanista* auf, was Anlaß zur Vermutung sein kann, *romanista* sei mit der Bedeutung 'Fan des Fußballklubs Rom' eine Entlehnung aus dem Italienischen.

2 Beispiele aus dem *Aurélio*.

Funktionen hat und daß es zur Bildung von Substantiven und auch von Adjektiven dient. DUBOIS (45) klassifiziert das französische *-iste* im Prinzip als ein adjektivisches Suffix und bemüht sich dann zu erklären, warum es auch zur Bildung von Substantiven übergegangen ist: "Il reste à expliquer pourquoi la langue a développé dans de nouvelles fonctions ces deux suffixes adjectivaux *-iste* et -[*ic*]*ien*." Und weiter unten (ib.) fährt er fort: "Le passage de la fonction adjectivale à la fonction nominale est relativement simple à expliquer." DARDANO (84) sagt vom italienischen *-ista*, es könne auch eine adjektivische Funktion übernehmen: "I termini che risultano dalla transformazione sono usati spesso anche come aggettivi: *un buon analista - un chimico analista*."

Was die Beispiele unseres Korpus angeht, muß gesagt werden, daß einige vorwiegend als Adjektive vorkommen (*visão liquidacionista, atitude exclusivista*), andere eher als Substantive (*o aparista* 'der Abfallhändler', *um pratista jovem* 'ein junger Beckenschläger'), die große Mehrheit aber beide Funktionen (*os europeistas brasileiros* 'die brasilianischen Europeisten', *a política europeista* 'die europäistische Politik') übernehmen kann.[1]

Es wird hier wieder auf den Gedanken DARDANOs (68) aufmerksam gemacht (s.o., 2.2.1.1.14), daß die Suffixe *-ismo*, *-ista* und *-ico* innerhalb der Wortbildung ein Mikrosystem bilden: *ecologismo, ecologista* (aus dem Korpus), *ecológico*; *paternalismo, paternalista, paternalístico* (aus dem Korpus); *clientelismo* aus dem Korpus), *clientelista* (aus dem Korpus); *liquidacionismo* (aus dem Korpus), *liquidacionista* (aus dem Korpus); *emendista* (aus dem Korpus), *emendístico* (aus dem Korpus).

---

1 Im Deutschen bildet man mit *-ist* denominale Personenbezeichnungen (s. FLEISCHER, 195). Um das entsprechende Adjektiv zu gewinnen, fügt man systematisch dem Substantiv das Suffix *-isch* hinzu: *Kommunist* → *kommunistisch*; *Humanist* → *humanistisch*. Im Portugiesischen besteht diese Möglichkeit auch: *paternalista* → *paternalístico*, *socialista* → *socialístico* (*paternalístico* und *socialístico* sind Neubildungen des Korpus), doch wird die adjektivische Verwendung der Formen auf *-ista* vorgezogen.

2.2.1.1.16 *-ite*

Mit diesem Suffix werden nach BECHARA (218) und dem *Aurélio* in der medizinischen Fachsprache Entzündungen des Organs, das die Basis bezeichnet, ausgedrückt: *apendicite* (von *apêndice* 'Blinddarm') 'Appendizitis'. Doch heute werden, in verschiedener Tönung, die vom Scherzhaften bis zum Pejorativen geht, auch Manien, krankhafte Neigungen, Schwärmereien mit diesem Suffix bezeichnet.

Das Korpus bietet uns zwei interessante Beispiele:

governite (von *governo* 'Regierung': *governite* 'Regierungssystem mit einem Übermaß von Gesetzen und Regelungen'); *tecnocratite* (von *tecnocrata* 'Technokrat': *tecnocratite* 'Übermaß von Technokratie'). In diesen beiden Beispielen ist die Idee der 'Entzündung', des übermäßigen Wachsens im metaphorischen Sinne präsent. In *preguicite* (von *preguiça* 'Faulheit') und *paixonite*[1] (von *paixão* 'Leidenschaft, Flamme') zum Beispiel, die in der Umgangssprache zu hören sind, kommt mehr das Scherzhafte zum Ausdruck.

2.2.1.1.17 *-mirim*

Das Korpus bietet uns eine interessante Bildung mit dem Suffix *-mirim* 'klein', welches das brasilianische Portugiesisch aus der Indianersprache "Tupi" entlehnt hat, mit dem Antonym *-açu* 'groß' (Varianten *-guaçu* und *-uaçu*): *pistamirim* 'kleine Rollbahn, kleine Piste'. *-Mirim* und *-açu* kommen besonders in Ortsnamen (*Guaramirim*, *Iguaçu*) und Tiernamen vor: *abelhamirim* 'kleine Biene'; *tamanduá-mirim* 'kleiner Ameisenbär'; *tamanduá-açu* 'großer Ameisenbär'.[2]

---

1 *Paixonite* führt der *Aurélio* auf; *preguicite* habe ich schon mehrmals gehört.

2 Ohne auf Quellen zu verweisen, gibt der *Aurélio* als Plural von *tamanduá-açu* die Form *tamanduás-açus* und von *tamanduá-mirim* die Form *tamanduá-mirins* an, wonach *-açu* eher als ein Stamm und *tamanduá-açu* als eine Zusammensetzung zu sehen wäre. Man ziehe jedoch in Betracht, daß bei der Pluralbildung von Diminutivbildungen auf *-inho* der Stamm auch Plural-

Die brasilianischen Grammatiken, die ich durchsucht habe, führen *-mirim* nicht unter den Suffixen auf. Der *Aurélio* betrachtet es als ein Substantiv, als ein Adjektiv und als ein "elemento de composição". Als Substantiv existiert wohl ein *mirim*, aber als Kürzung von *abelhamirim* 'eine kleine Biene'. Für den adjektivischen Gebrauch gibt der *Aurélio* einen literarischen Beleg, der nicht beweist, ob es in der Standard- oder Umgangssprache geläufig ist (übrigens ist mir als "native speaker" der adjektivische Gebrauch von *mirim* nicht bekannt): "Em escala descendente, a começar no Catete, onde pontifica o chefe açu, e a terminar no último lugarejo do sertão, com um caudilho mirim, isto é um país a regurgitar de mandões" (Graciliano RAMOS, *Linhas Tortas*, p. 9).

Wenn wir nun die Tatsache berücksichtigen, daß *-mirim* nicht frei vorkommt (das Kurzwort *mirim* 'Biene' kann dazu nicht in Betracht gezogen werden), ist es wohl eher als ein Suffix anzusehen, nicht als ein *elemento de composição* 'Kompositionsglied', wie der *Aurélio* behauptet. Vielleicht werden die Funktion und des Status von *-mirim* deutlicher, wenn man es mit den Präfixen *mini-* oder *micro-* vergleicht. Semantisch wäre kaum ein Unterschied zwischen *pistamirim* und *minipista* oder *micropista* festzustellen.

2.2.1.1.18 *-oca*

Bildungen aus dem Korpus:

motoca (von *moto*, Kürzung von *motocicleta* 'Motorrad'). Das Suffix *-oca* dient zur Bildung von Diminutiva. Es bezeichnet aber nicht einfach 'das Kleine'. Es enthält eine emotionelle Tönung. In *motoca* ist es meliorativ. In *belezoca* (von *beleza* 'Schönheit') ironisch, in *engenhoca* (von *engenho* 'Maschine, Apparat') kann es abwertend sein.

---

merkmale annimmt oder bewahrt: *pão* → *pãozinho*, *pães* → *pãezinhos*; *papel* → *papelzinho*, *papéis* → *papeizinhos*; *flor* → *florzinha*, *flores* → *florezinhas*; *fọgo* → *fọguinho*, *fọgos* → *fọguinhos*. Nach dem gegenwärtigen Stand der Untersuchungen herrscht also noch keine endgültige Klarheit über den wahren Status von *-mirim*.

2.2.1.1.19 *-ódromo, -lândia* und *-rama*

Zu den desubstantivischen Substantiven gehören schließlich noch Bildungen mit den Suffixen *-ódromo*, *-lândia* und *-rama*. Es sind Suffixe, weil sie serienbildend sind und nicht frei vorkommen. Außerdem deckt sich ihre Bedeutung nicht mehr völlig mit der Bedeutung der Formen, aus denen sie entstanden sind.

Das griechische *-dromo* 'Rennbahn', Bedeutung, die es z.B. noch in *autódromo* 'Autorennbahn' und *hipódromo* 'Reitrennbahn' hat, bezeichnet in den Neubildungen mehr oder weniger vage den 'Ort, wo etwas stattfindet': *Camelódromo* (von *camelô* 'Straßenhändler': *Camelódromo* ist in Rio de Janeiro eine Art Flohmarkt, auf den man den Straßenhandel geleitet hat); *Gizódromo* (von *giz* 'Kreide': der Kontext bietet nicht genügend Hinweise für das genaue Erfassen des Inhalts); *mictódromo* 'Pissoir' (nach *mictório* 'Pissoir'); *Sambódromo* (von *samba* 'Samba': *Sambódromo* ist in Rio de Janeiro ein großer Bau mit Zuschauertribünen, wo die Karnevalszüge stattfinden); *ódromo*: So wie man die sekundären Kurzformen *ismos* 'Theorien' und *logias* 'Wissenschaften' als selbständige Substantive verwenden kann - meistens mit pejorariver Tönung (s. BECHARA, 228), so hat Carlos DRUMMOND DE ANDRADE in einem Zeitungsartikel des *Jornal do Brasil* vom 22.1. 1984, S. 25, "Do Camelódromo ao Amoródromo" die sekundäre Kurzform *ódromo* gebraucht: "O ódromo conseguirá aquilo que o ex-Ministro Beltrão, com toda a sua diligência e competência, não conseguiu: botar um pouco de ordem nos serviços públicos." In demselben Artikel, dessen zentrales Thema die Produktivität von *-ódromo* ist, bezeichnet er dieses Element als Suffix: "Falar em sufixo, é de registrar-se o que brilha na palavra *camelódromo*, de recente invenção." Daß das Suffix die Form *-ódromo* und nicht *-dromo* angenommen hat, zeigt eben diese Verwendung als selbständiges Wort. Weiterhin zeigt schließlich das Wort *Rockódromo* (s. die Zeitschrift *Veja*, Nr. 859, 20.2.1985), das zur Bezeichnung des Geländes, Bauten und Einrichtungen, wo vor kurzem in Rio de Janeiro ein Rock-and-Roll-Festival stattgefunden hat, geprägt wurde, daß *-ódromo* zu einem Suffix mit wachsender Produktivität geworden ist.

-Lândia ist aus dem englischen und deutschen *land/Land* hergeleitet. Es kommt z.B. in dem älteren Wort *hinterlândia* vor, das der *Aurélio* aufführt und als Entlehnung aus deutsch *Hinterland* bezeichnet. Das Korpus enthält *brizolândia* (von *Leonel Brizola*, Gouverneur des Staates Rio de Janeiro und Führer einer Partei); *brizolândia*, mit Haplologie *Brizo(la) + lândia*, bedeutet soviel wie 'die Anhänger Brizolas', wozu man sich folgende Bedeutungsentwicklung vorstellen kann: *das Land* (Brizolas) → *das Heim* (Brizolas) → (Brizolas) *Milieu* → (Brizolas) *Anhänger und Freunde*. Ferner sind in Brasilien viele Ortsnamen mit *-lândia* zu finden; *Bragalândia*, *Romelândia*, *Roselândia*, *Uberlândia*, *Vasconcelândia* etc. In meiner Heimatstadt *Curitiba* wird die Straße, in der sich mehrere Kinos befinden, *Cinelândia* genannt. Außerdem werden auch öfter Läden mit dem Suffix *-lândia* gebildet: *Brinquedolândia* (von *brinquedo* 'Spielzeug' + *-lândia*), *Eletrolândia* usf.

Schließlich kam auch ein Wort mit dem Suffix *-rama* vor, das als Kürzung von *panorama* auch in anderen Sprachen gebraucht wird und von dem MARCHAND (213f.) sagt: "The suffix *-rama* is no longer a *panorama* but may denote anything connected with what looks vaguely panoramic, a show, the place of the show, a catalogue of the show." Das Wort des Korpus ist *Teverama* (von *tevê* (TV = *televisão*) 'Fernsehen': *Teverama* ist der Titel eines Fernsehprogramms).

2.2.1.2 Deadjektivische Substantive

Deadjektivische Substantive werden bei MEYER-LÜBKE (66ff.) in dem Kapitel "Adjektivabstrakta" behandelt. Im Korpus gibt es dafür einige Belege auf *-eza*, *-ice* und *-idade*, wovon das letzte das produktivste ist. Doch auch eine deadjektivische Neubildung auf *-ês* bietet uns das Korpus, die aber kein Adjektivabstraktum ist.

2.2.1.2.1 *-ês*

Die Bildung auf *-ês* ist *politiquês* (von *político* 'politisch'; *politiquês* ist die 'schwülstige Fachsprache der Politik'). Das Suffix *-ês* wird im Portugiesischen zur Bildung von Ethnika (s. ROHLFS, 183): *França* + *-ês* ⟶ *francês*; *Gênova* + *-ês* ⟶ *genovês* und auch zur Bezeichnung der entsprechenden Sprache verwendet: *português* 'Portugiesisch'; *francês* 'Französisch'.

Bei *politiquês* haben wir aber kein Ethnikum, sondern lediglich die Bezeichnung für eine Sprachvariante. Außerdem ist die Basis keine geographische Bezeichnung. Es handelt sich also gewissermaßen um eine Erweiterung des Musters.

Politiquês ist nicht das einzige Ergebnis dieses neuen Musters; in Brasilien ist *economês* für die Bezeichnung der 'schwülstigen Fachsprache der Wirtschaft' geläufig, und ich habe auch schon die Bildungen *pedagogês* und *planejês* gehört, alle, wie *politiquês*, stets mit einer abwertenden Tönung.[1]

2.2.1.2.2 *-eza*

Mit diesem Suffix, das in früheren Zeiten produktiver gewesen sein muß, war im Korpus nur das Wort *moreneza* (von *moreno* 'brünett') zu finden. *Moreno* wird hinsichtlich Haut- oder Haarfarbe dem *louro* 'blond' entgegengesetzt; in der Zeitung *Jornal do Brasil* ist öfter die Rede von *socialismo moreno* 'Sozialismus nicht europäischer oder asiatischer Art' oder von *a moreneza do socialismo de Brizola* (Leonel Brizola ist der Gouverneur des Staates Rio de Janeiro und Führer einer Partei).

2.2.1.2.3 *- ice*

Dieses Suffix drückt in substantivischer Form den Inhalt der adjektivischen Basis aus. Es wird heute meistens mit Adjektiven

1 In dem brasilianischen Märchentheater *Pluft, o Fantasminha* 'Pluft, das kleine Gespenst' von Maria Clara MACHADO (Rio de Janeiro: Agir, 1975) drückt sich die Figur des Geistes in einer Sprache aus, die *fantasmês* genannt wird, was soviel wie 'Gespenstersprache' bedeutet und keine pejorative Wertung beinhaltet. BAUER (250) listet über zwanzig Neubildungen auf *-ese* auf, "denoting a characteristic jargon", wie er sagt. Dieses Faktum läßt einen englischen Einfluß auf die portugiesischen Bildungen vermuten.

verbunden, die eine negative Bedeutung haben. Das ist der Fall von zwei der drei Neubildungen des Korpus: *boboquice* (von *boboca*, Diminutiv von *bobo* 'dumm') und *caretice* (von umg. *careta* 'unmodern, rückständig'). In *mineirice* (von *mineiro* 'Bewohner des Staates Minas Gerais'), synonym zu den Einträgen des *Aurélio*, *mineirismo* und *mineiridade* 'das Wesen oder Eigenart des *mineiro*', hat *-ice* dagegen eine neutrale Bedeutung. Analog zu den vielen Wörtern, in denen *-ice* sich an Adjektive negativer Bedeutung angeschlossen hat, hat dieses Suffix abwertende Konnotation auch in Wörtern, deren Basis neutral ist: *criancice* (von *criança* 'Kind': *criancice* ist 'Kinderei oder das kindliche Benehmen eines Erwachsenen').

2.2.1.2.4 *-idade / -edade*

Bildungen mit diesem Suffix:
alteridade (von *álter* 'der andere'; *alteridade* ist das Nicht-Ich);
competitividade (von *competitivo* 'konkurrenzfähig');
emocionalidade (von *emocional* 'emotional');
gravosidade (von *gravoso* 'drückend, schwer');
imperatividade (von *imperativo* 'gebieterisch');
inegociabilidade (von *inegociável* 'unabdingbar');
integralidade (von *integral* 'integral');
lesividade (von *lesivo* 'schädlich');
multifariedade (von *multifário* 'vielseitig');
ostensividade (von *ostensivo* 'ostensiv');
obviedade (von *óbvio* 'einleuchtend, selbstverständlich');
perdurabilidade (zu *perdurável* 'dauerhaft');
pluviosidade (von *pluvioso* 'regnerisch');
privacidade (zum englischen Substantiv *privacy*). *Privacidade* ist eine interessante Neubildung. Es ist eine hybride Bildung. Wäre man von dem portugiesischen Adjektiv *privado* ausgegangen, hätte man *privatidade*, parallel zu *privado* → *privatizar*, erhalten. *Perdurabilidade* und *inegociabilidade* weisen statt *-vel* die lateinische Variante *-bil* auf. *Obviedade* und *multifariedade*, die von *óbvio* und *multifário* ausgehen, haben statt

-idade die Endung *-edade*, was die unmittelbare Hintereinanderfolge zweier *i* vermeiden soll: **obviidade* und **multifariidade*. Das Portugiesische hat mehrere solche Fälle (*sério* → *seriedade*), und schon im Lateinischen haben wir neben *bonu* → *bonitate*, *piu* → *pietate*.

2.2.1.3. Deverbale Substantive

Unter den deverbalen Substantiven, die uns das Korpus bietet, zählen Substantive auf *-ada*, *-ção*, *-dura* und *-mento*, die MEYER-LÜBKE (74-94) Verbalabstrakta nennt, und Substantive auf *-dor(a)*, *-deira*.

Was den Inhalt der Ableitungen betrifft, die mit diesen Suffixen gebildet werden, ist bemerkenswert, daß die ersten Nomina actionis sind, die mit *-dor* oder *-deira* Nomina agentis, d.h. sie bezeichnen die Tat (actio) oder den Täter (agens), wofür wohl die Basis, das Verb, mitverantwortlich ist.

2.2.1.3.1 *-ada*

Bildungen aus dem Korpus:
esnobada (von *esnobar* 'dem Gegner gegenüber Überlegenheit zeigen, prahlen, angeben'); *esticada* (von *esticar* 'ziehen, verlängern': *esticada* ist die Verlängerung eines Spaziergangs, einer Reise); *malufada* (von der Neubildung *malufar*; *malufada* ist mit der Bedeutung 'Niederlage' eine stark situations- und kontextabhängige ad-hoc-Bildung: Der Sprecher ist gegen den Präsidentschaftskandidat Paulo Maluf und gibt damit seinem Wunsch nach der Niederlage dieses Kandidaten Ausdruck: Kontext aus dem Korpus: "Influente prócer tricolor, ressentido ainda hoje com a malufada de seu time no final da Taça Guanabara, [...]"); *retomada* (von *retomar* 'wiederaufnehmen; Kontext: *retomada do poder* 'Wiederaufnahme der Macht'). Die Nomina actionis auf *-ada* werden in der heutigen Umgangssprache des Portugiesischen sehr oft in Syntagmen mit dem Verb *dar* 'geben' vom Typ *dar uma esnobada* 'angeben, prahlen', *dar uma olhada* 'schauen', *Vou dar uma estudada* 'ich werde eben mal studieren', *Ele deu*

uma descansada 'er hat sich mal eben ausgeruht' verwendet. Es wird damit eine 'flüchtige oder kurze Handlung' zum Ausdruck gebracht.

2.2.1.3.2 *-agem*

Mit diesem Suffix bietet das Korpus die Bildung *farogagem* (von *farofar* 'am Strand picknicken') an.[1]

2.2.1.3.3 *-ção*

Bildungen aus dem Korpus:

absolutização (von *absolutizar* 'verabsolutieren');
ambientação (von *ambientar-se* 'sich eingewöhnen, sich einleben');
capacitação (von *capacitar* 'fähig machen');
cartelização (von *cartelizar* 'in einem Kartell zusammenschließen');
comunização (von *comunizar* 'dem kommunistischen System anpassen');
desincompatibilização (von *desincompatibilizar* 'verträglich machen');
digitação (von *digitar* 'in Ziffern umsetzen');
elitização (von *elitizar* 'der Elite anpassen');
empolgação (von *empolgar* 'begeistern');
encucação (von umg. *encucar* 'in den Kopf setzen');
esquerdização (von *esquerdizar* 'der Linken anpassen');
favelização (von *favelizar* 'einen Stadtteil mit Slums bebauen');
feminilização (von *feminilizar* 'der Frau anpassen');
formigação (von *formigar* 'kribbeln');
hominização (von *hominizar* 'dem Menschen anpassen');
intermediação (von *intermediar* 'vermitteln');
islamização (von *islamizar* 'zum Islam bekehren');
ludibriação (von *ludibriar* 'verhöhnen);
mexicanização (von *mexicanizar* 'dem mexikanischen Wesen anpassen');

1 Verbalabstrakta auf *-agem* (s. BALDINGER, 28ff.) kommen im Portugiesischen lange nicht so häufig vor wie die entsprechenden französischen auf *-age*. Zur Form dieses Suffixes s.u. 2.2.3.4.

montorização (von *montorizar* 'an Franco Montoro anpassen');
operacionalização (von *operacionalizar* 'funktionsfähig machen');
ovação 'das Bewerfen mit Eiern': es handelt sich hier wohl um ein Wortspiel mit dem etymologisch nicht mit *ovo* verwandten *ovação* 'Ovation', denn die Semantik von *ovar* 'Eier legen' könnte kaum zu der obigen Neubildung führen;
penalização (von *penalizar* 'strafen);
regionalização (von *regionalizar* 'dezentralisieren');
robotização (von *robotizar* 'zum Roboter machen');
saarização (von *saarizar* 'in eine Wüste verwandeln');
satelitização (von *satelitizar* 'zum Sateliten machen, unterwerfen');
viabilização (von *viabilizar* 'möglich machen').

Für mehrere hier aufgelistete Nomina actionis, die auf *-ização* enden, wurde weder im Korpus noch im *Aurélio* ein entsprechendes Verb auf *-izar* gefunden. Dies ist der Fall bei *viabilização* und *mexicanização* zum Beispiel, für die es kein nach *viável* und *mexicano* gebildetes *viabilizar* bzw. *mexicanizar* gibt. Dazu gibt es zwei Interpreationsmöglichkeiten. Zunächst könnte man ein Doppelsuffix *-ização* annehmen, was m.W. ein Sonderfall in der portugiesischen Suffigierung wäre. Übrigens hätten wir dann keine deverbalen Nomina actionis mehr, denn die Basis wäre ein Adjektiv (*viável* → *viabilização*) oder ein Substantiv (*Saara* → *saarização*). Ich möchte daher eine andere Interpretation vorschlagen. Der Parallelismus zu anderen Bildungsketten, wie z.B. *real* → *realizar* → *realização*, wo das Verb belegt ist, erlaubt uns m.E. bei den oben erwähnten Nomina actionis zwischen dem Ausgangspunkt und dem Ende der Kette als Zwischenetappe ein Verb auf *-izar* zu supponieren. Auch wenn das Verb nicht explizit formuliert oder gebildet wurde, so ist es doch in der Lautform und dem Inhalt des Nomens auf *-ização* und im Bewußtsein des Sprechers/Hörers anwesend.[1]

---

1 Weitere Bemerkungen über Bildungen mit dem Suffix *-ção* werden anläßlich der Neubildungen mit dem Suffix *-mento* (Abschnitt 2.2.1.3.6 dieses Kapitels) gemacht.

2.2.1.3.4 *-dor(a)*

Bildungen aus dem Korpus:

aglutinador (von *aglutinar* 'agglutinieren');
alfabetizador (von *alfabetizar* 'alphabetisieren, das Rechnen und Schreiben lehren');
alimentador (von *alimentar* 'ernähren, speisen');
alinhavador (von *alinhavar* 'heften, reihen, planen');
articulador (von *articular* 'artikulieren, verhandeln über');
cassador (von *cassar* 'entheben');
desmitificador (von *desmitificar*, das seinerseits von *mitificar* 'zum Mythos machen' abgeleitet wurde);
depilador (von *depilar* 'enthaaren');
indexador (von *indexar* 'auflisten, auf den Index der Lebenshaltungkosten setzen');
intermediador (von *intermediar* 'vermitteln');
loteador (von *lotear* 'teilen, ein Grundstück unterteilen');
misturador (von *misturar* 'mischen, mixen');
mitificador (von *mitificar* 'mythisieren');
prorrogador (von *prorrogar* 'verlängern');
rastreador (von *rastrear* 'suchen, folgen');
secadora (von *secar* 'trocknen');
velejador (von *velejar* 'segeln').

Mit dem Suffix *-dor* (s. *Aurélio secador* 'Trockner, Haartrockner'), das ein entsprechendes Femininum *-dora* hat (das Korpus bringt *secadora* 'Wäschetrockner'), werden Nomina agentis oder Nomina instrumenti gebildet. Von den oben angegebenen Neubildungen sind z.B. *misturador* und *secadora* Nomina instrumenti, während *intermediador* und *loteador* Nomina agentis sind. Dazu bietet DUBOIS (40) eine erläuternde Bemerkung: "Le développement technique se manifeste par une substitution de plus en plus grande de la machine à l'homme dans le processus de la production; cette mécanisation, puis cette automatisation s'est accélerée au cours de la première moitié du XXe siècle; des machines électroniques se sont même substituées à l'homme dans certaines opérations mentales de type arithmétique. Le nom d'agent est devenu le nom de la machine." Aus morpho-syntaktischer Sicht darf nicht vergessen werden, daß diese Substantive oft auch adjektivisch verwendet werden: nebst *secadora* kann man z.B. *máquina secadora*, nebst *loteador*, *firma loteadora* vorstellen.

2.2.1.3.5 *-dura*

Bildung aus dem Korpus:
laqueadura (von *laquear* 'lackieren'). *Laqueadura* 'Lackierung' ist ein Nomen actionis und dem Wort *laqueação*, das der *Aurélio* bringt, in der Bedeutung gleich.

Im Vergleich zu *-ção* und *-mento* ist das Suffix *-dura* heute weniger produktiv. Doch die vielen Bildungen, die ALLEN (69) auflistet, scheinen zu beweisen, daß es in früheren Zeiten nicht so gewesen ist: "*quebrar* 'to break' → *quebradura* 'rupture, hernia'; *lavar* 'to wash' → *lavadura* 'washing'; *tecer* 'to weave' → *tecedura* 'weaving'; *torcer* 'to bend, twist' → *torcedura* 'bending, tweisting' [...]."

2.2.1.3.6 *-mento*

Bildungen mit diesem Suffix:
acionamenteo (von *acionar* 'in Gang setzen');
afoitamento (von *afoitar* 'ermutigen');
agenciamento (von *agenciar* 'vermitteln');
aguçamento 'Verschärfung, Zuspitzung' (von *aguçar* 'schleifen, spitzen, reizen');
apeamento (von *apear* 'absteigen');
aprofundamento (von *aprofundar* 'vertiefen');
atrelamento (von *atrelar* 'anspannen');
credenciamento (von *credenciar* 'bevollmächtigen');
debilitamento (von *debilitar* 'schwächen');
desfavelamento (von *desfavelar* 'die Slums beseitigen', dieses von *favela* 'Slum');
despistamento (von *despistar* 'ablenken');
direcionamento (von *direcionar* 'lenken');
endividamento (von *endividar* 'verschulden');

enfrentamento (von *enfrentar* 'engegentreten');
emparedamento (von *emparedar* 'zumauern, einsperren');
enraizamento (von *enraizar* 'einwurzeln');
espezinhamento (von *espezinhar* 'unterdrücken');
fustigamento (von *fustigar* 'peitschen');
gerenciamento (von *gerenciar* 'leiten');
indiciamento (von *indiciar* 'anzeigen');
metralhamento (von *metralhar* 'mit dem Maschinengewehr erschießen');
posicionamento (von *posicionar* 'stellen, Platz nehmen');
prevalecimento (von *prevalecer* 'überwiegen, den Ausschlag geben');
questionamento (von *questionar* 'in Frage stellen');
vivenciamento (von *vivenciar* 'erleben').

Das Korpus hat 28 Neubildungen auf *-ção* und 25 auf *-mento*, zwei Suffixen gleicher Funktion. Warum einmal *-ção*, einmal *-mento* bevorzugt wird, ist nicht immer leicht ausfindig zu machen. Eines ist jedoch festzustellen: Von den 28 neuen Wörtern auf *-ção* sind 19 von Verben auf *-izar* abgeleitet (*saarizar* ⟶ *saarização*, *cartelizar* ⟶ *cartelização*, usw.),[1] und nur ein Verb auf *-izar* wurde zur Basis eines Nomen actionis auf *-mento* (*enraizar* ⟶ *enraizamento*). Der Weg von Verben auf *-izar* zu Nomina auf *-ção* ist also ein breiter, oft begangener Weg und wird vorgezogen.

Was das Wesen der Wortbildungsregeln betrifft, ist auch wichtig zu bemerken, daß es oft Doppelformen gibt, eine auf *-ção* und eine auf *-mento*. Im *Aurélio* gibt es z.B. schon *debilitação*, *desfiguração*, *indiciação*; das Korpus bietet uns jetzt auch *debilitamento*, *desfiguramento* und *indiciamento*. Demgegenüber enthält der *Aurélio* *formigamento*, das Korpus die Neubildung *formigação*. Die deverbalen Ableitungen auf *-ção* und *-mento* blockieren sich also nicht immer gegenseitig, sondern können nebeneinander als synonyme Nomina in der Sprache existieren. Dieser Befund spricht in gewissem Sinne gegen BASILIOs (9) Behauptung, man dulde im Portugiesischen nicht *divulgamento* (von *divulgar*

---

1 Dazu s.o. Abschnitt 2.2.1.3.3, S.73f.

'bekanntmachen'), weil es schon *divulgação* gibt.

Bei drei anderen Beispielen des Korpus (*direcionamento*, *gerenciamento* und *posicionamento*) ist der Ausgangspunkt ein denominales Verb: *direção* ⟶ *direcionar*, *posição* ⟶ *posicionar*, *gerência* ⟶ *gerenciar*. *Direção*, *gerência* und *posição* sind ihrerseits mit den Verben *dirigir*, *gerir* und *pôr* verwandt und die nominale Entsprechung zu diesen Verben. Da sie aber nicht mehr den prozessualen Charakter von Nomina actionis haben, sondern etwas Statisches bezeichnen, hat man von den Verben, die aus ihnen entstanden sind (*direcionar*, *gerenciar*, *posicionar*) ein neues Abstraktum abgeleitet (*direcionamento*, *gerenciamento* und *posicionamento*), natürlich - nicht zuletzt auch aus euphonischen Gründen - mit dem Suffix *-mento*. Das Suffix *-ção* würde uns **direcionação*, **gerenciação* und **posicionação* geben. Das Lexikon des Portugiesischen zeigt uns auch die andere Richtung. Von *regulamento* und *instrumento*, die eine statische Bedeutung bekommen haben, hat man die Verben *regulamentar* und *instrumentar* abgeleitet und von diesen, diesmal aus euphonischen Gründen mit dem Suffix *-ção*, die Nomina actionis *regulamentação* und *instrumentação*. **Regulamentamento* und **instrumentamento* sind nicht entstanden, weil Gleichklang von Suffix und Wortausgang vermieden wird.

Zur Bildung von Nomina actionis zeigt uns das Portugiesische noch andere interessante Fälle, von denen einige exemplarisch vorgestellt werden: *atendimento* (von *atender* 'bedienen, abfertigen, ...') entstand nebst *atenção* und *recebimento* (von *receber* 'bekommen, empfangen') nebst *recepção*, weil *atenção* und *recepção* ihren dynamischen Aspekt verloren haben. *Ressurgimento* 'Wiederaufleben' entstand neben *ressurreição* 'Auferstehung Christi', *salvamento* 'Rettung' neben *salvação* 'Erlösung im religiösen Sinne', weil bei *ressurreição* und *salvação* eine Beschränkung oder Spezialisierung des Inhalts stattgefunden hatte. Bei *plantação* und *plantio* (beide Ableitungen von *plantar* 'pflanzen') haben wir bei dem ersten Wort eine mehr statische Bedeutung ('Pflanzung'), während bei *plantio* ('das Pflanzen') die Bedeutung eine dynamische, prozessuale ist. Bei *atropelo* und *atropelamento*, beide Ableitungen von *atropelar* 'überfahren, umrennen, drängen', bedeutet die Rückbildung *atropelo* 'Hast, Eile', *atropelamento* die Handlung: 'Überfahren, Umrennen'. *Atropelamento* ist also das Nomen actionis.

2.2.2. Adjektivbildung

2.2.2.1 Einführendes

Neue Adjektive werden meist von einem Nomen oder einem Verb, seltener von einem Adjektiv abgeleitet. Bei Adjektiven, deren Basis ein Nomen oder ein Verb ist (*congresso* ⟶ *congressual*; *programar* ⟶ *programável*), ändert sich selbstverständlich die Wortart, während bei Adjektiven, die als Basis ein Adjektiv haben, sich nur die Subkategorie der Wortart ändert: *celeste* 'himmlisch' (im allgemeinen Sinne) ⟶ *celestial* 'himmlisch' (im religiösen Sinne). Bei Suffixen, die mit der Basis ein Wort produzieren, das zu einer anderen Wortart gehört, handelt es sich um wortartändernde Suffixe. Bei Suffixen, die mit der Basis kein Wort hervorbringen, das zu einer anderen Wortart gehört, sondern zu einer anderen Subkategorie derselben Wortart, handelt es sich um Suffixe, die ein Wort in eine andere Bezeichnungsklasse überführen.

Die syntaktisch-semantischen Verhältnisse zwischen den Konstituenten der Produkte dieser Wortbildungsverfahren sind die der Subordination: Die Basis ist das Determinans (DS), das Suffix das Determinatum (DM): *congresso* + *-al* ⟶ *congress*$_{DS}$*ual*$_{DM}$; *celeste* + *-al* ⟶ *celest*$_{DS}$*ial*$_{DM}$ (s. dazu auch o. den Anfang des Kapitels 2 "Derivation", S. 12).

Anders jedoch steht es mit den syntaktisch-semantischen Verhältnissen zwischen den Elementen der Produkte, die eine Basis und ein Gradmorphem, Diminutiv- oder Augmentativsuffix, vorweisen. Adjektive können, wie Substantive, Gradmorpheme bekommen: *boi* 'Ochse' ⟶ *boizinho*, *boi* ⟶ *boizão*; *bonito* 'schön' ⟶ *bonitinho*, *bonito* ⟶ *bonitão*; *belo* 'schön' ⟶ *belíssimo* 'sehr schön'. Beim Hinzufügen dieser Suffixe bleibt die Basis weiterhin DM, während das Suffix das DS der Kombination ist. Die Gradmorpheme gleichen also nicht nur den Präfixen wie *mini-*, *maxi-*, *arqui-*, *super-*, die semantisch auch Gradmorpheme sind, sondern allen Präfixen, die syntaktisch im Lexikalsyntagma die Funktion des DS erfüllen und somit den Adjektiven und Adverbien gleichen, die im Nominal- bzw. Verbalsyntagma eine adnominale oder adverbiale Funktion erfüllen. Anders also als bei wortartändernden oder in eine andere Bezeichnungsklasse führenden Suffixen, welche die Funktion des DM aufnehmen, sind die Augmentativ- und Diminutivsuffixe DS des Produktes des Wortbildungsprozesses. Das Empfinden dieses Unterschiedes zwischen dem Gradsuffix und den übrigen Suffixen ist wahrscheinlich einer der Gründe, warum man das Morphem des Grades in der Sprachlehre des Portugiesischen als eine Flexion betrachtete (s. PEREIRA, 79, 98-101 und 110-114) und noch heute oft betrachtet. So z.B. in der *Nomenclatura Gramatical Brasileira*,[1] die durch den Erlaß Nr. 36, vom 28.1.1959, des Bundesministers für Erziehung und Kultur bekanntgegeben wurde und die eine größere Einheit der Terminologie im Unterricht der portugiesischen Sprache an den brasilianischen Schulen bezweckt: "flexão do substantivo: gênero, número, grau; flexão do adjetivo: gênero, número, grau; flexão do advérbio: grau." Dies veranlaßt wohl MATTOSO CÂMARAs (1971, 50) Bemühung, zu zeigen, daß das Morphem des Grades keine Flexion ist: "Na realidade o que se tem com os superlativos é uma derivação possível em muitos adjetivos, como para muitos substantivos há a possibilidade dos diminutivos e para alguns (não muitos) a dos aumentativos. Em outras palavras, a expressão do 'grau' não é um processo gramatical em português, porque não é um mecanismo obrigatório e coerente, e não estabelece paradigmas exaustivos e de termos exclusivos entre si. A sua inclusão na flexão gramatical decorreu da transposição pouco inteligente de um aspecto da gramática latina para a nossa gramática."

---

1 In der Präambel dieses Erlasses heißt es, daß er das Ergebnis der Arbeit und Bemühungen eines Ausschusses sei, der dazu 'Philologen und Linguisten des ganzen Landes' befragt habe.

2.2.2.2 Desubstantivische Adjektive

Wie in dem Kapitel über die Konversion (2.4) gezeigt werden wird, führt von Substantiv zu Adjektiv und vice versa ein breiter zweibahniger Weg. Indem im Satz ein Substantiv als Determinans eines anderen Substantivs fungiert, wie *menino* 'kleiner Junge' in *Ele é um homem menino*, oder durch ein Adverb determiniert wird, wie *menino* in *Ele é muito menino*, übernimmt es die Rolle eines Adjektivs. Die Sprache hat jedoch Mittel, um von Substantiven Gebilde zu formen, die nicht nur eventuell im Satz zu Adjektiven werden, sondern die eine feste Marke tragen, die sie stets als Adjektive erkennen läßt. Diese sprachlichen und die Adjektive sozusagen wie ein Gewand kennzeichnenden Mittel sind die Suffixe.

Eine wichtige Frage bei der suffixalen Adjektivbildung ist die der Funktion des jeweiligen Suffixes. Dazu MEYER-LÜBKE (94ff.): "Die Adjektiva, namentlich die abgeleiteten, drücken entweder die Zugehörigkeit oder die Ähnlichkeit oder das Begabtsein oder die Fähigkeit aus: *aquaticus* 'zum Wasser gehörig', 'im Wasser lebend', *corporalis* 'nach Art des Körpers', *cornutus* 'gehörnt', *amabilis* 'liebenswert'." Er fügt hinzu (ib.): "Aus diesen Grundanschauungen haben sich dann im einzelnen weitere eingeschränktere entwickelt. Übrigens ist die Grenze hier noch verschwommener als bei manchen der für die Substantiva gewonnenen Kategorien."

Unser Korpus enthält mehrere Suffixe, mit denen aus Nomina Adjektive gebildet werden. Einige sind sehr produktiv, andere weniger. Für alle gilt das Muster: Subst. + Suffix → Adj.

2.2.2.2.1 *-al*

Neubildungen:
ambulatorial (von *ambulatório* 'Ambulanz');
cartorial (von *cartório* 'Notariat');
condominial (von *condomínio* 'Eigentumswohnung');
congressual (von *congresso* 'Parlament');
emergencial (von *emergência* 'Not');
viral (von *vírus* 'Virus').

Von diesem Suffix sagt ALLEN (73): "It is more commonly added to nouns, and forms adjectives which mean, in general, 'of or pertaining to' the underlying noun."

2.2.2.2.2 *-ar*

Wie die vorher besprochenen Suffixe *-al* und *-iano* drückt *-ar* Zugehörigkeit aus. Zu *-al* sagt der *Aurélio*: "Alterna-se, às vezes, com *-ar*: *elemental*, *elementar*; *familial*, *familiar*." Das Korpus bietet nur die Bildung *lagunar* (von *laguna* 'Lagune').

2.2.2.2.3 *-ável*[1]

Dieses Suffix drückt im allgemeinen Fähigkeit (s. MEYER-LÜBKE, 106ff.) aus. Der *Aurélio* deutet es als "digno de".

Aus dem Korpus:
agriculturável (von *agricultura* 'Landwirtschaft'; Kontext: *terra agriculturável* 'bebaubares Land'); mit derselben Bedeutung führt der *Aurélio* schon *agricultável* auf, eine Ableitung von dem Verb *agricultar* 'bebauen, bepflanzen';
colunável (von *coluna* 'Zeitungs- oder Zeitschriftenspalte'); *colunável* bedeutet '(X) hat die benötigten Eigenschaften, um in der *coluna social* zitiert zu werden'.
Da von jedem transitiven Verb theoretisch ein Adjektiv auf *-ável* gebildet werden kann, ist zu vermuten, daß das Muster "transitives Verb + *-ável* → Adjektiv" produktiver ist als das Muster "Substantiv + *-ável* → Adjektiv". Unser Korpus selbst bietet neun Bildungen (s.u. 2.2.2.4.2) mit dem letzteren Muster und nur zwei mit dem ersteren. Als ältere Bildungen des Musters "Substantiv + *-ável* → Adjektiv" führt der *Aurélio* *ministeriável*, *papável* und *presidenciável* an, mit der Bedeutung 'zum Minister, Papst bzw. Präsidenten wählbar oder ernennbar', oder 'mit den erwarteten Eigenschaften für das Amt des Ministers, Papstes oder Präsidenten'. Für *papável* gibt der *Aurélio* als Ursprung das italienische *papàbile*. Das portugiesische *carroçável* 'befahrbar', das im Italienischen die Entsprechung *carrozzàbile* hat, leitet er von *carroça* ab. Von *carroça* seinerseits behaup-

---

1 Zu der hier vorgezogenen Form *-ável* s.u. 2.2.3.4.

tet der *Aurélio*, es sei eine Entlehnung aus dem Italienischen (*carrozza*). Die größere Zahl der denominalen Bildungen in den anderen romanischen Sprachen, hauptsächlich im Französischen (s. KURSCHILDGEN, 35-70), legt die Vermutung nahe, daß dieses Muster importiert ist. ALLEN (77) führt *caroável* 'loving' zu *caro* 'dear' und *submersível* 'submersible' zu *submerso* 'submerged' auf; er geht jedoch, wie KURSCHILDGEN (58) sagt, auf diese Bildungen nicht näher ein. KURSCHILDGEN (ib.) listet weiter *amorável* 'liebenswert' (von *amor* 'Liebe') und *saudável* 'gesund) (von *saúde* 'Gesundheit') auf.

Vielleicht wird die Produktivität dieses Musters aber noch wachsen. Gerade als ich mich mit diesem Teil der Arbeit beschäftigte, erhielt ich einen Brief, in dem die ad-hoc-Bildung *governável* vorkam, aber nicht mit der gewöhnlichen Bedeutung 'steuerbar, lenkbar' (nach dem Muster "transitives Verb + *ável* → Adjektiv"), sondern mit der Bedeutung 'zum Gouverneur wählbar', also ein Homonym zu dem älteren. Warum könnte man nicht weiter von einem Politiker oder Bürger sagen: *Ele é secretariável* oder *prefeiturável* 'zum Landesminister bzw. Bürgermeister wählbar oder ernennbar'?

2.2.2.2.4 *-eiro*

Dieses Suffix drückt Beziehung oder Zugehörigkeit zu dem Nomen der Basis aus.

Neubildungen aus dem Korpus:
alcooleiro (von *álcool*; Kontext: *setor alcooleiro* oder *indústria alcooleira*); *cimenteiro* (von *cimento* 'Zement'; Kontext: *indústria cimenteira*).

2.2.2.2.5 - *engo*

Wegen des besonderen stilistischen Wertes der Neubildung aus dem Korpus (*vilarengo*, von *vilar* 'Dorf') sei am Rande bemerkt, daß *-engo* im allgemeinen heute unproduktiv ist. Seine Funktion ist, Zugehörigkeit zu dem Nomen der Basis auszudrücken.

Mit diesem Suffix wurden im Portugiesischen ein paar Adjektive gebildet: *mulherengo*, das der *Langenscheidt* mit 'weibstoll' übersetzt; *verdoengo* 'grünlich, unreif'; *solarengo* 'herrschaftlich'; *realengo* 'königlich' usf.. Im heutigen Portugiesisch ist es nur noch bei bestimmter stilistischer Absicht in der Literatur produktiv, was der Fall im Korpus bei *vilarengo* ist, wo es mit der Bedeutung 'Dorfbewohner' einem anderen literarischen Wort, dem *fragueiro* 'Bewohner von öden Gebieten' (von *fraga* 'Felsen, öde Gegend') gegenübergestellt wird: "Para quem se recorda, entretanto, sua lição foi realmente de extrema, notável simplicidade, penetrando facilmente na cachola do mais humilde fluminense, vilarengo ou fragueiro [...]" Indem der Autor mit dem heute in der Standardsprache unproduktiven Suffix *-engo* das Wort *vilarengo* bildet und daneben das nur in literarischen Texten vorkommende *fragueiro* setzt, also zwei etwas seltsame und fremdartige Wörter, erreicht er eine besondere Ausdruckskraft (ich übersetze aus dem Korpus): "Für denjenigen, der sich daran erinnert, jedoch, ist die Lehre von äußerster und bemerkenswerter Einfachheit, und sie dringt leicht in den Kopf (für 'Kopf' verwendet er das umgangssprachliche Wort *cachola*) des bescheidensten Einwohners des Landes Rio de Janeiro, des Dorfbewohners wie des Bewohners von öden Gegenden..."

2.2.2.2.6 *-ense*

Obwohl nur ein Beispiel mit diesem Suffix (*portelense*, von dem Eigennamen *Escola de Samba Portela*) im Korpus gefunden wurde, ist zu vermuten, daß *-ense* auch heute noch oft zur Bildung von Ethnika verwendet wird. Es brauchte nur das Bedürfnis dazu dazusein. Übrigens führt der *Aurélio* 46 Ethnika mit *-ense* auf, die mit *são* 'Sankt' beginnen: *São José* ⟶ *são-joseense*; *São João* ⟶ *são-joanense*; *São Joaquim* ⟶ *são-joaquinense*.

2.2.2.2.7 *-esco*

Die Funktion dieses Suffixes ist nach MEYER-LÜBKE (102), Ähnlichkeit auszudrücken. Der *Aurélio* spricht von *relação*, *referência*, *qualidade*.

Bildungen aus dem Korpus:
caudilhesco (von *caudilho*, Entlehnung aus dem Spanischen, 'militärischer oder politischer Führer'; *caudilho* bedeutet heute soviel wie 'autoritärer politischer Führer einer kleinen Anhängergruppe');
municipalesco (von *municipal* 'den Regierungsbezirk betreffend'); *municipalesco* bedeutet 'kleinstädtisch, provinziell, beschränkt in den Ansichten';
orwellesco (von *Orwell*);
peralvilhesco (von *peralvilho* 'Geck, Stutzer');

-esco verleiht den Adjektiven, die es zu bilden hilft, starke emotionale Tönung. In *orwellesco* hat es wie in *dantesco* und *quixotesco* etwas mit dem Phantastischen oder dem Phantasievollen zu tun. Indem sich *caudilhesco*, *peralvilhesco* und *municipalesco* im Korpus auf den heutigen Gouverneur des Staates Rio de Janeiro, Leonel Brizola, beziehen, der aus Südbrasilien stammt, wo immer ein starker Einfluß der spanischen Sprache herrschte (s. die Herkunft von *caudilho*), will man ihn als provinziell bezeichnen, als einen Politiker, der nicht der Politik, die man in den Großstädten Rio de Janeiro und São Paulo oder der Hauptstadt Brasília betreibt, gewachsen ist. Im Sinne LEECHs (42ff.) haben wir somit bei den Neologismen *caudilhesco*, *peralvilhesco* und *municipalesco* ein stilistisches Mittel, das dem Text eine merkwürdige Aussagekraft verleiht. Es wäre übrigens zu untersuchen, welchen Inhalt die Basen, mit denen sich das Suffix *-esco* verbinden läßt, haben.

2.2.2.2.8 *-iano*

Diese Adjektive sind alle Ableitungen von Eigennamen:
geiseliano (von Brasiliens Expräsident *Ernesto Geisel*);
hamletiano (von *Hamlet*);
kuwaitiano (von *Kuwait*);
malufiano (von *Paulo Maluf*, Kandidat zu Brasiliens letzter Präsidentschaftswahl);
montessoriano (von der Erziehungswissenschaftlerin *Maria Montessori*);

thatcheriano (von *Margaret Thatcher*);
ufscariano (von *UFSCar*, Abkürzung für *Universidade Federal de São Carlos*).

Dieses Suffix, das im *Aurélio* nur in der Variante *-ano* aufgeführt wird, drückt 'Zugehörigkeit' zu dem Nomen der Basis aus.

2.2.2.2.9 *-ico*

Nach dem *Aurélio* drückt *-ico* eine Beziehung zum Nomen der Basis aus. Wie schon im Abschnitt 2.2.1.1.14 (s.o., S. 59) bemerkt wurde, stehen die Bildungen auf *-ico* mit denen auf *-ismo* und *-ista* in näherer Beziehung: *socialismo*, *socialista*, *socialístico*.

Aus dem Korpus:
autofágico (von *autofagia* 'Autophagie');
biônico, eine Entlehnung aus dem Englischen (*bionic*);
clânico (von *clã* 'Klan');
emendístico (von *emendista*, Anhänger des *emendismo* 'politische Bewegung, die eine Abänderung der Verfassung erstrebte');
empático (von *empatia* 'Mitgefühl');
paternalístico (von *paternalista* 'Anhänger des Paternalismus');
socialístico (von *socialista*);
videogâmico (von der Entlehnung aus dem Englischen *videogame*).

2.2.2.2.10 *-ino*

Dieses Suffix bezeichnet nach MEYER-LÜBKE (96) Zugehörigkeit oder Herkunft.

Aus dem Korpus:
cepalino (von der Abkürzung *CEPAL*);
planaltino (von *Planalto*, Kürzung für *Palácio do Planalto*, Sitz des brasilianischen Bundespräsidenten).

Mit *-ino* wurden auch Ethnika gebildet: *londrino*, *guanabarino*, Ableitungen von Eigennamen: *cabralino*, doch scheint es heute in dieser Hinsicht wenig produktiv zu sein.

2.2.2.2.11 *-ivo*[1]

Die Bedeutung von *-ivo* ist nach MEYER-LÜBKE (97) "die der Zugehörigkeit, der Eigenschaft ohne den Nebensinn der Handlung".

Aus dem Korpus:
autogestivo (von *autogestão* 'Verwaltung eines Unternehmens durch die Arbeitnehmer');
automotivo (von dem fiktiven *automoto*, das die Konstituente *moto*, die in Zusammensetzungen verwendet wird, enthält. Kontext aus dem Korpus: "componentes automotivos" 'Kfz-Bestandteile');
televisivo (von *televisão* 'Fernsehen'; *televisivo* kommt in Kontexten wie *público televisivo* vor).

2.2.2.2.12 *-oso*

Der *Aurélio* und MEYER-LÜBKE (104) bezeichnen 'Versehensein mit', 'Vollsein von' als Funktion von *-oso*.

Aus dem Korpus:
clangoroso (von *clangor* 'Getöse, Schmettern');
preconceituoso (von *preconceito* 'Vorurteil').

Dieses im Lateinischen und Romanischen produktive Suffix wird heute sehr selten zu portugiesischen Neubildungen verwendet.[2]

---

1 Nach ALLEN (88) und KURSCHILDGEN (166f.) hat das lateinische Suffix *-ivu* im Portugiesischen durch Lautwandel die Form *-io* angenommen: *fugidio* 'flüchtig'; *doentio* 'kränklich'; *lavradio* 'zum Anpflanzen geeignet'. Diese erbwörtliche Form ist nicht mehr produktiv.

2 Dazu eine aufschlußreiche Bemerkung CASTROs (34): "Para algumas sufixações, Guimarães Rosa serviu-se do seu conhecimento do português arcaico. Tomemos ao acaso as palavras *aguçoso* und *chapadoso*." *Aguçoso* ist zu *aguçar* 'spitzen' und *aguço* 'spitzer Gegenstand' gebildet worden. Es bedeutet 'spitz'. *Chapadoso* 'der Hochebene eigen' ist von *chapada* 'Hochebene' abgeleitet.

2.2.2.3 Deadjektische Adjektive

Das Korpus enthält keine deadjektivischen Adjektive des Typs *celeste* → *celestial*, die in der Einführung dieses Kapitels (2.2.2.1) erläutert wurden. Lediglich deadjektivische Adjektive mit einem Gradsuffix wurden gefunden.

2.2.2.3.1 Augmentativbildungen mit *-ão*

covardão (von *covarde* 'feige');
atrasadão (von dem als Adjektiv gebrauchten Partizip des Perfekts *atrasado* 'rückständig');
frescão (von *fresco* 'frisch': im Korpus als substantiviertes Adjektiv mit der Bedeutung 'Bus mit Klimaanlage', in Rio de Janeiro).

2.2.2.3.2 Diminutivbildungen mit *-inho*

amarelinho (von *amarelo* 'gelb');
amassadinho (von dem als Adjektiv gebrauchten Partizip des Perfekts *amassado* 'zerknittert, verschrumpelt');
atrasadinho (von *atrasado* 'rückständig');
inteirinho (von *inteiro* 'ganz, vollständig');
prontinho (von *pronto* 'fertig');
rapidinho (von *rápido* 'schnell');
todinho (von *todo* 'ganz');
zangadinho (von *zangado* 'zornig, böse').

Bei Adjektiven und bei als Adverbien gebrauchten Adjektiven hat das Diminutivsuffix weniger die Funktion, eine Verkleinerung auszudrücken. Oft bezeichnet es vielmehr eine emotionale Tönung: *amarelinho*,[1] *prontinho*, *todinho*, *inteirinho* und *rapidinho*. Verharmlosung ist die Absicht bei *amassadinho* und

1 Über die Verwendung des Diminutivsuffixes bei Adjektiven, die Farben bezeichnen, sagt BECKER (88f.): "Neben diesem vorherrschenden Ableitungstyp haben, in beschränktem Umfang, bei der Bildung der portugiesischen approximativen Farbbezeichnungen noch *-aço* und *-ente* sowie die Diminutive *-inho* und *-ete* ihre Bedeutung bewahrt. Die Diminutive bezeichnen angenehme Farbtöne."

atrasadinho. Wenn *zangadinho* sich auf einen Erwachsenen bezieht, wirkt es ironisch, pejorativ; es werden also, wie oft bei Wörtern mit Gradsuffixen, pragmatische Aspekte einbezogen. Bei allen hier aufgelisteten Beispielen ist eine emotionale Einstellung des Sprechens festzustellen, wenn sie nicht sogar der wichtigste Aspekt ist.

2.2.2.3.3 Superlativbildungen mit *-íssimo*

aplaudidíssimo (von *aplaudido* 'gefeiert');
atipicíssimo (von *atípico* 'nicht typisch');
detalhadíssimo (von *detalhado* 'detailliert');
eletronicíssimo (von *eletrônico* 'elektronisch');
exclusivíssimo (von *exclusivo* 'exklusiv');
honrosíssimo (von *honroso* 'ehrenvoll');
ordeiríssimo (von *ordeiro* 'ordnungsliebend');
precariíssimo (von *precário* 'prekär');
primeiríssimo (von *primeiro* 'erster');
visibilíssimo (von *visível* 'sichtbar').

Eletronicissimamente kommt in einem literarischen Text von Carlos DRUMMOND DE ANDRADE vor: "Meu pesadelo videogâmico empurrou-me para a galáxia mais distante, e aî apaguei: Eletronicissimamente apagado" (*apagado* 'ausgeschaltet'). Wie bei *exclusivo*, *primeiro* und *visível* ist es aus semantischen Gründen eigentlich schwierig, sich *eletrônico* gesteigert vorzustellen. Jene Adjektive sind jedoch in ihrer superlativischen Form besonders in der Werbesprache beliebt, wo sie, im Sinne BÜHLERs (28), hauptsächlich der Appellfunktion der Sprache dienen: so ist eine Ware *de primeiríssima qualidade*, ein Schmuckstück *visibilíssimo*, ein Möbelstück *exclusivíssimo*.

Bemerkenswert ist, daß in letzter Zeit auch öfter Substantive das Superlativsuffix bekommen, ein Suffix, das traditionsgemäß mit Adjektiven und seltener auch mit Adverbien (*perto* 'nahe, dicht' → *pertíssimo*; *longe* 'fern' → *longíssimo*) verknüpft wurde. Unser Korpus bietet vier interessante Beispiele: *campeoníssimo* (von *campeão* 'Meister'); *estrelíssima* (von *estrela* 'Stern, Star'); *Orientíssimo* (von *Oriente* 'Osten'); *partidíssima* (von *partida* 'Spiel, Match'). *Orientissimo* stammt aus dem Werbetext eines Reisebüros (s.o. die Bemerkung über die Appellfunktion solcher komplexen Wörter). Die anderen Superlative, wie auch *Orientíssimo*, haben eine außerordentlich starke emotionale Wirkung, besonders weil die Verbindung von *-íssimo* mit einer substantivischen Basis ein ungewöhnliches, noch wenig verwendetes Ausdrucksmittel ist.

2.2.2.4 Deverbale Adjektive

Die wichtigsten aus Verben adjektivbildenden Suffixe sind *-ável/ível* und *-ante*.[1] Mit einer geringen Anzahl von Neubildungen ist auch das Suffix *-tório* vertreten. Das Muster, nach dem diese Adjektive gebildet werden, lautet: Verb + Suffix → Adj.

2.2.2.4.1 *-ante*[2]

Belege aus dem Korpus:

acachapante (von *acachapar* 'erniedrigen');
admoestante (von *admoestar* 'warnen');
aparteante (von *apartear* 'unterbrechen');
ateizante (von *ateizar* 'zur Gottlosigkeit führen');
burocratizante (von *burocratizar* 'bürokratisieren');
desgastante (von *desgastar* 'zermürben');
desmoralizante (von *desmoralizar* 'herabsetzen');
desqualificante (von *desqualificar* 'disqualifizieren, schlecht machen');
envenenante (von *envenenar* 'vergiften');
esquerdizante (von *esquerdizar* 'der Linken anpassen');
estatizante (von *estatizar* 'verstaatlichen');
exacerbante (von *exacerbar* 'verschärfen');
frustrante (von *frustrar* 'zum Scheitern bringen');
ideologizante (von *ideologizar* 'ideologisieren');
instigante (von *instigar* 'aufhetzen');

---

1 ALLEN (76) spricht von den Suffixen *-ável*, *-ével*, *-ível*, *-óvel*, *-úvel*. Hier werden nur die aufgeführt, welche sich im Korpus als noch produktiv zeigten.

2 Zur Form dieses Suffixes s.u. 2.2.3.4.

martelante (von *martelar* 'hämmern');
mistificante (von *mistificar* 'mystifizieren');
pesquisante (von *pesquisar* 'erforschen');
radicalizante (von *radicalizar* 'radikalisieren');
sobrante (von *sobrar* 'übrig bleiben');
sociologizante (von *sociologizar* 'soziologisieren');
tatibitatiante (von *tatibitatear* 'stottern');
totalizante (von *totalizar* 'zusammenzählen');
turbilhonante (von *turbilhonar* 'wirbeln');
universalizante (von *universalizar* 'verallgemeinern');
voejante (von *voejar* 'flattern').

Was bei diesen Adjektiven dem Beobachter sofort auffällt, ist das Dynamische der Bedeutung. Im Gegensatz zu den gleichfalls deverbalen Adjektiven auf *-ável*, die in diesem Abschnitt behandelt werden und die eine passivische Bedeutung haben, und zu den meisten deadjektivischen und desubstantivischen Adjektiven, die einen statischen Inhalt zum Ausdruck bringen, sind diese Adjektive dynamisch. GAUGER (1971, 77f.) drückt dies hinsichtlich der französischen Adjektive auf *-ant* so aus: "qui X (Vb)." So ist uma *guerra desgastante* 'ein zermürbender Krieg', *uma guerra que desgasta* 'ein Krieg, der zermürbt'. GAUGER bringt die Ableitung *attendrissant* (von *attendrir*): *Un spectacle attendrissant* ist *un spectacle qui attendrit* (*attendrir* = X = Verb).[1]

Auffallend ist, daß von den 26 Neubildungen nur *sobrante* von einem Verb mit statischer Bedeutung (*sobrar* 'übrig bleiben') abgeleitet ist. Zehn sind Ableitungen von kausativen Verben auf *-izar*.

Für diesen dynamischen Aspekt spricht nicht zuletzt die Herkunft aus dem Partizip Präsens, während Adjektive auf *-ado*, die vom Partizip Perfekt kommen, statischen Inhalt haben: *acomodado* 'bequem, faul'; *acabado* 'fertig, erledigt').

---

1 Wie schon aus der Übersetzung von *guerra desgastante* 'zermürbender Krieg' zu schließen ist, entspricht das deutsche *-end* dem französischen *-ant* und dem portugiesischen *-ante*.

2.2.2.4.2 *-ável/-ível*[1]

Bildungen aus dem Korpus:

degradável (von *degradar* 'erniedrigen);
descartável (von *descartar* 'beseitigen, wegwerfen'; *descartável* wird geläufig mit der Bedeutung 'Einweg-, Wegwerf-' in Kontexten wie *garrafa descartável* 'Einwegflasche' gebraucht);
engrossável (von *engrossar* 'verdicken');
gerenciável (von *gerenciar* 'leiten');
instrumentalizável (von *instrumentalizar* 'mit einem Instrumentar oder mit Mitteln versehen'; Kontext aus dem Korpus: "A mensagem da Igreja deve ser livre e não instrumentalizável por sistemas e ideologias.");
laterizável (von *laterizar* 'zu Laterit verwandeln');
pressentível (von *pressentir* 'ahnen');
solucionável (von *solucionar* 'lösen');
suprimível (von *suprimir* 'aufheben, abschaffen').

Alle aufgelisteten Neubildungen haben die Eigenschaft, daß die Verben, an die das Suffix hinzugetreten ist, transitiv sind - in der portugiesischen Sprachlehre würde man sie als *verbos transitivos diretos* qualifizieren, d.h. transitive Verben, die sich mit einem Objekt ohne Präposition verbinden. Dementsprechend kann von diesen Verben ein Passiv gebildet werden; die von ihnen auf *-ável/-ível* abgeleiteten Adjektive haben eine passivisch-modale Prägung. Nach FLEISCHER (251) drückt dies aus, "daß die durch das Verb bezeichnete Handlung in bezug auf ein bestimmtes Objekt ausgeführt werden kann": *garrafa descartável* 'Einwegflasche' = *garrafa que pode ser descartada* 'Flasche, die nach Gebrauch weggeworfen werden kann'.

Die Adjektive auf *-ável/-ível*, die ein Verb als Ausgangspunkt haben, stellen ein äußerst produktives Muster dar, so produktiv, daß von allen transitiven Verben (*verbos transitivos diretos*) virtuell ein Adjektiv abgeleitet werden kann, ebenso wie alle transitiven Verben passivisch verwendet werden können. Ob ein neues Adjektiv geprägt wird oder nicht, ist natürlich von dem

1 Zur Form dieses Suffixes, s.u. 2.2.3.4.

Bedürfnis der Sprache abhängig, neue Begriffe auszudrücken.

Die Möglichkeit, von allen transitiven Verben Adjektive auf *-ável/-ível* abzuleiten, und die Konsequenzen, die daraus die Lexikographen ziehen müssen, veranlaßt DUBOIS (52) zu sagen: "Bien que l'adjectif verbal soit disponible pour tous les verbes transitifs, la forme n'a pas une fréquence relative telle qu'elle soit immédiatement enregistrée dans les dictionnaires [...] la lexicalisation ne se justifie que lorsque l'adjectif en *-able* est relativement autonome du verbe, et le lexicographe ne se croit pas obligé d'enregistrer des formes simplement disponibles."

2.2.2.4.3 *-tório*

contestatório (von *contestar* 'widersprechen');
ratificatório (von *ratificar* 'bestätigen');
retaliatório (von *retaliar* 'vergelten');
emancipatório (von *emancipar* 'emanzipieren').

Diese Adjektive aus der juristischen Fachsprache haben ebenfalls eine dynamische Bedeutung; auch für sie gilt GAUGERs Formel (s.o. 2.2.2.4.1) zu den französischen Adjektiven auf *-ant*: *um processo emancipatório* ist *um processo que emancipa*.

2.2.3 Bildung von Verben

Die Grammatiken des Portugiesischen, die allgemein für schulische Zwecke geschrieben worden sind, präsentieren als die wichtigsten, die drei Konjugationen des Verbs charakterisierenden Suffixe *-ar*, *-er* und *-ir*. Daneben akzeptieren sie aber noch andere sekundäre Verbalsuffixe, denen sie eine besondere semantische Färbung zuschreiben. So gibt z.B. BECHARA (221) folgende Einteilung:

a) kausative Verben:

-ant(ar) : *quebrantar*
-it(ar) : *periclitar, debilitar*
-iz(ar) : *civilizar, humanizar*

b) frequentative Verben:

-aç(ar) : *espicaçar, adelgaçar*

-ej(ar) : *mercadejar, voejar*

c) diminutive Verben:

-it(ar) : *saltitar, dormitar*

d) inchoative Verben:

-ec(er) : *alvorecer, anoitecer*

-esc(er) : *florescer*[1]

BECHARAs Liste von Verbklassen erhebt vermutlich keinen Anspruch auf Vollständigkeit, so daß der Leser auch nicht länger damit beschäftigt werden soll. Bei dieser Darstellung, wie bei den anderen Grammatiken, hat man natürlich mehr die Beschreibung des bestehenden verbalen Teils des Wortschatzes der Sprache im Auge, die analytischen Aspekte also, als die Frage nach der Produktivität, nach den Elementen, die zur Bildung neuer Wörter verwendet werden.

BACK & MATTOS (370), die eine von der traditionellen Grammatiklehre völlig abweichende Position vertreten, nehmen nur fünf Verbalsuffixe an - nach ihrer Terminologie, weil sie die Wortart der Basis verändern, die sogenannten Wurzeln: *=a*, *=iza*, *=ese* (geschrieben *esce* oder *ece*), *=e* und *=i*.[2] Bei den oben genannten Autoren war keine Aussage zu finden, welche Suffixe von den fünf noch produktiv sind. Bevor aber zum angeschnittenen Thema, d.h. zur Frage, welche die eigentlichen Verbalsuffixe des Portugiesischen und welche von ihnen noch produktiv sind, Stellung genommen wird, soll aufgelistet werden, was das Korpus bezüglich Verbalsuffixen und ihrer Produktivität zu bieten hat.

---

1 Bei *-ec(er)* und *-esc(er)* handelt es sich natürlich um zwei graphische Varianten desselben Suffixes, wobei *-esc(er)* die lateinische Schreibweise widerspiegelt und lediglich bei Formen verwendet wird, die aus dem Lateinischen stammen: *florescere* > *florescer*.

2 Es wird die Schreibweise der Autoren wiedergegeben.

2.2.3.1 Infinitiv auf *-ar*[1]

Aus dem Korpus:

brizolar 'Brizola unterstützen' oder auch 'schlecht verwalten' (von *Leonel Brizola*, Gouverneur des Staates Rio de Janeiro; Kontext für die zweite Bedeutung: "Darcy Ribeiro tem 'brizolado' completamente a pobre escola do Rio.");
cisalhar 'feilen' (von *cisalhas* 'Metallspäne');
coreografar 'eine Choreographie entwerfen' (von *coreografia* 'Choreographie, Tanzschrift');
curiolar 'Curió unterstützen' (von *Sebastião Curió*, Name eines brasilianischen Bundesabgeordneten);
direcionar 'die Richtung zeigen' (von *direção* 'Richtung, Leitung');
direcionar wurde gebildet, weil *dirigir* mehr die Bedeutung 'leiten, verwalten, steuern' angenommen hat (Kontext: *dirigir uma escola, firma, automóvel* 'eine Schule, Firma leiten; ein Auto steuern, fahren'); aus ähnlichen Gründen wurde von *direcionar direcionamento* abgeleitet (da *direção* eine statische Bedeutung angenommen hat, wurde von *direcionar* ein neues Nomen actionis abgeleitet);
esnobar 'angeben, prahlen' (von *esnobe* 'Snob'; *esnobe* wird im brasilianischen Portugiesisch öfter adjektivisch verwendet: *uma pessoa esnobe*);
farofar 'am Strand picknicken' (von *farofa*,'einer Speise, deren Hauptzutat Maniokmehl ist');
malufar 'Maluf unterstützen';
malular 'Maluf unterstützen (Subjekt sind immer Lulas Parteifreunde)'; *malular* ist eine Amalgamierung von *Ma*(*luf*) + *Lul*(*a*) + *-ar*;
montorar 'Montoro unterstützen';
reacionar 'reagieren' (von *reação* 'Reaktion'); aus dem Kontext des Korpus (es handelt sich da um ein Pferd, das während eines

---

1 Obwohl in 2.2.3.4 der Standpunkt vertreten wird, daß die wichtigsten und eigentlichen Verbalsuffixe des Portugiesischen *-a*, *-iza*, *-ece*, *-e* und *-i* sind - die Endung *-r* ist Infinitivflexion - werden hier weiterhin die traditionellen Formen *-ar*, *-izar*, *-ecer*, *-er* und *-ir* als Zitierformen verwendet.

Rennens reagiert) ist kein Grund für die Bildung von *reacionar* zu erschließen, denn sie ist zu dem schon existierenden *reagir* völlig synonym;
ranhetar 'murren, mürrisch sein' (von *ranheta* 'mürrisch');
tancredar 'Tancredo Neves unterstützen'.

Von den 13 Verben mit Suffix *-ar*, die im Korpus gefunden wurden, sind 11 von Nomina abgeleitet, bei den anderen zwei (*esnobar* und *ranhetar*) sind die Ausgangspunkte *esnobe* und *ranheta*, die zwar im Satz normalerweise als Adjektive fungieren, doch auch Kern von Nominalsyntagmen sein können. Man hat somit das Muster

Nomen oder Adjektiv + *-ar* → Verb.

Was die Semantik dieser Verben betrifft, ist zu bemerken, daß es schwierig ist, zu einer einheitlichen und jedem Verb zugleich angemessenen Interpretation zu kommen, worin sie sich, wie wir später sehen werden, von den Verben auf *-ecer* und *-izar*, die auch im Korpus anzutreffen sind, unterscheiden. Generell könnte man sagen, daß X-*ar* eine Handlung ausdrückt, die mit X etwas zu tun hat. *Esnobar* z.B., das aus dem Lehnwort *esnobe* (< engl. *snob*) + *-ar* besteht, bedeutet soviel wie 'sein Gegenüber unterschätzen, sich ihm überlegen fühlen'.

Groß in Mode waren in der brasilianischen Presse während des Präsidentschaftswahlkampfes, der am 15.1.1985 endete, die Neubildungen, deren Basis ein Eigenname ist. Sie bedeuten 'X unterstützen' oder 'wie X handeln'. Beispiele: *tancredar* (*Tancredo* + *-ar*), *malufar* (*Maluf* + *-ar*), *curiolar* (*Curió* + *-ar*). Und wenn es um den Gegner, um den mißachteten Politiker geht, kann das Verb sogar die Bedeutung "eine schlechte Regierung führen" haben. So wird im Korpus z.B. *brizolar* (*Brizola* + *-ar*) auch mit pejorativer Bedeutung verwendet.

Farofar (*farofa* 'Speiseart, dessen Hauptzutat geröstetes Maniokmehl ist' + *-ar*) hat im Text die Bedeutung "einen Ausflug an den Strand machen und dort picknicken". Die volle Bedeutung eines solchen Wortes erfaßt man natürlich nur, wenn man den kulturellen Kontext, in dem es entstanden ist, kennt.

Anhand der oben aufgelisteten Verben und anderer mehr könnte "ad nauseam" gezeigt werden, wie unspezifisch, wie abstrakt die Bedeutung des Verbalsuffixes *-ar* ist. Doch die aufgelisteten Beispiele mögen genügen, um dies zu demonstrieren. Ferner ist die Bemerkung wohl angebracht, daß wegen der variablen Semantik und der verschiedenen Beziehungen zwischen den Konstituenten komplexer Wörter jedes einzelne Wort ins Lexikon eingetragen und erklärt werden muß und daß Transformationsregeln ungeeignet sind, um die semantische Vielfältigkeit komplexer Wörter zu erläutern.

2.2.3.2 Infinitiv auf *-ecer*

Aus dem Korpus: *ensombrecer*

CUNHA (73) behauptet, daß neben der ersten Konjugation auf *-ar* nur die zweite noch ein Suffix habe, das produktiv ist, und zwar *-ecer*.[1] Daß es noch produktiv ist, zeigt unser Korpus, obwohl es mit nur einem Beispiel (*ensombrecer* 'beschatten, fig. übertreffen', von *en-* + *sombra* 'Schatten' + *-ecer*) weit an Produktivität hinter den Suffixen *-ar* und *-izar* zurückbleibt. Da es sich bei *ensombrecer* um eine parasynthetische Derivation handelt, siehe weiteres dazu in Kapitel 2.5.

2.2.3.3 Mit Infinitiv auf *-izar*

Aus dem Korpus:

agilizar 'beschleunigen' (von *ágil* 'gewandt, flink, schnell');
agudizar 'spitzen, fig. verschärfen' (von *agudo* 'spitz');
cartelizar 'in einem Kartell zusammenschließen' (von *cartel* 'Kartell');
computadorizar 'den Computer in der Buchführung oder Kontrollsystem eines Unternehmens oder Amtes verwenden' (von *computador* 'Computer');

1 Im Korpus ist das Verb *implodir*, das zur dritten Konjugation gehört, zum Vorschein gekommen, was aber als Einzelprodukt, als eine Analogiebildung (*explodir*: *explosão* = X: *implosão*; X = *implodir*) gesehen werden muß und nicht als Ergebnis eines produktiven Musters (s.u. 5.4 "Analogiebildung").

comunizar 'dem kommunistischen System anpassen' (*comunizar* ist wohl zu *comunismo* und *comunista* gebildet worden und nicht von *comuna* 'Kommune' abgeleitet worden, denn *comuna* ist mit der hier angegebenen Bedeutung außer in der historischen Fachsprache kaum noch bekannt);
emocionalizar 'erregen' (von *emocional* 'emotionell, emotional');
empatizar 'mitfühlen' (von *empatia* 'Mitgefühl');
fisiologizar(-se) 'fig. politisch zu überleben versuchen' (zu *fisiologista* und *fisiologismo*); wie bei *fisiologismo* schon bemerkt wurde (s.o. 2.2.1.1.14, S. 58), werden in Brasilien die Wörter *fisiólogo* (der Politiker), *fisiologismo* (das Verhalten) und *fisiologizar(-se)* metaphorisch und pejorativ in bezug auf das Verhalten der Politiker, die kein Mittel scheuen, um politisch zu überleben, verwendet; im normalen Sinne ist *fisiologia* 'die Lehre von den Lebensvorgängen' und *fisiólogo* 'der Wissenschaftler, der Student der *fisiologia*'. In dem hier erwähnten übertragenen Sinne ist *fisiólogo* 'derjenige, der mit seinem politischen Leben und Überleben bekümmert ist'; *fisiologismo* ist 'das Verhalten des *fisiólogo*';
fulanizar (von *fulano*, das ungefähr dem deutschen 'der Dingsda' oder 'der Herr Soundso' entspricht; *fulanizar* hat im Korpus die Bedeutung 'den Namen sagen');
instrumentalizar 'mit Werkzeugen oder fig. mit Mitteln versehen' (von *instrumental*, ein Kollektivum für Instrumente, Werkzeuge, Geräte: 'die Gerätschaften');
petebizar 'dem PTB anpassen' (von *PTB*, Aussprache *petebê*, Akronym für *Partido Trabalhista Brasileiro* 'brasilianische Arbeiterpartei').

Wie bei *ensombrecer* und mehr als bei den Verben auf *-ar*, handelt es sich um Bildungen aus der Standardsprache. Unter den Verben auf *-ar* sind *esnobar* und die Verben, deren Stämme Eigennamen sind und, wie oben schon bemerkt, modischen Charakter haben (*malufar*, *tancredar*, etc.), Teil der Umgangssprache geworden. Nicht dasselbe ist mit den Verben auf *-izar* geschehen, was von der Tatsache her zu verstehen ist, daß *-izar* ein gelehrtes Suffix ist und deshalb geringere Chancen hat, umgangssprachlich verwendet zu werden. Zweitens ist zu bemerken, daß die meisten verbalen Neubildungen aus dem Bereich der Fachsprachen oder der Standardsprache im allgemeinen kommen, weil diese Sprachvarianten größere Notwendigkeit haben, neue Ausdrücke für die Neuerscheinungen der vielfältigen Umwelt zu prägen. Dazu eine Feststellung FLEISCHERs (9): "Es entstehen auch neue Wörter für schon vorhandene Erscheinungen. Die neue Fassung soll bildkräftiger, eindrucksvoller den Leser und Hörer ergreifen, als die abgegriffene Scheidemünze des häufig zu Schablone und Klischee Gewordenen, immer wieder Gesagten das vermag."

Anhand eines Paares von Verben soll dies veranschaulicht werden. Von *concreto* 'Beton', einem Nomen, wurde *concretar* 'betonieren' abgeleitet. Mit dem Adjektiv *concreto* 'konkret' wurde *concretizar* 'konkretisieren, verwirklichen' gebildet. Es ist nicht schwierig zu verstehen, warum *concretar* Teil der Umgangssprache geworden ist, *concretizar* aber nicht.

Bezüglich des Musters, nach dem die Verben auf *-izar* gebildet werden, ist festzustellen, daß es dem Muster der Verben auf *-ar* sehr ähnlich ist. Der Ausgangspunkt der Derivation sind meist Nomina oder Adjektive: *hominizar* (*homem*, mit dem gelehrten Allomorph *homin-* + *-izar*: Nomen + Suffix), *feminilizar* (*feminil* + *-izar*: Adjektiv + Suffix). Dasselbe Muster wiederholt sich somit:

Nomen oder Adjektiv + *-izar* → Verb

Die Semantik des Suffixes *-izar* ist einheitlicher als die des Verbalsuffixes *-ar*. Generell ist X + *-izar* als 'in X umwandeln, zu X werden oder machen' wie auch 'an X anpassen' zu interpretieren. *Tancredizar* (*Tancredo* + *-izar*) und *montorizar* (*Montoro* + *-izar*), wie die in 2.2.3.1 behandelten modischen Bildungen aus dem zuletzt stattgefundenen Präsidentschaftswahlkampf *tancredar* und *malufar*, haben eher die Bedeutung 'an Tancredo bzw. an Montoro anpassen'. Bildungen, die aus Adjektiven abgeleitet sind, haben die Bedeutung 'zu X machen': *viabilizar* (*viável*, mit dem gelehrten Allomorph *viabil* + *-izar*) 'möglich machen'; *agilizar* (*ágil* + *-izar*) 'beschleunigen'. *Elitizar* (*elite* + *-izar*: Nomen + Suffix) bedeutet 'der Elite anpassen'; *satelitizar* (*satélite* + *-izar*: Nomen + Suffix) heißt 'zum Satelliten machen' oder fig. 'abhängig machen'.

Die Syntax der Verben auf *-izar* ist auch einheitlicher als die der Verben auf *-ar* und *-ecer*. Die Verben auf *-izar* des Korpus haben eine zweistellige Valenz: außer dem Subjekt verlangen sie ein direktes Objekt: *Eles saarizaram o país*. Dasselbe ist von dem Verb auf *-ecer* (*ensombrecer*) zu sagen, doch hat das Portugiesische viele Verben auf *-ecer*, die intransitiv sind (*amanhecer* 'Tag werden'). Unter den Verben auf *-ar* sind *brizolar* (im Sinne von 'Brizola unterstützen'), *curiolar*, *esnobar*, *farofar*, *malufar*, *malular*, *montorar*, *ranhetar*, *reacionar* und *tancredar* einstellig oder intransitiv. Die anderen sind zweistellig.

2.2.3.4 Allgemeines über das Verbalsuffix

Wenn man desubstantivische oder deadjektivische Neubildungen von Verben wie *reacionar* (*reação*, mit gelehrtem Allomorph *reacion* + *-ar*), *esnobar* (*esnobe* + *-ar*), *ensombrecer* (*en* + *sombra* + *-ecer*), *mexicanizar* (*mexicano* + *-izar*) miteinander vergleicht und mit ihren Basen konfrontiert, stellt sich die Frage, was diese Substantive oder Adjektive zu einem Verb macht. Mit anderen Worten: Hat man in allen Fällen ein explizites Element mit phonetischem Bestandteil, von dem man sagen könnte, daß es aus einem Nomen ein Verb, ein konjugierbares Wort produziert? Von den längeren, zweisilbigen *-ecer* und *-izar* darf man wohl sagen, daß sie explizite verbale Suffixe sind, denn, wenn man auch die Endung *-r* als Infinitivflexion betrachtet und sie deshalb nicht zum Suffix rechnet, bleiben noch *-ece* und *-iza* übrig. Anders bei *-ar*. Ohne die Infinitivflexion bleibt nur noch *-a* zurück. Dazu kommt noch, daß dieses *-a* traditionsgemäß wie das *-e* und *-i* der zweiten und dritten Konjugation, als Themavokal betrachtet wird, eine inhaltlose, morphologische Konstituente.

Für dieses *-a* und, gestützt auf die Analogie, auch für *-e* und *-i* (vgl. den Parallelismus zwischen *cant-a-r*, *vend-e-r* und *part-i-r*) wird nun der Status eines expliziten Verbalsuffixes

beansprucht. Dazu sollen folgende Argumente dienen:
Wenn man ein Verb konjugiert, bleiben diese Elemente in den meisten Formen zwischen Stamm und Flexion erhalten, wobei die zweite und dritte Konjugation oft zusammenfallen: es findet eine Neutralisation von *-e* und *-i*, und zwar zugunsten des *-i* statt. Beispiele: *cant-a-mos, vend-e-mos, part-imos; cant-á-va-mos, vend-î-a-mos, part-î-a-mos; cant-á-sse-mos, vend-ê-sse-mos, part-î-sse-mos.*

Das Zusammenfallen der zweiten und dritten Konjugation ist teils an der Tatsache zu erläutern, daß das System der Vokale des Portugiesischen in schwacher Endposition zu einer Dreilautopposition reduziert wird: *a, i, u: vend-e-s= /vẽdiš/, vende= /vẽdi/* (zweite und dritte Person Singular des Indikativ Präsens).

Nimmt man ein bereits mit einem Suffix gebildetes Wort als Basis einer weiteren Suffigierung, wird das schon einverleibte Element erhalten, und es bewahrt, nebst seinem inhaltlichen Wert, auch seine formale lautliche Substanz: *bras-il* → *bras-il-eiro* → *a-bras-il-eir-ar* → *a-bras-il-eir-a-mento; pólo* → *pol-ar* → *pol-ar-izar* → *pol-ar-izá-vel* → *pol-ar-iza-bil-idade; fraco* 'schwach' → *en-fraqu-ecer* → *en-fraqu-eci-mento.* Zu bemerken ist, daß, wenn die Verbalsuffixe *-ar, -izar* und *-ecer* in den gegebenen Beispielen Teil der Ableitungsbasis geworden sind, sie erhalten blieben, und zwar in der Form *-a, -iza* und *-eci*: *abrasileir-a-mento, polar-izá-vel, enfraqu-eci-mento* (warum *-ece* zu *-eci* wird, ist weiter oben erläutert worden). Weitere Beispiele zeigen, daß auch *-er* und *-ir*, parallel zu *-ar* (*-a*), in den Formen *-e* und *-i* erhalten bleiben: *cant-ar* → *cant-a-dor, vend-er* → *vend-e-dor, part-ir* → *part-i-dor; amarr-ar* → *amarr-a-ção, rend-er* → *rend-i-ção, part-ir* → *part-i-ção.*

Zusammensetzungen mit dem Verb als Erstglied, Typ V + N (V = transitives Verb und N = direktes Objekt): *fura-bolo, conta-gotas, beija-flor, quebra-cabeça, mata-campo, bate-bola* und *bate-papo*, sind im Portugiesischen verhältnismäßig produktiv.

Im Korpus fanden sich davon sechs Beispiele: *cata-mendigo*, *lança-foguetes*, *lava-louça*, *porta-garrafas*, *porta-ovos* und *saca-teclas* (s.u. 4.2.2.3, S.178ff.). Merkwürdig ist, daß in allen verbalen Erstgliedern das *-a* und das *-e /i/*, die Konstituenten, die eigentlich das Verbale enthalten und zum Ausdruck bringen, anwesend sind. Dasselbe ist in Reduplikationen mit Verben festzustellen: *corre-corre*, *dói-dói*, *mexe-mexe*, *pega-pega*.

Anders liegen die Tatsachen bei regressiven Ableitungen (s. Kapitel 2.3). Obwohl bei diesen deverbalen Rückbildungen auch ein Vokal nach dem Stamm steht, und dieser Vokal oft dem Verbalsuffix des entsprechenden Verbs gleich ist (*engord-ar* → *engord-a*), kann man nicht sagen, daß er das Verbalsuffix ist, denn öfter kommt auch der Vokal *-o/u/* vor, oder ein Vokal, der nicht dem Verbalsuffix gleich ist: *despist-ar* → *despist-e*. Unser Korpus bietet uns hier vier gute Belege: *entorn-ar* → *entor-o*, *sufoc-ar* → *sufoc-o*, *desarm-ar* → *desarm-e*, *despist-ar* → *despist-e* (s.u., S. 111).

Das Deutsche bietet im Bereich "Verbbildung durch Derivation" einen teilweise anderen Sachverhalt. Einige verbale Ableitungen entstehen durch Suffixe wie *-ieren* (*transport-ieren*), *-isieren* (*rational-isieren*), *-igen* (*kräft-igen*) und andere. Die meisten Verben jedoch werden durch Konversion (s.u.2.4) gebildet: *Lob* → *loben*, *Scherz* → *scherzen*, *Preis* → *preisen*. Die Endung *-en* ist Infinitivflexion und nicht teilbar, wie die portugiesischen *-ar*, *-er* und *-ir* in Vokal + Infinitivflexion. Die Flexionen für *Modus*, *Tempus*, *Numerus* und *Person* werden direkt mit dem Stamm verknüpft: *lob-en*; *lob-e*, *lob-st*, *lob-t*, *lob-en*, *lob-t*, *lob-en*; *lob-t-e*, *lob-t-est*, *lob-t-e*, *lob-t-en*, *lob-t-et*, *lob-t-en*. Genau deshalb, weil keine Konstituente zwischen Stamm und Flexion steht, weil die Konstituente, die eine nominale oder adjektivische Basis in ein Verb verwandelt, fehlt, wird diese Derivationsart als Konversion gekennzeichnet: ein Stamm wird zu einem Verb, indem man ihn konjugiert, das heißt indem man ihn mit Flexionen verbindet.[1]

Andererseits tritt, wenn Verben durch Suffigierung oder Komposition Bestandteil von einem komplexen Wort werden und kein Fugenmorphem anwesend ist, im Gegensatz zum Portugiesischen (vgl. FLEISCHER, 129ff.), nur der Stamm zum Suffix oder dem anderen Kompositionsglied hinzu: *lehr-en* → *Lehr-er*, *Lehr-plan*, *Lehr-stuhl*; *treib-en* → *Treib-er*, *Treib-stoff*, *Treib-rad*.

Im Portugiesischen hat uns, wie gezeigt worden ist, die Analyse zu einem anderen Befund geführt, selbst bei Verben mit den kurzen Suffixen *-ar*, *-er* und *-ir*. Deswegen möchte ich zu der Schlußfolgerung kommen, daß es im Portugiesischen in diesem Bereich keine Konversion gibt.

Schließlich soll noch auf andere Aspekte, auf die diese Analyse hindeutet, aufmerksam gemacht werden. Im Korpus fanden sich mehrere Wörter, die mit Suffixen und einer verbalen Basis gebildet worden sind: *esticar* → *esticada*, *farofar* → *farofagem*, *elitizar* → *elitização*, *alfabetizar* → *alfabetizador*, *laquear* → *laqueadura*, *enraizar* → *enraizamento*, *ruminar* → *ruminância*, *esquerdizar* → *esquerdizante*, *retaliar* → *retaliatório*, *istrumentalizar* → *instrumentalizável*. Um zu der genauen Form dieser Suffixe zu kommen, habe ich das Suffixinventar dreier Grammatiken des Portugiesischen, nämlich der von BECHARA, CUNHA und ROCHA LIMA, mit den Suffixeinträgen des *Aurélio* verglichen. Das Ergebnis war folgende Übersicht:

1 BERGENHOLTZ & MUGDAN (164) schlagen für Morpheme, die mehreren Lexemklassen zugeordnet werden können, die Bezeichnung Kernmorphem vor: "Kernmorpheme werden demnach jeweils als verbal (V), adjektivisch (A), substantivisch (S), verbal-adjektivisch (VA), verbal-substantivisch (VS), adjektivisch-substantivisch (AS) oder verbal-adjektivisch-substantivisch (VAS) bezeichnet."

	BECHARA	CUNHA	ROCHA LIMA	AURÉLIO
1.	---	---	---	*-ada*
2.	---	---	---	*-agem*
3.	*-ção*	*-ção*	---	*-ção*
4.	*-dor*	-(*dor*)	*-dor*	*-dor*
5.	*-dura*	*-dura*	*-dura*	*-dura*
6.	*-mento*	*-mento*	*-mento*	*-mento*
7.	*-ância,-ência*	*-ância,-ência*	---	*-ância,-ência*
8.	*-nte*	*-ante,-ente,-inte*	---	*-ante,-ente,-inte*
9.	*-tório*	-(*t*)*ório*	*-tório*	-(*t*)*ório*
10.	*-vel,-bil*	-(*á*)*vel*,-(*í*)*vel*	*-vel,-bil*	*-ável,-ível*

Besonders muß auf die Variation der Formen in Nr. 8 - BECHARA: *-nte*, CUNHA und *Aurélio*: *-ante*, *-ente*, *-inte* - und Nr. 10 - BECHARA und ROCHA LIMA: *-vel*, *bil*, CUNHA: -(*á*)*vel* -(*í*)*vel*, *Aurélio*: *-ável*, *-ível* hingewiesen werden. Bei BECHARA ist es merkwürdig, daß er in Nr. 7 *-ância*, *-ência* hat und in Nr. 8 *-nte*, denn beide Suffixe bauen auf derselben verbalen Basis auf: *repetir* ⟶ *repetência*, *repetente*; *abundar* ⟶ *abundância*, *abundante*. CUNHA (69ff.) gibt dazu einen Hinweis, der das etwas verwirrende Bild verdeutlichen kann: Einmal sagt er, daß das Suffix *-vel* vor dem Suffix *-dade* seine lateinische Form wieder aufnimmt: *amável* ⟶ *amabilidade*. Etwas weiter unten gibt er die Formen, in etwas merkwürdiger Schreibweise, -(*á*)*vel* -(*í*)*vel* wieder und sagt, daß *-ante*, *-ente*, *-inte* von dem lateinischen Partizip Präsens kommen, bei gleichzeitiger Agglutinierung des Themavokals des entsprechenden Verbs.

Ebendies ist auffällig an den verschiedenen Suffixen, die uns beschäftigen: an einige wird am Anfang ein Vokal gesetzt, der Vokal, von dem CUNHA behauptet, er sei der Themavokal des Verbs, an andere nicht, und dazu kommt noch die Divergenz in der Auffassung der Autoren.

Da wegen der Breite des Themas dieser Arbeit viele Aspekte der Wortbildung behandelt werden, kann diese Diskussion nicht bis ins einzelne verfolgt werden. Doch zwei Lösungsvorschläge seien noch erwähnt:

1. Der Vokal nach dem Stamm ist oder gehört zum Verbalsuffix und wird nicht an das darauffolgende Suffix angeschlossen. Die Suffixe hätten demnach folgende Form: *-da*, *-gem*, *-ção*, *-dor*, *-dura*, *-mento*, *-ncia*, *-nte*, *-tório* und *-vel*. Der Vorteil wäre eine weitreichende Generalisierung und Vereinfachung, denn man hätte nicht die vielen Varianten, sondern etwa *-nte* und *-vel* statt *-ante*, *-ente*, *-inte* und *ável* bzw.*-ível*.

2. Wenn Suffixe ohne diesen Vokal zu unbetonten Suffixen werden, fügt man ihnen den Vokal hinzu, der dann Verbalsuffix oder Teil des Verbalsuffixes ist und gleichzeitig Teil des folgenden substantivischen oder adjektivischen Suffixes.[1] Der Vorteil ist, daß somit alle Suffixe des Portugiesischen, außer den wenig produktiven *-aco* und *-ico* (*mani-aco*, *socialist-ico*) betonte Suffixe sind, was nicht unwichtig ist, denn, indem sie die Wortart der Basis verändern oder das Produkt der Ableitung in eine andere paradigmatische Subkategorie bringen, sind sie die subordinierende Konstituente des resultierenden Wortsyntagmas. Der Akzent, eine physisch-phonologische Eigenschaft, würde die syntaktische und semantische Hauptrolle des Suffixes hervorheben.

Diese Lösung betrachten wir als die beste, und schreiben deshalb: *-ada*, *-agem*, *-ção*, *-dor*, *-dura*, *-mento*, *ância*, *-ante*, *-tório*, *-ável/-ível*.[2]

2.2.4 Adverbbildung

Mit dem Suffix *-mente* werden hauptsächlich Adverbien der Art und Weise gebildet. Wie weiter unten jedoch gezeigt wird, können die Adverbien auf *-mente* auch andere Bedeutungen haben.

---

1 Ähnliche Verschmelzung bietet das Portemanteau-Morphem: *a* (Präposition) + *o* (Artikel) = *ao*, oder die Krasis: *a* (Präposition) + *a* (Artikel) = *à*.

2 Ich beschränke mich auf die Suffixe, die im Korpus vorkommen.

Aus dem Korpus:

aleatoriamente (von *aleatório* 'zufällig');
autofagicamente (von *autofágico*, das seinerseits von *autofagia* 'Selbstaufzehren, Selbstvernichtung' abzuleiten ist);
conscientemente (von *consciente* 'bewußt');
descontraidamente (von *descontraído* 'entspannt, locker');
drasticamente (von *drástico* 'drastisch');
eletronicissimamente (von *eletronicíssimo*, Augmentativ von *eletrônico* 'elektronisch'; *eletronicissimamente* kommt im Korpus in einem literarischen Text von C.D. DE ANDRADE vor, s. *Jornal do Brasil* vom 22.5.84, S. 25: "Meu pesadelo videogâmico empurrou-me para a galáxia mais distante, e aí apaguei. Eletronicissimamente apagado.");
encorpadamente (von *encorpado* 'beleibt, dick'; Kontext aus dem Korpus: "O coro de advertência está vindo, lenta e encorpadamente, do fundo do palco [...]");
externamente (von *externo* 'außen, äußerlich'; *externamente* 'äußerlich' hat eine lokale Bedeutung);
inapelavelmente (von *inapelável* 'endgültig, unwiderruflich');
internamente (von *interno* 'intern, innen, innerlich'; *internamente* hat wie *externamente* eine lokale Bedeutung);
mercadologicamente (von *mercadológico* 'die Marktforschung betreffend'; Kontext aus dem Korpus: "Organizado para atender a consultas técnicas, o Guia dos Negócios-Páginas Amarelas 1984, distribuído às empresas do Rio de Janeiro, qualificadas mercadologicamente, está dividido em três seções.");
militarmente (von *militar* 'militärisch');
socialisticamente (von *socialístico* 'den Sozialismus betreffend');
suicidamente (von *suicida* 'selbstmörderisch');
suprapartidariamente (von *suprapartidário* 'überparteilich').

-Mente ist das einzige Suffix, mit dem man im heutigen Portugiesisch Adverbien bildet. Es verbindet sich nur mit Adjektiven, was seinem Ursprung zuzuschreiben ist, denn schon im Lateinischen (s. COUTINHO, 310: *mente ferant placida*, Ovid, *Met.*, XIII, 214; *bona mente factum*, Quintilian, *Inst. Orat.*, V, 10, 52) und später im Portugiesischen (s. ib.: *cortês mente*, *à boa mente*, *de boa mente*) verbindet es sich mit einem Adjektiv, um

ein Adverbialsyntagma zu bilden. MEYER-LÜBKE (4) sagt von dem französischen *-ment*, dem Pendant des portugiesischen *-mente*: "[...] nur die Adverbialbildung auf *-ment* zeigt den Übergang von der syntaktischen Fügung über die Zusammensetzung zur Suffixbildung."

BACK & MATTOS (425ff.), die in ihrer *Gramática Construtural da Língua Portuguesa* den Aspekt des signifiant der sprachlichen Zeichen völlig getrennt von dem des signifié analysieren, sind der Ansicht, daß es kein adverbiales Suffix *-mente* im Portugiesischen gibt. Ihre Meinung untermauern sie mit folgenden Argumenten:

-Mente ist vom Adjektiv trennbar und kann beim ersten von zwei Adjektiven weggelassen werden: *Ele procedeu sabia e prudentemente* (= *sabiamente e prudentemente*). Obwohl dies von keinem anderen Suffix gesagt werden kann, können auch Präfixe von ihrer Basis getrennt werden. BACK & MATTOS (455) selbst geben uns ein Beispiel dazu: *inter- e intrapessoal* (= *interpessoal e intrapessoal*). Das Trennen und Weglassen des Suffixes *-mente* hängt jedoch von einer Bedingung ab: es müssen zwei oder mehr Adverbien auf *-mente* hintereinander oder in gewisser Nähe stehen.

Das Portugiesische kennt auch ein Substantiv *mente* 'Geist, Sinn', das frei im Satz vorkommen kann: *A mente humana é prodigiosa*. Dieses Substantiv ist für BACK & MATTOS das gleiche Element wie das, das sich mit dem Adjektiv verbindet, um, wie sie sagen, ein Adverbialsyntagma zu bilden.

Aber darin liegt der Nachteil oder die Schwäche einer Theorie, welche in ihrer Betrachtung der Sprache die materielle Seite völlig von der inhaltlichen trennt. Sie vergißt, daß letzten Endes das sprachliche Zeichen eine Einheit von Form und Inhalt ist und daß diese Einheit bewahrt werden muß. Ließe man bei dem obigen Beispiel die Bedeutung völlig beiseite, käme man zu dem Schluß, daß *mente*, in *A mente humana é poderosa* und *-mente* in *A máquina burocrática, além de externa, também funciona mal internamente* (= *internamente* und *externamente*), die gleiche sprachliche Einheit wären (die Rechtschreibung könnte auch getrennt sein: *interna mente, externa mente*).

Doch gerade die Bedeutung spricht dagegen, daß man *-mente* und *mente* für die gleiche sprachliche Einheit hält. *Mente*, Substantiv, ist semantisch nicht mit *-mente*, Suffix, identisch. Ganz von seiner ursprünglichen Bedeutung abweichend, verbindet sich das Suffix *-mente* auch mit Adjektiven mit lokaler Bedeutung, um Lokaladverbien zu bilden (*externamente, internamente*), an Adjektive mit temporaler Bedeutung, um Temporaladverbien zu bilden (*antigamente, modernamente, futuramente, eternamente*), an Adjektive mit modaler Bedeutung, um Adverbien der Art und Weise (*aleatoriamente* und alle anderen unseres Korpus, mit Ausnahme von *externamente* und *internamente*), Hervorhebungsadverbien (*extremamente quente, estupidamente gelado, incrivelmente frio*) und Adverbien der Einschätzung oder Beurteilung zu bilden (*certamente, provavelmente, absolutamente,realmente*).

Was den Inhalt von *-mente* betrifft, sind folgende Worte LAUSBERGs (101) erleuchtend: "Semantisch zeigt die rom. Adverbialbildung auf *-mente* (§ 700,1) keine Bindung mehr an den psychologischen Bedeutungsbereich von lat. *mens*. Die Bildung ist vielmehr semantisch völlig 'mechanisiert'."

Die aufgeführten Beispiele stellen die Haupttypen der Adverbien auf *-mente* dar. Oft ist die Bedeutung jedoch vage, und das Adverb verbirgt Bedeutungsnuancen, die nur dem Kontext oder der Situation zu entnehmen sind. *Certamente* z.B., kann Zweifel, Möglichkeit, Sicherheit des Sprechers oder auch Art und Weise ausdrücken. Die genaue Semantik ergibt sich nur aus der sprachlichen oder außersprachlichen Umgebung.

BACK & MATTOS (ib.) behaupten, *-mente* sei kein Suffix, sondern ein Substantiv, weil es sich nur mit der Femininform des Adjektivs verbindet. Man muß gestehen, daß dies eine wirklich merkwürdige und idiosynkratische Eigenschaft des Suffixes *-mente* ist. Wenn man das Adverb auf *-mente* z.B. des Adjektivs *gostoso /gostǫzu/* bilden möchte, muß man zunächst das Femininum *gostosa /gostǫza/* bilden: *gostosa + -mente* → *gostosamente /gostǫzamẽti/*. Und dies ist nicht nur bei älteren Formen der Sprache der

Fall. Unser Korpus enthält zwei neue Adjektive mit dem Suffix *-oso* /ǫzu/: *clangoroso, preconceituoso*. Würde man mit diesen zwei neuen Adverbien auf *-mente* bilden (*clangorosamente, preconceituosamente*), hätte man genauso vorzugehen wie bei *gostoso*.

BACK & MATTOS (ib.) sagen ferner, die Adverbien auf *-mente* haben im Satz das gleiche Akzentmuster wie die Satzglieder - in ihrer Terminologie werden sie *locuções* genannt (*locuções* sind z.B. das Subjekt mit Adjunkten, das Prädikat mit Komplementen, die adverbiale Bestimmung) - d.h. die starke Silbe des Adjektivs bekommt Akzentstärke 1 ('), die starke Silbe von *-mente* die Akzentstärke 2 ('').[1] Von diesem Standpunkt aus sind die Adverbien auf *-mente* mehr als das Wort, das normalerweise nur die Akzentstärke 1 (') bekommt. M.E. ist diese Aussage das einzig richtige bei BACKs & MATTOS' Betrachtungsweise der Adverbien auf *-mente*. Diese Wörter haben zwei Akzente: einen Hauptakzent(´) auf *-mente* und einen Nebenakzent (`) auf der adjektivischen Basis: *càlmaménte* (welches der Fall auch bei Komposita im allgemeinen ist: *mèsa-consóle, caridca-alemão*). Dazu kommt, daß die Wörter im Satz immer Satzgliedfunktion und die entsprechende Betonung haben: Dieselbe Verteilung der Akzente findet man in Sätzen wie *Amanhã eu saberei* und *Futuramente eu saberei*. Der Unterschied zwischen *amanhã* und *futuramente* liegt darin, daß in *futuramente* die zweite Silbe (*tu*) in normaler Aussprache einen Nebenakzent bekommt.

Zusammenfassend ist zu bemerken, daß das Adverbialsuffix *-mente* idiosynkratische Eigenschaften hat. Erstens tritt es nur an die adjektivische Basis, wenn diese in der Femininform steht. Zweitens kann es im Satz unter gewissen Einschränkungen von der adjektivischen Basis getrennt werden. Schließlich hat das Adverb auf *-mente* ein Akzentmuster wie die Komposita. Trotzdem ist es kein Substantiv, wie BACK & MATTOS verlangen, sondern ein Suffix.

1 Die Zeichensetzung (') für Akzentstärke 1 und ('') für Akzentstärke 2 ist die von BACK & MATTOS.

Dafür sprechen folgende Gegebenheiten:

-Mente ist reihenbildend: es wird öfter mit Adjektiven verbunden, um Adverbien zu bilden.

Wenn es zu einem Adjektiv tritt, um ein Adverb zu bilden, hat es eine feste Position (*aleatoriamente*, *inapelavelmente*), was nicht mit dem Substantiv *mente* 'Geist, Sinn' geschieht: *a mente do homem*, *do homem a mente* (poetischer Stil), *a mente humana*, *a humana mente* (poetischer Stil). Dazu kommt, daß *-mente* eine einheitliche Umgebung hat (immer gleich nach der adjektivischen Basis), während *mente* keiner solchen Restriktion unterliegt.

Die Semantik beider sprachlicher Einheiten ist, wie oben gezeigt wurde, völlig verschieden.

Diese Betrachtung dient schließlich dazu, nochmals die Tatsache festzustellen und hervorzuheben, daß es in natürlichen Sprachen keine einfache Aufgabenstellung ist, die verschiedenen Erscheinungen aufgrund von Merkmalen und Eigenschaften, die sie aufweisen, zu klassifizieren.

2.3 Regressive Ableitung

2.3.1 Einführendes

Die regressiven Ableitungen des Korpus gehören zu dem Typ Wortbildungen, die Postverbalia (s. MEYER-LÜBKE, 78f. und ALEMANY BOLUFER, 151) genannt werden. Über ihre Bedeutung sagt MEYER-LÜBKE (81): "Die Bedeutung ist eine mannigfaltige, in erster Linie die des Verbalabstraktums in all den Abstufungen, die das Verbum im Verhältnis zu den verschiedenen Satzteilen zeigt. Dadurch berühren sich die Postverbalia vor allem mit den Ableitungen auf *-ement* (§ 104), besonders da ja auch diese sehr volkstümlich sind. In der Tat sind Fälle wie *cueille* und *cueillement*, wo ein Unterschied nicht festzustellen ist, nicht gerade selten."

Aus dem Korpus:

afrouxo 'Lockerung' (von *afrouxar* 'lockern');
aporte 'Erfolg' (von *aportar* 'anlaufen, einlaufen');
desarme 'Abrüstung, Entwaffnung' (von *desarmar* 'abrüsten, entwaffnen');
desossa 'Zerlegung' (von *desossar* 'zerlegen');
despiste 'Ablenkung' (von *despistar* 'ablenken, irreführen');
entorno 'Umgebung' (von *entonar* 'verbreiten, überlaufen'; *entorno* ist hier kein Nomen actionis);[1]
sufoco 'Ersticken' (von *sufocar* 'ersticken'; *sufoco* wird in Brasilien umgangssprachlich oft mit der Bedeutung 'schwierige oder unangenehme Lage' verwendet);
tateio 'Betasten' (von *tatear* 'befühlen, betasten').

BECHARA (226), CUNHA (75) und ROCHA LIMA (187) bringen als Beispiele für regressive Ableitungen *frângão* → *frango*, *sarampão* → *sarampo*, *gajão* → *gajo* einerseits, andererseits deverbale Nomina: *engorda*, *amostra*, *embarque*, *levante*, *arrimo*, *galanteio*, etc. ROCHA LIMA (ib.) gibt noch andere, meist abwertende Beispiele: *comunista* → *comuna*, *delegado* → *delega*, *estrangeiro* → *estranja*, *flagrante* → *flagra*. Zu dieser Liste könnten noch *salafrário* → *salafra* und andere mehr hinzugefügt werden.

Hier bedarf es wohl einer klaren Unterscheidung: Bei den Postverbalia, zu denen auch alle Beispiele des Korpus gehören, haben wir, wie später noch bekräftigt werden soll, ein produktives und reguläres Muster: durch Auslassung des Verbalsuffixes und Hinzufügen eines Endvokals wird von einem Verb ein Nomen abgeleitet: *despistar* → *despiste*. Bei den anderen Beispielen haben wir ein unregelmäßiges Muster: durch Abtrennung der verschiedensten Komponenten oder von Wortteilen, manchmal sogar durch eine falsche Analyse der Wortstruktur, wie oben bei den ersten drei Beispielen, wo man glaubte, die Endung *-ão* wäre das

---

1 da *entorno* kein Nomen actionis ist, wäre der Vermutung nachzugehen, ob es sich nicht um die Substantivierung plus Kürzung des Adverbialgefüges *em torno (de)* 'ringsum, rundherum' handelt: *(o) em torno (de)* → *(o) entorno*. Ein Satz wie *O (que fica) em torno (de)* 'das, was rundherum liegt' → *o em torno* → *o entorno* 'das Rundherum, die Umgebung' könnte zur Erläuterung dieser Entwicklung aufschlußreich sein.

Augmentativsuffix, werden z.B. Nomina von Nomina abgeleitet. NYROP (§ 532ff.) verwendet für die Postverbalia den Ausdruck "formation postverbale", für den Prozeß der Bildung der anderen retrograden Ableitungen den Ausdruck "décomposition": "Cette dérivation qui a toujours pour résultat la diminution du mot, comprend deux groupes principaux, la décomposition et la formation postverbale." LENÉ (s. Titel des Werkes von 1899: "Les substantifs postverbaux [...]") gebraucht für die Postverbalia den Terminus "substantifs postverbaux".

Was die Benennung dieses Teils der Wortbildung betrifft, sei noch bemerkt, daß verschiedene Namen gebraucht werden: ALEMANY BOLUFER (151) z.B. spricht von "derivación inversa o retrógrada", BUSSMANN von "Rückbildung (engl. *backderivation*), inverse/retrograde Ableitung", FLEISCHER (72) und ERBEN (34) von "Rückbildung", die auch die Nomina postverbalia umfaßt. Wie die oben zitierten brasilianischen Autoren, die von "derivação regressiva" sprechen, ziehen wir die Bezeichnung "regressive Ableitung" vor. Vielleicht wäre die Bezeichnung "subtraktive Ableitung" jedoch noch geeigneter, denn sie würde den eigentlichen Charakter dieser Art Wortbildung noch besser zum Ausdruck bringen.

Die am Anfang zitierten brasilianischen Grammatiker geben sich besondere Mühe, den subtraktiven Charakter der regressiven Ableitungen gegenüber dem "kompositiven", der durch Zusammensetzung oder durch Affigierung (Suffigierung und Präfigierung) gebildeten komplexen Wörter hervorzuheben. Auch GAUGER (1971, 20) versucht, die Prozesse klar zu trennen: "Der dritte formale Typ derivationeller Gliederung wird durch 'la marche' vertreten: die hierhergehörenden durchsichtigen Wörter enthalten ihr Grundwort formal in der Weise, daß sie ein Teil, ein Auszug aus diesem sind; sie sind - hinsichtlich ihrer Lautung - nicht mehr, sondern weniger als das Wort, an dem sie inhaltlich hängen."

2.3.2 Regressive Ableitung: Diachronie vs. Synchronie

TIETZE (12) meint in seinem Buch über Wortbildung im heutigen Englisch, *peddler* bzw. *stagemanager* seien nur unter diachronischem Gesichtspunkt als Ausgangspunkte von *(to) peddle* und *(to) stagemanage* zu betrachten. Die beiden ersten Formen, die komplexeren, sind zeitlich früher belegt als die entsprechenden Verben. Es hat hier also eine Subtraktion stattgefunden, möglicherweise, wie TIETZE sagt, nach dem Muster: *make : maker* = X : *peddler*; X = *peddle*.

Rein synchron gesehen wird diese zeitliche Reihenfolge nicht wahrgenommen, sie ist auch irrelevant, und der Benutzer des Englischen sieht *peddler* und *stagemanager* als von *peddle* bzw. *stagemanage* abgeleitet. Er empfindet sie als nach dem heute noch produktiven Muster Verb → Nomen Agentis (*make* → *maker*, *teach* → *teacher*) gebildet, d.h. die übliche Ableitungsrichtung wird wiederhergestellt.

In ähnlicher Weise sieht JACKENDOFF (649f.) diese Frage. Durch Redundanzregeln, Regeln, die generelle Regularitäten im Lexikon spezifizieren, werden die Beziehungen zwischen Serien wie *aggression - aggressor - aggressive* und Paaren wie *retribution - retributive* hergestellt, auch wenn die gemeinsame Basis **aggress* bzw. **retribute* nicht Bestandteil des Lexikons ist. JACKENDOFF (ib.) fragt nun, ob das Problem zu lösen wäre, wenn durch regressive Ableitung eine Wurzel wie **retribute* ins Lexikon aufgenommen würde. Er selbst gibt die Antwort: "What this account captures is that a back-formation ceases to be recognized as such by speakers precisely when they restructure the evaluation of the lexicon, taking the back-formation rather than the morphological derivative as basic." Aufschlußreich für das Thema, das uns beschäftigt, ist auch folgende Aussage JACKENDOFFs (ib.): "I speculate that the verb **aggress*, which seems to have only marginal status in English, is still avaluated as a back-formation, i.e. as a derivative of *aggression - aggressor - aggressive*, and not as their underlying root. Thus the lexicalist theory of nominalizations provides a description of the diachronic process of back-formation which does more than simply erase a rule feature on a hypothetical lexical item: it can describe the crucial step of restructuring as well."

ARONOFF (27) ist ebenfalls an der Erklärung der regressiven Ableitungen interessiert, besonders an den phonologisch irregulären wie *self-destruction* → *self-destruct* und *cohesion* → *cohese*, statt *self-destroy* und *cohere*, die zu erwarten wären, da *destroy* und *cohere* in der Sprache geläufig sind. Aber auch er ist schließlich der Meinung, daß regressive Ableitungen Sache der Diachronie sind: "As Marchand (1969) stresses, backformation is of diachronic relevance only. It consists of the extraction of a new word from an already existing word which appears to be bimorphemic." Er bringt auch das klassische Beispiel *peddler* → *peddle*; *peddler* ist historisch monomorphematisch. Da es aber ein Nomen Agentis ist und die diesem Wort eigene Endung *-er* hat, wurde diese Endung als Suffix interpretiert und der Stamm *peddle* als Verb gebraucht.

Mit regressiver Ableitung im Deutschen beschäftigen sich zahlreiche Autoren, die sich mit dem Thema Wortbildung auseinandersetzen. Auch bei ihnen ist die Ansicht verbreitet, daß diese Wortbildungen zur Diachronie gehören. Trotzdem wird mit semantischen Argumenten oft versucht, die Ableitungsrichtung zwischen Verb und Nomen in synchronischer Sicht festzulegen. Hierzu meint z.B. FLEISCHER (72f.) folgendes: "Bei synchroner Betrachtung sind Verben wie *fischen*, *loben*, *sägen* von den Substantiven *Fisch*, *Lob*, *Säge* abgeleitet, [...] Die Bedeutung der Verben ist durch Bedeutungsmerkmale der Substantive bestimmt und nicht umgekehrt, d.h. *fischen* heißt, 'Fische fangen', aber umgekehrt ist das Hauptmerkmal von Fisch nicht, daß man ihn *fischt*. Das gleiche gilt für *loben* und *sägen*. Anders ist die Beziehung von *Schau* zu *schauen*. Die Bedeutung von *schauen* läßt sich nicht durch das Substantiv *Schau* bestimmen, denn *schauen* heißt nicht, 'sich mit einer *Schau* beschäftigen, eine *Schau* genießen oder veranstalten'. Hier muß also das Verb als motivierende Basis, das Substantiv als abgeleitet angesehen werden." Aber FLEISCHER (ib.) muß feststellen, daß, wie oft in der Linguistik, die Daten sich nicht so leicht klassifizieren lassen, daß es Grenzfälle gibt, die mehr als eine Interpretationsmöglichkeit bieten, und er räumt ein, daß dies für Paare wie *Ruf - rufen, Schrei - schreien, Schlaf - schlafen, Kauf - kaufen* gilt. Schließlich fügt er hinzu: "Auch die von Marchand noch herangezogenen Kriterien vermögen hier kaum eine eindeutige Entscheidung zu begründen."

2.3.3 Regressive Ableitung und Synchronie

Nachdem nun kurz einige Stellungnahmen gegenüber der regressiven Ableitung dargelegt wurden, möchte ich einige Argumente vorbringen, die beweisen sollen, daß wenigstens einige regressive Ableitungen des Portugiesischen aus synchronischer Sicht als solche betrachtet werden können. Dazu zunächst eine Unterscheidung: Mit FLEISCHER, BERGENHOLZ & MUGDAN und vielen anderen stimme ich darin überein, daß die regressiven Ableitungen, die zur sogenannten "décomposition" gehören (s.o. 2.3.1), Sache der Diachronie sind, denn in rein synchronischer Betrachtung ist nicht die Ableitungsrichtung festzustellen, die die Geschichte der Sprache bietet. Im heutigen Portugiesisch ist *sarampo* 'Masern' Basis von *sarampão* 'bösartigere Masern', obwohl die Geschichte sagt, daß *sarampão* früher belegt ist als *sarampo* (s. *Aurélio*).

Von vielen Bildungen, die zu der "formation postverbale" gehören, kann behauptet werden, daß sie aus synchronischer Sicht die gleiche Ableitungsrichtung vorweisen wie in diachronischer Betrachtung. Ein Beispiel aus unserem Korpus, um dann zu der Argumentation überzugehen: *desarme* ist nicht im *Aurélio* belegt. Dort finden sich aber *desarmar* und *desarmamento*. Das läßt vermuten, daß *desarmar* älter ist als *desarme*, daß *desarme*, obwohl es ein Morphem weniger als *desarmar* aufweist, von diesem Verb abgeleitet ist. Daß von diesem Beispiel und von anderen mehr die Synchronie ebenfalls sagen kann, daß eine Derivation durch Subtraktion eines Morphems vorkommen kann, möchte ich nun zeigen.

1. Man beobachte zunächst folgende Serien von Wörtern, die den gleichen Stamm aufweisen und deren Verben ein Präfix haben:

A	B	C
frouxo	*afrouxar*	*afrouxo*
gordo	*engordar*	*engorda*
barco	*embarcar*	*embarque*
porto	*aportar*	*aporte*

Von A zu B gelangen wir durch parasynthetische Ableitung (s.u. 2.5 "parasynthetische Derivation", S.128ff.), d.h. durch die simultane Hinzufügung eines Präfixes und eines Verbalsuffixes zu einer adjektivischen (*frouxo*, *gordo*) oder substantivischen (*barco*, *porto*) Basis. Von B nach C geschieht die Subtraktion des Verbalsuffixes und die Hinzufügung des Endvokals *-a* *-e* oder *-o*, also eine regressive Ableitung. Was aber berechtigt uns zu behaupten, A ⟶ B ⟶ C sei die richtige Ableitungsrichtung, auch bei synchroner Betrachtung? Warum ist nicht eine Reihenfolge wie A ⟶ C ⟶ B, z.B. *gordo* ⟶ *engorda* ⟶ *engordar*, akzeptabel? Die Antwort ist, daß es im Portugiesischen kein Muster gibt, das Sequenzen A ⟶ C (*barco* ⟶ *embarque*, *frouxo* ⟶ *afrouxo*) erzeugt. Der Weg von A nach C geht nur über B. Von B nach C kommen wir, indem ein Suffix subtrahiert wird. Wir haben von B nach C also eine regressive Ableitung.

2. Man betrachte auch folgende Serien, deren Verben nur durch Suffigierung abgeleitet wurden:

A	B	C	A	B	C
tato	*tatear*	*tateio*	*festa*	*festejar*	*festejo*
passo	*passear*	*passeio*	*lampo*	*lampejar*	*lampejo*
flor	*florear*	*floreio*	*boca*	*bocejar*	*bocejo*
---	*recear*	*receio*			
---	*recrear*	*recreio*			
---	*manusear*	*manuseio*			

Um B von A abzuleiten, hängt man an A das Verbalsuffix *-ear* bzw. *-ejar*. C wird dann von B abgeleitet, indem die Endung *-o* das

Verbalsuffix ersetzt. Bei dem Typ, der durch *tatear* → *tateio* repräsentiert werden kann, tritt außerdem noch der Hiatustilger /*y*/ hinzu (*tateo* → *tateio*).[1] Eine andere Ableitungsrichtung, etwa A → C → B, würde nicht den Tatsachen des Portugiesischen entsprechen, denn es ist in dieser Sprache kein Muster zu finden, das ein Suffix -*o* oder -*ejo* mit einem Nomen verbindet, um ein Nomen actionis zu bilden.[2] Von A nach C führt der Weg nur über B.

Schließlich erlaubt m.E. der Parallelismus, daß Paare wie *recear* → *receio*, die von keiner Basis A ausgehen, auch als Formen eines rückbildenden Prozesses betrachtet werden können.

3. Mit FLEISCHER (s.o. 2.3.2) haben wir festgestellt, daß semantische Argumente nicht immer sichere Kriterien zur Begründung der Ableitungsrichtung zwischen Nomen und Verb bieten, wenn das Nomen kein explizites Suffix aufweist. Allgemein wird behauptet, so von CUNHA (75), der sich auf Mário BARRETO (*De Gramática e de Linguagem, II*, Rio de Janeiro, 1922, S. 247) stützt, daß das Nomen der Ausgangspunkt sei und nicht das Verb, wenn jenes ein Objekt bezeichnet: *âncora* → *ancorar*, *azeite* → *azeitar*, *escudo* → *escudar*. Doch wenn das Nomen eine Handlung bezeichnet, ist das Verb der Ausgangspunkt: *esfregar* → *esfrega*, *atrasar* → *atraso*, *combater* → *combate*.

Oft ist es jedoch so, daß das Nomen, für das regressive Ableitung angenommen wird, eine überwiegend statische Bedeutung hat, mehr ein Nomen acti als ein Nomen actionis ist, mehr Bezeichnung des Resultats einer Handlung als der Handlung selbst ist (s. dazu MEYER-LÜBKE, 81). BECHARA (227) und auch der *Aurélio* listen z.B. *grito* und *sobra* als Ableitungen von *gritar* und *sobrar* auf. Die kaum dynamische oder prozessuale Interpretation

---

1 Dieser Hiatustilger tritt im Portugiesischen auch zwischen Verbstamm und Flexion bei stammbetonten Formen: *passeár* 'spazieren' (*passe-ar*), aber *eu passéio* 'ich spaziere' (*passe-i-o*), *tu passéias* 'du spazierst' (*passe-i-as*) etc.

2 Das Portugiesische kennt ein denominates Suffix -*ejo*, möglicherweise heute unproduktiv, mit dem hauptsächlich Diminutive gebildet wurden: *animal* → *animalejo*, *lugar* → *lugarejo*.

dieser Wörter würde uns aber heute, in synchroner Betrachtung, eher zu der Motivationsrichtung *grito* → *gritar*, *sobra* → *sobrar* führen.

Bei einigen Fällen kann man jedoch noch eine andere Möglichkeit sehen - wenn dafür auch nur schwächere Argumente sprechen - die Ableitungsrichtung Verb → Nomen akzeptieren zu können. Wie aus den im Punkt 1 dieses Kapitels gebotenen Argumenten zu schließen ist, existiert im Portugiesischen kein produktives Wortbildungsmuster, das von *tropel* ein Substantiv (*atropelo*) hervorbringen könnte. Der begangene Weg ist *tropel* → *atropelar* → *atropelo*. Neben *atropelo* wurden aber von *atropelar* auch *atropelamento* und *atropelação* gebildet, mit teils gleicher, teils verschiedener Semantik. Warum kann man nicht aus dem Parallelismus zu dem gegebenen Beispiel schließen, daß auch *fabrico* 'Herstellung', neben *fabricação*, von *fabricar* (← *fábrica -ar*) abgeleitet ist? Warum sollte *reparar* von *reparo* (Substantiv) abgeleitet werden und dann *reparação* produzieren, wenn beide Nomina (*reparo* und *reparação*) Nomina actionis sind, mit fast gleicher Bedeutung? Die gestellten Fragen gelten auch für folgende Paare:

A	B	A	B
derramar	*derramamento, derrama, derrame*	*destacar*	*destacamento, destaque*
levantar	*levantamento, levante*	*deslizar*	*deslizamento, deslize*
procurar	*procuração, procura*	*sustentar*	*sustentação, sustento*
sufocar	*sufocamento, sufocação, sufoco*		

Um Nomina actionis zu bilden, verwendet die portugiesische Sprache die Suffixe *-ção* (*comunizar* → *comunização*), *-mento* (*metralhar* → *metralhamento*), *-agem* (*ancorar* → *ancoragem*), *-dura* *laquear* → *laqueadura*), vier additive Verfahren, daneben einen subtraktiven Vorgang, die regressive Ableitung. Dies versuchte ich, wenn auch nicht von allen Wörtern, die die Grammatiker und Wörterbücher des Portugiesischen als regressive Ableitungen aufführen, zu beweisen.

Mit der regressiven Ableitung in der portugiesischen Sprache könnte man sich noch viel länger beschäftigen, doch ist es nicht möglich, diesen Weg hier weiter zu gehen. Deshalb zum Schluß nur noch eine Bemerkung: der Endvokal der regressiv abgeleiteten Wörter ist ein besonderes Thema. Unter den acht Wörtern unseres Korpus, die alle von Verben, die mit dem Suffix *-ar* enden, abgeleitet sind, enden vier auf *-o* (*afrouxo*, *entorno*, *sufoco*, *tateio*), drei auf *-e* (*aporte*, *desarme*, *despiste*) und eins auf *-a* (*desossa*). Die Gründe für diese Auswahl sind nicht immer klar. Bei *tateio*, das von *tatear* kommt, kann man sich auf das Muster der Verben, die mit dem Suffix *-ear* enden und die entsprechenden Rückbildungen auf *-o* haben, berufen: *passear* → *passeio*, *ratear* → *rateio*, *recear* → *receio*. Bei den anderen Wörtern ist der Grund zur Wahl des Endvokals schwieriger festzustellen. Vielleicht ist es auch eine Lautähnlichkeit mit anderen in der Sprache schon existierenden rückgebildeten Wörtern. Es hat auf jeden Fall nichts mit dem Vokal des Verbalsuffixes zu tun. Dies haben die oben aufgelisteten acht regressiven Ableitungen des Korpus gezeigt. Daß ein Vokal an das Ende dieser regressiven Ableitungen gesetzt werden muß, verlangt meistens die Silbenstruktur der Sprache, die nach dem Silbenkern nur */l/*, */r/*, */s/*, */š/*, */z/*, */ž/* und die Gleitlaute */y/*, */ỹ/*, */w/*, */w̃/* duldet. Das Genus des Substantivs hängt dann, dem Wesen der anderen Substantive der Sprache gemäß, von dem Endvokal ab: die auf *-e* und *-o* endenden sind maskulin: *o sufoco*, *o desarme*; die auf *-a* endenden sind feminin: *a desossa*.

2.4 Konversion

Das Wortbildungsverfahren, das in der heutigen sprachwissenschaftlichen Terminologie Konversion, Nullableitung oder Ableitung mit Nullmorphem genannt wird, war und ist auch manchmal noch heute in der Sprachlehre des Portugiesischen als "derivação imprópria" bekannt. Damit bringt man zum Ausdruck, wenn man es auch nicht explizit sagt, daß die andere Bildungsweise, die mit Affixen, die "derivação própria", die "eigentliche" ist. Der "derivação própria", der kombinatorischen Ableitung, steht die "derivação imprópria", die eine Umkategorisierung ohne formales Merkmal bewirkt, gegenüber. BECHARA (227ff.) verwendet den Terminus "conversão" und hält den Terminus "derivação imprópria" für nichtssagend, was m.E. nicht berechtigt ist, denn es ist doch eigentlich merkwürdig (und so müssen es die Grammatiker, die den Ausdruck "imprópria" prägten, empfunden haben), daß man ein neues Wort gewinnen kann, ohne das signifiant, wie es doch üblicher ist, des sprachlichen Zeichens zu ändern. KASTOVSKY (316) spricht von der "Etablierung eines nur als signifiê erscheinenden Zeichens".

MARCHAND (359) bevorzugt den Terminus "Ableitung mit Nullmorphem": "By derivation by a zero-morpheme I understand the use of a word as a determinant in a syntagma whose determinatum is not expressed in phonic form but understood to be present in content, thanks to an association with other syntagmas where the element of content has its counterpart on the plane of phonic expression. If we compare such derivatives as *legalize, nationalize, sterilize* with vbs like *clean, dirty, tidy,* we note that the syntactic-semantic pattern in both is the same: the adjectives are transposed into the category 'verb' with the meaning 'make, render clean, dirty, tidy' and 'make, render legal, national, sterile' respectively."

Zum Terminus "Konversion" sagt MARCHAND (360): "What we call zero derivation is often termed 'conversion' [...]. I do not object to this term or to the term 'conversion' either so long as they are used to denote the syntactic transposition of a word, as that of the word *government* in *government job*. This is, however, a purely grammatical matter. The use of a sb as a preadjunct represents a regular syntactic pattern which has nothing to do with word-formation and derivation. We speak of derivation only when a word changes its word class or its lexical class (cf. 4.1.39.1)."

MARCHANDs Ansicht teilt auch GÖRLACH (82), wenn er sagt: "In den Handbüchern werden beide Termini gelegentlich ohne genaue Abgrenzung für ähnliche oder auch ganz unterschiedliche Erscheinungen gebraucht. Hier soll wie folgt unterschieden werden:

Nullableitung: Aus einem sprachlichen Zeichen wird ohne ausdrucksseitige Kennzeichnung (ein Ableitungsmorph) ein neues, zu einer anderen Wortart gehörendes abgeleitet. Das abgeleitete Wort ist durch seine Distribution *und* sein unterschiedliches Paradigma vom Grundwort geschieden: *the clean shoes; cleaner, cleanest, cleanly - to clean shoes; (he) cleans, cleaned, (is) cleaning* (7.1.2). Konversion: Ein Zeichen wird in Distributionen verwendet, die für andere Wortarten typisch sind, es teilt aber weder *alle* Verwendungen der anderen Wortart noch die Flexion." Ein portugiesisches Beispiel dafür wäre der adjektivische Gebrauch des Adverbs *então* 'dann' in *o então presidente* 'der damalige Präsident'.

Daß Ableitung mit Nullmorphem zur Wortbildung gehört, Konversion aber ein Phänomen der Syntax ist, wird auch bei GÖRLACH (ib.) hervorgehoben. Wichtig ist auch m.E. GÖRLACHs Bemerkung, daß die Unterscheidung von Nullableitung und Konversion graduell ist: "Grenzfälle sind möglich, und vor allem kann sich Konversion diachronisch zu Nullableitung entwickeln."

Wichtiger jedoch als der terminologische Aspekt ist m.E. bei MARCHAND wie bei GÖRLACH die klare Abgrenzung der unterschiedlichen Erscheinungen. Wenn ein Wort ohne ausdrucksseitige Kennzeichnung in eine andere Wortklasse übertritt, z.B. das Adjektiv *homossexual* wird substantiviert (*o homossexual*), d.h. das Substantiv *homossexual* ist durch seine Distribution und sein unterschiedliches Paradigma von dem Adjektiv *homossexual* geschieden, dann haben wir ein Phänomen der Wortbildung. Wird "ein Zeichen in Distributionen verwendet, die für andere Wortarten typisch sind, [...] teilt [es] aber weder alle Verwendungen der anderen Wortart noch die Flexion" (s. GÖRLACH, ib.), z.B. *government* in *government official*, Beispiel aus MARCHAND (s.o.), dann haben wir ein Phänomen der Syntax.

STEIN (228ff.) verwendet für die Erscheinungen, die MARCHAND "Ableitung mit Nullmorphem" nennt, den Terminus "Konversion" und für die Erscheinungen, die MARCHAND "Konversion" nennt, den Terminus "partielle Konversion". Ein Beispiel für das, was STEIN "Konversion" nennt, bietet uns das Korpus bei der Bildung des Substantivs (*o*) *aprovo* 'Einverständnis' ← Verb (*eu*) *aprovo*. "Partielle Konversion" im Sinne von STEIN haben wir bei dem Beispiel des Korpus (*tão*) *ciência* und (*tão*) *poesia*, wo *ciência* und *poesia*, zwei Nomina, durch das Adverb *tão* spezifiziert werden, also in adjektivischer Distribution erscheinen. Die adjektivische Funktion ist aber stark an den Kontext gebunden, und es wäre schwierig, sich *ciência* und *poesia* in allen Kontexten, in denen ein typisches Adjektiv gebraucht wird, oder in Rollen, die ein normales Adjektiv spielt, vorzustellen. *Ciência* und *poesia* können z.B. nicht Basis von Adjektivabstrakta sein: **cienciedade*, **poesieza*, etc.

Andere Beispiele von "partiellen Konversionen" im Sinne von STEIN aus dem Korpus: (*o*) *antitruste* - (*lei*) *antitruste*; (*a*) *antiguerrilha*-(*movimento*) *antiguerrilha*; (*o*) *cata-mendigo* - (*operação*) *cata-mendigo*; *micro + macro* - (*relação*) *micro-macro*; *oprimido + opressor* - (*dialética*) *oprimido-opressor*; *candidato + vaga* - (*relação*) *candidato - vaga*; *contra + fuxico* - (*vacina*) *contrafuxico* (Impfstoff) 'gegen üble Nachrede'.

Um die sprachlichen Phänomene zu charakterisieren, die MARCHAND "Ableitung mit Nullmorphem" nennt und GÖRLACH "Nullableitung", die Phänomene also, die eigentlich zur Wortbildung gehören, wird hier aus theoretischen Gründen, auf die schon DOKULIL (62) aufmerksam gemacht hatte, und die bei OLSEN (91ff.) in einem breiteren Rahmen diskutiert werden, der Terminus "Konversion" bevorzugt.[1] Diese Betrachtungsweise teilt auch BAUER (33), indem er

---

1 OLSEN (88ff.) vertritt den Standpunkt, daß es neben Verbalisierungssuffixen wie in *modernisieren* und *zementieren* auch Verbalisierungspräfixe gibt: *bemuttern*, *entheiligen* und *verbriefen*. Wenn man wie MARCHAND bei Verben wie *lockern* und *schichten* eine Ableitung mit Nullmorphem annimmt, müßte man nach OLSEN bei *locker* → *lockern*, in Opposition zu *stabil* → *stabilisieren* z.B., ein Nullsuffix postulieren, und in Opposition zu *fähig* → *befähigen* ein Nullpräfix, was zu folgendem Ergebnis führen würde: *Ø-locker-Ø(n)*. Im Portugiesischen könnten bei der Erklärung von Synonympaaren wie *calmar* - *acalmar* 'beruhigen' (← Adjektiv *calmo*) und *casalar* - *acasalar* 'paaren' (← Substantiv *casal*), deren erstes Glied eine Suffigierung und deren zweites eine parasynthetische Bildung ist, Probleme auftreten, die noch nicht abschließend als geklärt zu betrachten sind.

sagt: "The theoretical dubiousness of speaking of zero affixes in language (see Matthews, 1972: 191; Pennanen, 1971: § 7.9 *et passim* and works referred to there) leads me to prefer the theoretical position enshrined in the term 'conversion', especially when this can be given a dynamic interpretation, and that term will be used exclusively from now on in this book. It should, however, be noted that this is an area of dispute in the literature. For a comprehensive review of the literature on conversion and a discussion of the implications of talking in terms of zero-derivation, the reader is referred to Pennanen (1971)."

Die sprachlichen Erscheinungen, die MARCHAND und GÖRLACH unter dem Terminus "Konversion" und STEIN unter dem Terminus "partielle Konversion" subsumieren, sind Teil der Syntax und nicht der Wortbildung und sollen als solche uns hier nicht länger beschäftigen.

Der Unterschied zwischen der Ableitung mit Affix und der Konversion mag an den folgenden Paaren verdeutlicht werden: Adj *aventureiro* → Subst *aventureirismo*, Adj *ostensivo* → Subst *ostensividade*, Adj *moreno* → Subst *moreneza* gegenüber Adj *moreno* → Subst (*o*) *moreno*, Adj *ridículo* → Subst (*o*) *ridículo*. Bei den ersten drei Beispielen ist das Ergebnis zweifellos ein Abstraktum, das eine Eigenschaft bezeichnet. Adj *moreno* → Subst (*o*) *moreno* ist eine Konversion mit einem anderen semantischen Wert: *moreno* (Subst) kann die Farbe wie auch die Person, die diese Farbe hat, bezeichnen. Von *ridículo* (Adj) hat die Sprache bis heute kein Abstraktum mit Suffix abgeleitet: **ridiculidade*, **ridiculismo*, **ridiculeza*, und sie wird es wahrscheinlich auch nicht tun, denn (*o*) *ridículo*, auch eine Konversion, hat diese Lücke gefüllt und somit bis jetzt die Entstehung anderer Adjektivabstrakta blockiert.

Die Konversion umfaßt natürlich mehrere Verfahren, die zur Bereicherung des Wortschatzes beitragen und die von Sprache zu Sprache verschieden sein können.[1] Im Portugiesischen kann man,

---

1 Auf die Verschiedenheit der Betrachtung dieses Themas von Sprache zu Sprache macht besonders DOKULIL (215ff.) aufmerksam. Nach seiner Ansicht

im Gegensatz zum Englischen z.B., kein Verb durch Konversion bilden. Es muß immer ein Verbalsuffix verwendet werden. Aus dem Englischen: Adj *clean* → *to clean*, Adv *down* → *to down*, Subst *referee* → *to referee*; aus dem Portugiesischen: Adj *esnobe* → *esnobar*, Subst *zero* → *zerar*, Adj *feminil* → *feminilizar*, Subst *elite* → *elitizar*.

Im folgenden werden drei Typen von Konversionen einzeln mit kurzer Erläuterung und Beispielen aus dem Korpus oder ausnahmsweise, wenn notwendig, mit anderen Beispielen aus dem Portugiesischen wiedergegeben.

2.4.1 Wortartänderung

Dies ist selbstverständlich der Haupttyp und der, der eigentlich zu den Termini "Konversion", "Nullableitung" und "Ableitung mit Nullmorphem" geführt hat. Es geschieht ein Übertritt von einer Wortart in eine andere ohne Formänderung. Wir haben mehrere Muster zu unterscheiden:

a) Adv → Subst: *amanhã* → *(o) amanhã*.
b) Adj → Subst: *visual* → *(o) visual* 'der visuelle Aspekt'

Bildungen aus dem Korpus:

frescão (Augmentativ von *fresco* 'frisch') → *(o) frescão* 'Bus mit Klimaanlage' in Rio de Janeiro;
possível → *(o) possível*;
necessário → *(o) necessário*;
desfolhante → *(o) desfolhante* 'chemisches Produkt, das zur Entlaubung der Bäume gebraucht wird'; *desfolhante* ist wahrscheinlich eine Lehnprägung nach dem englischen *defoliant*;
ultraleve → *(o) ultraleve* 'Art von Flugzeug';
semi-árido → *(o) semi-árido* 'halbtrockenes Gebiet im Nordosten Brasiliens'.

---

herrscht nicht einmal Einheit in der Betrachtung ein und derselben Sprache: "Selbst wenn man im Rahmen einer bestimmten Sprache bleibt, ist man sich nicht darüber einig, worin das Wesen dieses Wortbildungsvorgangs zu suchen ist."

c) Subst → Adj: *(a) madrasta* → *madrasta* 'stiefmütterlich'.

Der *Aurélio* bringt als Adjektiv nur die Form *madrasta*, ohne anzugeben, ob es auch mit maskulinen Nomina verbunden werden kann. Im Korpus ist die Form *madrasto* vorgekommen, was einen Schritt weiter bei der Adjektivierung dieses Wortes bedeutet; Kontext aus dem Korpus: "[...] a bela geografia e o madrasto solo haviam condenado o chão fluminense [...]" 'die schöne Landschaft und der unfruchtbare Boden wurden für das Land Rio de Janeiro zu einem bösen Schicksal'.

d) Präp → Subst: *contra* → *(os) contras*,

Bezeichnung für die antisandinistischen Kämpfer Nikaraguas, wahrscheinlich eine Entlehnung. Neben dieser Bildung aus dem Korpus kennt das Portugiesische die Substantivierung der Präposition *contra* mit der Bedeutung 'Gegenargument'. Diese Substantivierung kommt oft in der Redewendung *os prós e os contras* vor, vielleicht eine Entlehnung.[1]

e) Verb → Subst: *ir + vir* → *(o) ir-e-vir* (do cidadão) 'Bewegungsfreiheit' (des Bürgers); *(eu) aprovo* → *(o) aprovo* 'Einverständnis'.

Neben diesen Bildungen aus dem Korpus kennt man im Portugiesischen wie im Deutschen, das z.B. *(das) Imprimatur* sagt, viele Substantivierungen von stereotypen Vermerken, die auf Anträgen oder Amtsschriftstücken im allgemeinen gesetzt werden und die in ihrer flektierten Form, sozusagen mit Haut und Knochen, substantiviert werden: *(o) imprima-se, (o) arquive-se, (o) de-acordo, (o) visto, (o) deferido, (o) indeferido*, etc.

2.4.2 Änderung der syntaktisch-semantischen Klasse

Unter Konversion wird normalerweise die Bildung einer neuen lexikalischen Einheit, die durch Wortartänderung zum Vorschein

---

1 BECHARA (227f.) ordnet auch Abkürzungen und die darauffolgenden Verselbständigungen wie *fobia(s)* und *ismo(s)* unter die Konversionen ein. Daneben ist die wachsende Verselbständigung von Präfixen ein Trend des modernen Portugiesischen wie auch anderer Sprachen: *extra, infra, super, macro, micro, máxi, míni*, etc.

kommt, verstanden. Aber auch Änderungen innerhalb ein und derselben Wortart können dazu gezählt werden. MARCHAND (360) sagt dazu: "We speak of derivation only when a word changes is word class or its lexical class (cf. 4.1.39.1)." Dies sind Übergänge von einer Subklasse in eine andere Subklasse derselben Wortart.

Unser Korpus bietet uns ein interessantes Beispiel. In Brasilien gibt es in mehreren Großstädten Heime für Geisteskranke, die nach ihrem Gründer den Eigennamen *Pinel* in ihrer Benennung haben. Auf einer räumlichen Assoziation beruhend, wurde von diesem Eigennamen der Gattungsname *pinel* 'der Geisteskranke' gebildet, der schließlich oft auch als Adjektiv verwendet wird. Der Wandel vollzog sich also innerhalb der Wortart Substantiv, von der Subklasse der Eigennamen, Wörter, die sich auf Gegenstände der außersprachlichen Realität beziehen und meist keine Bedeutung haben, zu der Klasse der Gattungsnamen oder Appellative, Wörter, die sich auf Gegenstände beziehen und Bedeutung haben, ein Vorgang, der einer von den vielen Aspekten der Metonymie ist (zu dem Übergang von Eigennamen zu Gattungsnamen in den romanischen Sprachen s. MIGLIORINI, 1927).

Ein zweites Beispiel aus dem Korpus ist die Bildung *(a) cestinha* 'kleiner Korb' → *(o) cestinha* 'Basketballspieler, der die meisten Punkte macht' (das Diminutiv hat eine wertende Funktion). Der eigentliche Name des Korbes im Basketballspiel ist (a) cesta. Von cesta zu (o) cestinha ändern sich der Grad, das Genus und die Bedeutung des Wortes. *Cesta* bezeichnet eine Sache und *cestinha* eine Person. Bei *estalinho* 'kleiner Knall' → *estalinho* 'kleines Feuerwerk', in dem sich nur die Bezeichnungsklasse ändert, handelt es sich wohl um einen Grenzfall (s. GÖRLACH, 82).

2.4.3. Exozentrische Bildungen

Von diesen Bildungen sagt STEIN (228): "Exocentrics, that is, word-formation where the denoted object lies outside the meaning of the constituents. Thus *paleface* is not a *pale face* as the formation may suggest but 'a person with a pale face'."

Die Bildung solcher lexikalischen Einheiten beruht auf dem Prinzip der Kontiguität, eines äußerlichen, räumlichen Zusammenhangs zwischen zwei außersprachlichen Erscheinungen, d.h. zweier Denotaten. Im Beispiel von STEIN besteht dieser Zusammenhang zwischen *pale face* und der Person, die eine *pale face* hat. Die Kontiguität ist die Brücke, die die Erweiterung der Bedeutung von *pale face* → *paleface* 'Person mit einer *pale face*' oder 'Person, die eine *pale face* hat', ermöglicht. Dieses Prinzip ist eine Form von Metonymie, die neben der Metapher ein Kapitel für sich in der Wortbildung ist, dem wir jedoch hier nicht länger nachgehen können. BAUER (230) sagt von den exozentrischen Bildungen: "Exozentric phrase compounds, discussed in § 7.2.1.8, might also be classified here as instances of conversion of a whole phrase."

Exozentrische Neubildungen aus unserem Korpus: *sem teto* 'obdachlos' → *(o) sem-teto* 'obdachlose Person'; *(o) meio-campo* 'das Mittelfeld' → *(o) meio-campo* 'der Mittelstürmer'; *(a) lateral (direita)* 'rechter Flügel' → *(o) lateral (direito)* 'rechter Flügelstürmer'; *(a) lateral (esquerda)* 'linker Flügel' → *(o) lateral (esquerdo)* 'linker Flügelstürmer'; *(o) centro direito* → *(a) centro-direita* 'die Mitte-Rechts-Partei'; *(o) centro esquerdo* → *(a) centro-esquerda* 'die Mitte-Links-Partei'; *(a) bóia fria* 'kaltes Essen' (umgangssprachlich) → *(o) bóia-fria* 'nicht fest angestellter Farmarbeiter'; *(a) agenda livre* 'unbeschriebenes Notizbuch' → *(o) agenda-livre* 'hoher Beamter, der vor Regierungswechsel wenig aufgesucht wird'.

2.4.4 Metasprachlicher Gebrauch von sprachlichen Einheiten

Jede sprachliche Einheit, vom Phonem bis zum Satz und noch längeren Äußerungen, kann Objekt einer sprachlichen Aussage sein. Die Aussage wird dann nicht über nichtsprachliche Sachverhalte, sondern über die Sprache selbst gemacht. Bestimmte metasprachliche Äußerungen werden gelegentlich als Konversion bezeichnet: sie erfüllen alle die Funktion eines Substantivs. So BECHARA (227) und CUNHA (76), der sagt: "Basta, por exemplo, antepor-se o artigo a qualquer vocábulo da língua para que ele se torne um substantivo." Es muß jedoch klar sein, daß Metasprache und Objektsprache völlig verschiedene Dinge sind und daß die eigentliche und "normale" Sprache, die Sprache, die das Objekt der Sprachlehre bildet, die Objektsprache ist. Nur wer sich mit der Sprache auseinandersetzt, nur wer sie zum Objekt von Betrachtungen und Aussagen macht, "macht" Metasprache. Dies ist die Ausnahme, nicht die Regel.

Die in den ersten drei Abschnitten dieses Kapitels behandelten Fälle gehören zur Objektsprache: eine lexikalische Einheit der Objektsprache ändert oder bereichert sein signifié, ohne das signifiant zu ändern. Sie geht in eine andere Wortart oder andere Subklasse einer Wortart über, ohne Änderung ihres formalen Aspekts. Der Wandel geschieht im Rahmen derselben Stufe, d.h. der Objektsprache. Bei dem metasprachlichen Gebrauch einer sprachlichen Einheit geht sie von der Stufe der Objektsprache in die Stufe der Metasprache. STEIN (230) ist der Meinung, daß dieser Unterschied ein sehr wichtiger ist und daß Objektsprache und Metasprache getrennt gehalten werden müssen.

2.5 Parasynthetische Derivation

Der Name "parasynthetische Derivation" soll besagen, daß bei dieser Art Ableitung ein Präfix und ein Suffix gleichzeitig zu einer adjektivischen oder substantivischen Basis treten, um ein neues Wort zu bilden.[1] Diese Erläuterung impliziert bereits die drei Hauptfragen, die dieses Wortbildungsmuster aufwirft:

---

1 MENÉNDEZ PIDAL (183) sagt dazu treffend: "Los compuestos de prefijo y sufijo a la vez se llaman parasintéticos, de *pará*, que indica la yustaposición, y *syntheticós*, la síntesis de varios elementos que forman un término nuevo, como *desalmado*, donde, sin que exista un sustantivo **desalma*, ni un adjetivo **almado*, la reunión de los tres elementos forma un compuesto claro y expresivo."

1. Wie kann bewiesen werden, daß ein Präfix und ein Suffix simultan an die Basis treten, anders gesagt, wie kann gezeigt werden, daß zunächst nicht eine Suffigierung stattfindet und dann eine Präfigierung bzw. erst eine Präfigierung und dann eine Suffigierung?
2. Welche Präfixe und Suffixe kommen bei diesen Bildungen in Frage?
3. Welche Funktion oder welche Bedeutung kommt beiden Derivationsmorphemen zu?
Die Fragen sollen nun in derselben Reihenfolge, in der sie formuliert wurden, beantwortet werden:

1. Ein Präfix und ein Suffix werden simultan an eine adjektivische oder substantivische Basis angeschlossen. Beispiele aus dem Korpus mit einer substantivischen Basis:
a- + caudilho + -ar → *acaudilhar* 'dem Caudilho anpassen, dem Caudilho unterwerfen';
en- + sombra + -ecer → *ensombrecer* 'beschatten, fig. übertreffen';
Beispiele aus dem *Aurélio* mit einer adjektivischen Basis:
es- + verde + -ear → *esverdear* 'grün färben';
en- + branco + -ecer → *embranquecer* 'bleichen, weiß werden'.
Den Beweis dafür, daß es sich um eine gleichzeitige Affigierung handelt, erhält man durch die Weglaßprobe, d.h. indem man versucht, wie bei *ensombrecer* z.B., das Präfix oder das Suffix wegzulassen. Bei beiden Verfahren ist das Ergebnis ein nicht existierendes Wort: **sombrecer* **ensombra*, woraus zu schließen ist, daß es sich um eine gleichzeitige Affigierung handelt.

2. Im Korpus fanden sich Bildungen mit den drei heute produktiven Verbalsuffixen:[1]
a) *-ar*: *acaudilhar*, *desfavelar* 'die Slums beseitigen' (von *favela* 'Slum');
b) *-ecer*: *ensombrecer*;
c) *-izar*: *desdolarizar* 'den Dollar nicht mehr als Grundeinheit der Wirtschaft nehmen'.

---

1 Zu diesen Verbbildungen s. auch o. 2.2.3.

Bei bereits lexikalisierten Formen sind jedoch auch andere Suffixe zu finden:
es- + *perna* + *-ear* → *espernear* 'strampeln, fig. sich wehren';
en- + *porco* + *-alhar* → *emporcalhar* 'beschmutzen'.
Die portugiesische Sprache kennt viele Parasynthetika, die mit den Präfixen *a-*, *des-*, *en-* und *es-* gebildet worden sind. Unser Korpus, das nur vier Bildungen, eine mit *a-* (*acaudilhar*), zwei mit *des-* (*desdolarizar*, *desfavelar*) und eine mit *en-* (*ensombrecer*), enthält, bietet keinen Hinweis darauf, ob *es-* heute noch produktiv ist.

3. Die dritte Frage ist m.E. die Kernfrage. Sie zu beantworten schließt auch die Klärung solcher Synonympaare ein wie *casalar* - *acasalar* 'paaren', *vermelhar* - *avermelhar* 'röten, rot färben', und von inchoativen Verben wie *amanhecer* 'Tag werden', *entardecer* 'Abend werden' und *anoitecer* 'Nacht oder dunkel werden'. Aus diachronischer Sicht kann man sagen, daß *a-* von lat. *ad-*, *en-* von lat. *in-*, *des-* von lat. *dis-* und *es-* von lat. *ex-* kommen. In den Bildungen des Korpus hat *des-* (*desdolarizar*, *desfavelar*) seine ursprüngliche Bedeutung bewahrt, nicht so *a-* (*acaudilhar*) und *en-* (*ensombrecer*). Auch *es-* in *esverdear* 'grün färben' hat kaum etwas mit der Semantik seines Vorgängers zu tun.

U. WANDRUSZKA (83) sagt vom Französischen, das Präfix *a-* der parasynthetischen Bildungen sei inhaltlos: *agrandir*, *arrondir*. Das gleiche gilt wohl für das Portugiesische. Dazu vergleiche man Synonympaare wie *casalar* - *acasalar*, *vermelhar* - *avermelhar*. Bei *en-* sind die Tatsachen verschieden: bei *enraizar* z.B. ('einwurzeln') hat das Präfix *en-* seine ursprüngliche Bedeutung 'hinein' bewahrt. Das gleiche darf man wohl nicht von *en-* in den Verben *entardecer* und *envermelhar* sagen. Bei den inchoativen Verben *amanhecer*, *entardecer* und *anoitecer* haben *a-* und *en-* die gleiche Funktion. Bei Verben, deren Basen Farbbezeichnungen sind, sind sich *a-*, *en-*, *es-* auch gleich: *avermelhar*, *envermelhar*, *esverdear*.

Ohne der Frage der Bedeutung von Präfixen mit Hilfe der Bildungen des Korpus oder anderer aus dem *Aurélio* tiefer nachzugehen, erlauben uns trotzdem wohl die wenigen beobachteten Beispiele den Schluß, daß es bei parasynthetischen Derivationen Präfixe gibt, die eine feste Bedeutung haben (s. *desdolarizar*, *desfavelar*) und andere, die wohl die Funktion haben, mit Suffixen ein Verb zu bilden, denen man jedoch keine feste Bedeutung zuschreiben kann: *avermelhar*, *esverdear*, *amanhecer anoitecer* etc. Bei *enraizar* 'einwurzeln', wie oben bemerkt wurde, kann man dem Präfix die Bedeutung 'hinein' zuschreiben.

Was Synonympaare wie *casalar* - *acasalar*, *vermelhar* - *avermelhar* angeht, muß man zu dem Schluß kommen, daß das Glied ohne Präfix wohl durch Suffigierung entstanden ist, während das andere ein Parasynthetikum ist. Weil das Präfix der parasynthetischen Bildung inhaltlos ist, sind die Elemente dieser Paare synonym.

Es wurden in diesem Kapitel die Parasynthetika behandelt, deren Ergebnis ein Verb ist. Wie MENÉNDEZ PIDALs Beispiel *desalmado* (s. Beginn dieses Kapitels) jedoch zeigt, kann das Produkt einer parasynthetischen Derivation auch ein Adjektiv sein. Diesbezüglich wurde in mehreren Abschnitten (2.1.16; 2.1.18; 2.1.22; 2.1.33; 2.1.35) des Kapitels 2.1 "Präfigierung" die Vermutung geäußert, es handle sich bei mehreren Adjektivbildungen des Korpus um Parasynthetika. Da diese Bildungen in der portugiesischen Sprachlehre aber noch verhältnismäßig wenig untersucht wurden (s. BECHARA, 226; CUNHA, 74; ROCHA LIMA, 186) und dies m.E. anhand eines breiteren Korpus gemacht werden sollte, wird dieser Vermutung hier nicht weiter nachgegangen.

2.6 Ableitungsrichtung: Präfigierung vs. Suffigierung

Aus dem Korpus:

antiestatismo, *autofinanciável*, *desatualizado*, *descolonização*, *descontraidamente* 'locker' (Adv), *desentrosamento* 'Zustand des Außenstehenden', *desestabilização*, *desestabilizar*, *desestati-*

zação, desfavelamento 'Beseitigung der Slums) (von *favela* 'Slum'), *desincompatibilização* 'Abschaffung der Hindernisse', *desinformação, desmoralizante, indiscriminatório* 'nicht diskriminierend', *inegociabilidade, irrealismo, irrealista, intermediação* 'Fürsprache', *reaparelhamento* 'Wiederausrüstung, Neueinrichtung', *rearrumação* 'Wiederherstellung der Ordnung', *redefinição, redirecionamento* 'Reorientierung', *reinstitucionalização, renegociação* 'Wiederverhandlung', *reorientação, repovoamento* 'Wiederbesiedlung', *reutilização*.

ROCHA LIMA (186f.) sagt mit Recht, daß das komplexe Wort *deslealdade* 'Untreue' durch Präfigierung (*des- lealdade*) oder durch Suffigierung (*desleal -dade*) abgeleitet worden sein kann. Die Konstituenten dieses Wortbildungsprodukts ermöglichen beide Interpretationen, und es fehlen im Portugiesischen auch nicht die entsprechenden Wortbildungsmuster: Präfix + Subst → Subst (*des-* + *lealdade* → *deslealdade*) und Adj + Suffix → Subst (*desleal* + *-dade* → *deslealdade*). Es ist schwer zu entscheiden, ob der Benutzer der Sprache an das abstrakte Nomen *lealdade* dachte und es dann anhand des Präfixes *des-* negiert hat oder ob er das Eigenschaftswort *desleal* im Sinne hatte und dann mit Hilfe des Suffixes *-dade* das Adjektivabstraktum *deslealdade* gebildet hat.

Es stellt sich nun die Frage, ob es bei der Produktion solcher komplexer Wörter manchmal nicht gewisse Kriterien geben kann, die uns die Behauptung erlauben, es habe zuletzt eine Präfigierung und nicht eine Suffigierung bzw. zuletzt eine Suffigierung und nicht eine Präfigierung stattgefunden. Beim Untersuchen zahlreicher Neubildungen des Korpus, die gleichzeitig Präfixe und Suffixe haben, sagt bei einigen die Intuition des native speakers, daß es sich um eine Präfigierung handelt, bei etlichen neigt man dazu, eine Suffigierung anzunehmen; bei anderen schließlich ist man im Zweifel über den Wortbildungsprozeß, der stattgefunden hat. Argumente zu finden, die diese Intuition untermauern oder vielleicht widerlegen würden, ist ein Thema, das uns sehr lange beschäftigen könnte. Hier werden nur einige Fälle exemplarisch behandelt.

1. Nehmen wir z.B. die Neubildungen *irrealismo, irrealista.* Abgeleitet von dem Adjektiv *real* hat man schon lange in der Sprache *realismo* '(Philosophie) Lehre, die das Vorhandensein einer Wirklichkeit außerhalb des Bewußtseins bejaht, (Kunst) wirklichkeitsnahe Darstellung' und *realista* 'Vertreter, Anhänger des Realismus'. Nun ist es höchstwahrscheinlich, daß der Benutzer der Sprache, indem er *irrealismo* und *irrealista* formte, das Gegenteil jener Begriffe ausdrücken wollte und nicht, von dem Adjektiv *irreal* ausgehend, eine neue Lehre *(irrealismo)*, unabhängig von *realismo*, und dessen Anhänger *(irrealista)* bezeichnen wollte. In ähnlicher Weise ist man bei *antiestatismo* vorgegangen. *Estatismo* 'Lehre, die die Bedeutung des Staates hervorhebt', existierte schon in der Sprache. *Antiestatismo* 'die Gegenlehre zu *estatismo*' ist das präfigierte Wort: *anti- + estatismo.*

2. Blockiert durch *instável* hat man im Portugiesischen von *estável* 'stabil' nicht *desestável* (Präfigierung) abgeleitet und wird es wahrscheinlich auch nicht tun. Doch über *estável* ⟶ *estabilizar* (Suffigierung) ist man zu *desestabilizar* (Präfigierung) gekommen und dann zu *desestabilização*, entweder durch Präfigierung von *estabilização* ($\underset{5}{\textit{des}}\ \underset{1}{\textit{est}}\ \underset{2}{\textit{abil}}\ \underset{3}{\textit{iza}}\ \underset{4}{\textit{ção}}$) oder Suffigierung von *desestabilizar* ($\underset{4}{\textit{des}}\ \underset{1}{\textit{est}}\ \underset{2}{\textit{abil}}\ \underset{3}{\textit{iza}}\ \underset{5}{\textit{ção}}$). *Desestabilizar* ist somit eine Präfigierung, während *desestabilização* als Präfigierung oder als Suffigierung angesehen werden kann.

3. Die Neubildung *indiscriminatório* ist m.E. eine Präfigierung (*in- discriminatório*) und nicht eine Suffigierung (*indiscriminar -tório*). Der *Aurélio* bringt mehrere komplexe Wörter dieser Familie: *discriminar, discriminação, discriminável, indiscriminável*, jedoch weder *indiscriminação* noch das Verb *indiscriminar*, das wahrscheinlich auch niemals gebildet wurde. Dies resultiert daher, daß die portugiesische Sprache, die viele präfigierte Substantive und noch mehr Adjektive mit *in-* 'un-, nicht' vorweist, sehr sparsam mit der Bildung von Verben mit diesem Präfix ist. Es wurde diesbezüglich von zwei aleatorisch

herausgegriffenen Seiten (770 und 771) des *Aurélio* eine Statistik angefertigt, die zu folgendem Ergebnis führte:[1] 18 Adjektive, 5 Substantive, aber kein Verb. Natürlich gibt es präfigierte Verben mit *in-*: *in- + depender* ⟶ *independer* 'unabhängig sein' (wahrscheinlich eine Rückbildung von *independente*), *in- + deferir* ⟶ *indeferir* 'ablehnen', aber sie sind so selten, daß man eher von Analogiebildungen sprechen sollte (*deferir* : *deferimento* = X : *indeferimento*; X = *indeferir*) als von einem Wortbildungsmuster, das so aussähe: *in-* + Verb ⟶ Verb. Ich könnte mir als native speaker des Portugiesischen keine Bildung wie *in-* + *reparar* 'reparieren' ⟶ **irreparar* oder *in-* + *arrancar* 'abreißen' ⟶ **inarrancar* vorstellen. Dagegen sind negative Präfigierungen von deverbalen Adjektiven durchaus üblich: *reparável* (⟵ *reparar* + *-ável*) ⟶ *irreparável*.Und man könnte sich auch *arrancável*, *inarrancável*,[2] etc. vorstellen. Man würde in einem Satz jedoch *não reparar*, *não arrancar* sagen.

4. Noch andere Aspekte könnten hier betrachtet werden. Es verhält sich z.B. so, daß bestimmte Suffixe normalerweise den Endpunkt der Ableitungskette bilden: *-ismo* (*irrealismo*, *antiestatismo*), *-ista* (*irrealista*), *-dade*[3] (*inegociabilidade*), *-mente* (*descontraidamente*), etc. Das Suffix *-mento* ist meist Endpunkt der Kette, doch es gibt Ausnahmen: *regular* 'regulieren' ⟶ *regulamento* 'Regel, Ordnung' ⟶ *regulamentar* 'regeln' ⟶ *regulamentação* 'Regelung',[4] *orçar* 'bewerten' ⟶ *orçamento* 'Preis, Haushalt' ⟶ *orçamentar* 'den Haushalt ausarbeiten' ⟶

---

1 Es wurden nur Einträge in Betracht gezogen, bei denen das Wörterbuch explizit eine Präfigierung mit *in-* angibt; es wurden also Einträge ausgelassen wie *insocial*, das nach dem *Aurélio* schon im Lateinischen gebildet wurde.

2 Das Wort findet sich bei EÇA DE QUEIROZ (*O Mandarim*, Lisboa: Livros do Brasil, S. 62).

3 Eine Ausnahme aus der Umgangssprache: *novo* ⟶ *novidade* ⟶ *novidadeiro* 'Bezeichnung für jemand, der gern Neuigkeiten erzählt'. Außerdem kennt die Umgangssprache Diminutivbildungen: *novidadezinha*, *regulamentozinho* etc.

4 Nachdem sich *regulamento* mehr auf eine statische Bedeutung beschränkt hat, hat man das neue Nomen actionis *regulamentação* gebildet; *regulamentar* (Verb) hat eine spezifischere Bedeutung als das Verb *regular* angenommen.

orçamentação[1] 'die Ausarbeitung des Haushaltes'.

Es könnte auch untersucht werden, ob gewisse Präfixe den Schlußpunkt für weitere Präfigierung setzen: *anti-* (*antiestatismo*), *auto-* (*autofinanciável*) und *arqui-* (*arquiinimigo*) z.B. bedeuten das Ende der Affixverkettung in dieser Richtung. *Des-* erlaubt noch manchmal *in-* vor sich: *in-des-confiável*, *in-des-culpável*, und umgekehrt in *des-in-compatibilização*.

5. Bei der Analyse komplexer, mit Präfix und Suffix zugleich versehener Wörter ist es schließlich relevant zu wissen, welche Muster in einer Sprache zu einer gegebenen Zeit produktiv sind und nach welchem Muster diese komplexen Wörter produziert worden sein können. Die Entscheidung, ob eine Präfigierung oder eine Suffigierung das verantwortliche Verfahren in einem bestimmten Falle war, würde voraussetzen, daß man die sprachliche Aktivität des Benutzers durchschaute, um herauszufinden, was er im Sinne hatte, welche Basis er als Ausgangspunkt verwendet hat. Dies ist jedoch nicht möglich. Wie in den Abschnitten 1 bis 3 dieses Kapitels gezeigt wurde, bietet uns die Sprache oft Argumente, um Schlüsse auf das bei einem gegebenen Falle verwendete Verfahren zu ziehen. Oft ist es jedoch, wie ROCHA LIMA (s.o., S. 132) von *deslealdade* sagt, nicht möglich; man muß vielmehr beide Vorgehen, Präfigierung und Suffigierung, für möglich halten. Das gleiche wäre von unseren Beispielen des Korpus zu sagen: *redirecionamento* 'Umlenkung, fig. Umerziehung': Präfigierung: *re-* + *direcionamento*, Suffigierung: *redirecionar* + *mento*; *descolonização* 'Entkolonisierung': Präfigierung: *des-* + *colonização*, Suffigierung: *descolonizar* + *-ção*.

1 Zur Wahl zwischen den Suffixen *-ção* und *-mento*, mit denen gleicherweise von Verben Nomina actionis gebildet werden, s.o. 2.2.1.3.6, S. 76ff.

3 Halbderivation

3.1 Einführendes

Die Teilung der Wortbildungsprozesse in Zusammensetzung und Ableitung umfaßt nicht alle Erscheinungen des Bereichs Wortbildung, denn es gibt Konstituenten, die affixartig reihenbildend sind, obwohl sie auch eine frei vorkommende Entsprechung besitzen. Man kann sie also nicht einfach zur Ableitung oder Zusammensetzung zählen. Weil sie Übergangsfälle zwischen Komposita und Derivaten sind, werden sie Affixoide (Präfixoide oder Suffixoide) und auch Halbsuffixe (Halbpräfixe oder Halbsuffixe) genannt: *sem-número* 'zahllos, unzählig'; *discomania* 'übersteigerter Hang zu Schallplatten oder auch zur Diskothek', weil inzwischen die Kurzform *disco* existiert. Zu der oben erwähnten Terminologie sagt FLEISCHER (70): "Ob dem Ableitungsmorphem ein formales Äquivalent im freien Gebrauch und mit anderer Bedeutung gegenüber steht, ist - wie gesagt - von untergeordneter Bedeutung. Wie bei Homonymen allgemein, so besteht aber auch hier eine Tendenz zur Beseitigung der Homonymie, indem der freie Gebrauch eingeschränkt wird (so z.B. bei /*zeug*$_1$/ und /*los*$_1$/). Mit diesen Darlegungen ist die Tatsache einer breiten Übergangszone zwischen Kombinationsglied und Affix nicht geleugnet. Nicht jedes Element läßt sich nach den genannten Kriterien klar in die eine oder die andere Gruppe einordnen, vgl. z.B. *-leer* (*luft-, inhaltsleer*) und *-voll* (*gedanken- niveauvoll*). Man arbeitet in diesem Bereich am besten mit den Termini Affixoid (Suffixoid, Präfixoid). Auch die Termini Halbsuffix und -präfix sowie relatives Suffix bzw. Präfix gegenüber reinem Suffix bzw. Präfix begegnen. Letzten Endes handelt es sich um das Problem von Zentrum und Peripherie sprachlicher Kategorien bzw. Einheiten [...]."

Gegen das Kriterium 'reihenbildend' wird von VÖGEDING (72) der Einwand erhoben, daß es nicht ausreichend sei, um ein Affixoid von einem Kompositionsglied zu unterscheiden, denn ein frei vorkommendes Wort könne mit gleicher Bedeutung in vielen Zusammensetzungen erscheinen. VÖGEDING (ib.) bringt für das Deutsche das Wort 'Stelle' als Beispiel, das im rückläufigen Wörterbuch von MATER (1967) als zweite Konstituente von 176 Komposita zu finden ist. Im Portugiesischen gibt es als Beispiel dafür heute sehr viele Bildungen mit *chave* 'Schlüssel' als zweite Konstituente. *Chave* wird natürlich im metaphorischen Sinne gebraucht, etwa wie in den deutschen Wörtern 'Schlüsselfigur, Schlüsselposition, Schlüsselstellung'. Das Korpus selbst bietet uns vier Bildungen: *peça-chave* 'wichtiger Teil, wichtige Figur, wichtige Person'; *questão-chave* 'Schlüsselfrage'; *palavra-chave* 'Schlüsselwort'; *posição-chave* 'Schlüsselposition'.

Man muß also, um die 'Halbderivation' von der Zusammensetzung zu unterscheiden, je nach Sprache andere Aspekte in Betracht ziehen, z.B. phonologische, syntaktische oder semantische.

Was die syntaktisch-semantische Struktur der mit Präfixoiden gebildeten Wörter betrifft, so kann in Anschluß an die auf S. 12 (Kapitel 2 "Derivation") und auf S.14f. (Kapitel 2.1 "Präfigierung") erläuterten Standpunkte behauptet werden, daß das Präfixoid, indem es die andere Konstituente näher spezifiziert, immer Determinans (DS) des Produktes ist: *além-fronteira* 'jenseits der Grenze', *não-alinhado* 'blockfrei'. Darin stimmen Präfixoid und Präfix völlig überein, denn das Präfix ist auch immer Determinans.

Suffixoid und Suffix stimmen aber auch insofern überein, als das Suffixoid und das Suffix, mit Ausnahme der Augmentativ- und Diminutivsuffixe, immer Determinatum (DM) des Wortbildungsproduktes sind. Dies und die Tatsache, daß die Reihenfolge der portugiesischen Komposita grundsätzlich DM-DS ist könnte der Grund sein dafür, daß ich bei der Analyse der Neubildungen des Korpus zur Annahme mehrerer Präfixoide, aber nur eines Suffixoids gekommen bin.

Bevor nun die einzelnen Affixoide, die mit ihnen produzierten Neubildungen des Korpus und die Argumente für ihre Klassifizierung als Präfixoide oder Suffixoid aufgeführt werden, setzen wir uns mit HAENSCH & LALLEMAND (45, 54f.) in bezug auf die

Klassifikation der Affixoide im allgemeinen auseinander. Diese Autoren kommen zu einer viel größeren Zahl von Affixoiden als wir, was aus folgenden Äußerungen zu verstehen ist: "Wir sprechen auch dann von Suffixoiden, wenn ein im Griechischen bzw. Lateinischen autonomes Wort im Französischen nicht mehr selbständig gebraucht wird" (45). "Viele dieser Suffixoide können auch als Präfixoide auftreten, z.B. *anglophile* und *philosophe*, *photographie* und *graphologie*" (45). "Den Suffixoiden in ihrem Verhältnis zu den Suffixen entsprechen die Präfixoide im Verhältnis zu den Präfixen" (54). M.E. muß man die Tatsachen anders sehen: Aus dem Lateinischen oder Griechischen entlehnte und in diesen Sprachen frei vorkommende Wörter sind, wie U. WANDRUSZKA (2) sagt, gebundene gelehrte Stämme, und wenn sie reihenbildend werden, wie z.B. im Portugiesischen *tele-* und *filo-* (auch *-filo*), dann werden sie zu Affixen, Präfixen oder Suffixen, denn sie erfüllen die Voraussetzungen dazu: sie sind reihenbildend und kommen nicht frei vor.[1] Zu HAENSCH & LALLEMANDs *Wortbildungslehre des modernen Französisch* im allgemeinen und in diesem Punkt s. BORK, 428ff.

Mit den aus dem Griechischen oder Lateinischen übernommenen *auto-*, *bi-*, *filo-* (*-filo*), *macro-*, *mega-*, *micro-*, *multi-*, *neo-*, *poli-*, *pseudo-*, *tele-* und *uni-*, die in dieser Arbeit als Affixe betrachtet werden (s.o. 2.1 "Präfigierung", S. 14 ff.), sind nach dem *Aurélio* nur Suffigierungen mit *auto-* (*autismo* 'Autismus', *autista* 'Autist') und *mono-* (*monismo* 'Monismus') gebildet worden. Dazu ist hinzuzufügen, daß sie wahrscheinlich aus anderen Sprachen entlehnt wurden. Man kann also davon ausgehen, daß diese Elemente in der Regel nicht zur Bildung neuer Ableitungen verwendet werden. Sollten sie jedoch dazu gebraucht werden, dann sind die Produkte im Sinne FLEISCHERs (s.o., S. 136) Randerscheinungen.

---

1 Im Abschnitt 1.5 (s.o., S. 11) wurde gesagt, daß zur Eigenschaft "reihenbildend" die Fähigkeit gehört, wenn es sich um eine entlehnte Konstituente handelt, sich leicht mit portugiesischen Wörtern zu verbinden. Wir stehen somit vor der Tatsache, daß die Einbürgerung von griechischen oder lateinischen Elementen verschiedene Grade haben kann: *filo-* (*-filo*) und *tele-* wirken nicht so fremd (wenn überhaupt) wie z.B. *hipno-* 'Schlaf' und *nomo-* 'Gesetz'.

3.2 Präfixoide

Die sprachlichen Elemente, die im folgenden als Präfixoide betrachtet werden, haben als frei vorkommende Entsprechungen Präpositionen und Adverbien: *além (de)*, *bem*, *contra*, *mal*, *não*, *pró*, *sem*, *sobre*. Die folgende Übersicht soll zeigen, wie der *Aurélio* und einige Grammatiken des Portugiesischen diese Elemente hinsichtlich der Wortbildung klassifizieren.

Erläuterung der verwendeten Symbole: P = Präfix; K = Kompositionsglied; - = keine Aussage.

	Aurélio	BECHARA	CUNHA	LIMA	GUÉRIOS
além	K	-	-	-	-
bem	P	K	-	-	P
contra	K	P	P	P	P
mal	-	K	-	-	P
não	-	-	-	-	-
pró	K	-	-	-	-
sem	-	-	-	-	-
sobre	P	P	P	P	P

Bemerkungen zu der Übersicht:

a) Über *mal*, *não* und *sem* gibt es keine Aussage beim *Aurélio*, doch bringt er mehrere Bildungen mit ihnen: *mal-educado* 'unerzogen'; *não-alinhado* 'blockfrei, unparteiisch'; *sem-vergonha* 'schamlos'.

b) BECHARA bringt *bem* einmal als Kompositionsglied (216), ein anderes Mal listet er es unter dem Titel *Prefixos e Elementos* (sic!) *Latinos* (222-224) auf. Unter demselben Titel führt er auch *contra* und *sobre* an.

c) Nur *sobre* wurde von allen und *contra* von fast allen als Präfix klassifiziert. Das kommt wohl daher, daß viele Präfixe von ehemaligen lateinischen oder griechischen Präpositionen stammen, was die Autoren veranlaßt hat, Elemente wie *contra* und *sobre*, die als freie Präpositionen auch heute noch vorkommen, eher auch als Präfixe zu behandeln als andere Elemente, wie z.B. die Adverbien *bem*, *mal* und *não*.

Die Bezeichnungen 'Affixoid', 'Präfixoid', 'Suffixoid' oder andere Synonyme zu diesen erscheinen bei keinem dieser Autoren.

Nun zu den Neubildungen des Korpus, die m.E. Konstituenten enthalten, die weder zu den Affixen noch zu den Kompositionsgliedern gezählt werden können:

3.2.1. *além*

Bildungen des Korpus mit *além* 'jenseits, nach':

além-fronteira (von *fronteira* 'Grenze');
além-convenção (von *convenção* 'Parteitag').

In *além-fronteira* hat *além* eine lokale Bedeutung, in *além-convenção* eine temporale. Semantisch entspricht das Präfixoid *além* der Präposition *além de*,[1] doch ist es von dieser syntaktisch isoliert: das Präfixoid verbindet sich mit dem Stamm direkt: *além-mar* 'Übersee, überseeisch'. Schließlich steht der präpositionalen Bindewortfunktion von *além de* (*as casas além do rio* 'die Häuser jenseits des Flusses') die spezifizierende adjektivische von *além* (*a terra além-fronteira* 'das Land jenseits der Grenze') entgegen. Zusammenfassend kann gesagt werden, daß sich *além-* in Bildungen wie *além-fronteira* wie die Präfixe *trans-* (*transatlântico*) und *pós-* (*pós-operação*) verhält. Es ist aber kein Präfix, weil es eine semantische freie Entsprechung hat. *Além* ist in *além-fronteira* und ähnlichen Bildungen aber auch kein Kompositionsglied, weil es syntaktisch von seiner freien Entsprechung isoliert ist. Dazu kommt noch, daß *além* reihenbildend ist. Aus diesem Sachverhalt schließen wir also, daß *além* ein Präfixoid ist.

---

1 HUNDERTMARK-SANTOS MARTINS (422) nennt Wortgefüge wie *além de*, *depois de*, *atrás de*, *por causa de*, *em frente de*, *de acordo com* etc., die eine präpositionale Funktion erfüllen, "präpositionale Ausdrücke". In der portugiesischen Sprachlehre werden sie "locuções prepositivas" (s. BECHARA, 190) genannt.

3.2.2 *bem* und *mal*

Neubildungen mit *bem* 'gut, wohl' und *mal* 'un-, miß-' aus dem Korpus:

bem-estruturado (von *estruturado* 'strukturiert');
maldragado (von *dragado* 'ausgebaggert').

Die Präfixoide *bem* und *mal* haben als synonyme freie Entsprechungen die Adverbien *bem* und *mal*; sie sind reihenbildend. Sie kommen hauptsächlich vor dem zum Adjektiv konvertierten Partizip des Perfekts vor; neben den oben aufgelisteten Neubildungen betrachte man auch folgende Beispiele aus dem *Aurélio*: *bem-educado* 'wohlerzogen'; *mal-educado* 'unerzogen'; *malcriado* 'frech, unerzogen'. In der am Anfang dieses Abschnittes dargebotenen Übersicht war zu sehen, daß *bem* und *mal* von MANSUR GUÉRIOS (210f.) als Präfixe betrachtet wurden. Der *Aurélio* klassifiziert *bem* als Präfix, sagt jedoch nicht dasselbe von *mal*. BECHARA sagt auf S. 216, *bem* und *mal* seien Kompositionsglieder; auf S. 222 listet er *bem* unter dem Titel *Prefixos e Elementos Latinos* auf, erwähnt daselbst jedoch nicht *mal*.

Da *bem* und *mal* synonyme freie Entsprechungen haben, ist die Klassifikation als Präfixe ausgeschlossen. Es soll nun versucht werden zu zeigen, daß sie auch keine Kompositionsglieder sind. Dafür sprechen m.E. folgende Tatsachen:

a) Wenn die Adverbien *bem* und *mal* als freie Konstituenten in einem Satz verwendet werden, ist ihre normale Stellung nach dem Verb: *Pedro fez bem/mal a lição* 'Peter hat die Aufgabe richtig/schlecht gemacht'; *Isso vai terminar bem/mal* 'Das endet gut/schlecht'. Dies ist aber nicht der Fall bei den Wortbildungen mit *bem* oder *mal* und einem Verb: *bem-fadar* 'Glück verheißen'; *malfadar* 'Unglück verheißen'; *bem-querer* 'gern haben, lieben'; *malquerer* 'hassen'.

b) *Mal* steht zu etlichen Präfixen in einem synonymen Verhältnis: *maljeitoso* - *desajeitado* 'ungeschickt'; *maldisposto* - *indisposto* 'unwohl'.

c) Das Präfixoid *mal*, anders als die adverbiale freie Entsprechung, verbindet sich auch mit einem Substantiv: *malcriação*

'Ungezogenheit'; die Verbbildungen mit *bem* und *mal* erlauben weitere substantivische Ableitungen: *bem-querer* → *benquerença* 'Zuneigung'; *malquerer* → *malquerença* 'Abneigung'. Sie vertragen sich also mit substantivischen Konstituenten.

Zusammenfassend ist wohl zu behaupten, daß die Präfixoide *bem* und *mal*, die die adverbiale freie Entsprechung *bem* und *mal* besitzen, sich von diesen isolieren, hauptsächlich weil sie andere syntaktische Umgebungen als diese haben können.

3.2.3 *contra* und *sobre*

Bildungen aus dem Korpus mit *contra* 'gegen' und *sobre* 'über, auf':
contra-argumento (von *argumento* 'Argument');
contracultura (von *cultura* 'Kultur'; *contracultura* ist die 'schlechte Kultur' oder die 'nicht echte Kultur');
contrafuxico (von umg. *fuxico* 'Gerücht, Gerede');
contragarantia 'Zusatzgarantie' (von *garantia* 'Garantie'; Kontext: *contrato de contragarantia*);
contralance (von *lance* 'Wurf, Schachzug');
contrapressão (von *pressão* 'Druck');
contra-revolucionário (von *contra-revolução* 'Gegenrevolution');
sobrecustos (von *custos* 'Preis, Kosten'; Kontext: *sobrecustos da guerra* 'Zusatzkosten des Krieges');
sobretaxação (von *taxação* 'Besteuerung, Preisfestsetzung').

In der zu Beginn von Abschnitt 3.2 gegebenen Übersicht ist zu sehen, daß *contra* für alle Grammatiken ein Präfix ist, doch für den *Aurélio* ein Kompositionsglied. *Sobre* ist hingegen für alle ein Präfix. Da sie aber in den Präpositionen *contra* und *sobre* freie Entsprechungen haben, können sie keine Präfixe sein. Daß sie auch keine den Präpositionen völlig gleiche Kompositionsglieder sind, muß bewiesen werden:

a) In der Neubildung *contracultura* hat die Konstituente *contra* eine neue und etwas vagere Bedeutung bekommen. Es bedeutet nicht mehr einfach 'gegen', sondern 'nicht echt, nicht gut'. Eine 'nicht echte' oder 'schlechte Kultur' widersetzt sich oder widerspricht irgendwie der wahren Kultur. *Contracultura* ist synonym zu *anticultura*, einer Neubildung, die in Abschnitt 2.1.2 erläutert wurde. Das Element *contra* in *contracultura* weist somit inhaltlich abweichende Aspekte zu der freien Entsprechung auf. Auch in anderen Ableitungen mit *contra* hat diese Konstituente nicht mehr den klaren Sinn 'gegen': *contracapa* 'Klappentext'; *contramestre* 'Obermaat'; *contra-regras* 'Inspizient'; *contracheque* 'Gehaltsauszug, mit Details über Lohn, Abzüge usw.'.

Die Präposition *sobre* kann zwei verschiedene Bedeutungen haben: In *O livro está sobre a mesa* 'Das Buch liegt auf dem Tisch' hat sie eine lokale Bedeutung, in *falar sobre um tema* 'über ein Thema sprechen' bedeutet sie 'über'. In den komplexen Wörtern kann *sobre* eine lokale Bedeutung haben (vgl. *sobrepor* 'aufstapeln'), eine temporale (vgl. *sobremesa* 'Nachtisch' und *sobrevir* 'dazukommen') wie auch Intensität oder Quantität ausdrükken (vgl. *sobrecarga* 'Überbelastung'). Der Inhalt des Präfixoids *sobre* deckt sich also nicht mehr mit dem Inhalt der Präposition *sobre*.

b) Der größte Unterschied zwischen den Präfixoiden *contra* und *sobre* und den freien Entsprechungen ist jedoch syntaktischer Natur. Die Präpositionen werden auch Verhältniswörter genannt; der DUDEN (359) sagt von ihnen: "Durch die Präposition wird also eine Beziehung hergestellt zwischen dem Wort, an das sie angefügt wird (*Freude* [*über*]), und dem Wort, das im Präpositionalgefüge steht ([*über*] *die Entscheidung*). Die Präposition kennzeichnet das Verhältnis zwischen diesen beiden Wörtern, genauer: zwischen dem, was mit den beiden Wörtern bezeichnet wird." Dieses Verhältnis kann resümiert so dargestellt werden: X *sobre/contra* Y 'X über, auf/gegen Y'. Bei den Wortbildungen mit *contra* und *sobre* hingegen fehlt eines der in Beziehung gestellten Elemente, X oder Y: *Ele apresentou um argumento (X) contra a guerra (Y)* 'er hat ein Argument (X) gegen den Krieg (Y) aufgestellt' hat als Entsprechung *Ele apresentou um contra-argumento (X)* 'er hat ein Gegenargument (X) aufgestellt'; *o Ministro das Finanças ordenou uma taxação (X) sobre a taxação anterior (Y)* 'der Finanzminister hat eine Besteuerung (X) auf die vorhergehende Besteuerung (Y) verordnet' hat als Entsprechung *o Ministro das Finanças ordenou uma sobretaxação (X)* 'der Finanzminister hat eine Zusatzbesteuerung (X) verordnet'. Von einer relationalen Funktion gehen die Präpositionen *contra* und *sobre* in den Wortbildungen zu einer spezifizierenden adjektivischen über: Vergleiche *um lance contra o adversário* 'ein Zug gegen den Widersacher' und *um contralance* 'ein Gegenwurf, ein Gegenzug'. In *contralance* ist *contra* Determinans und *lance* Determinatum.

3.2.4 *não*

Neubildungen aus dem Korpus mit *não* 'nicht':

não-anistiado (von *anistiado* 'begnadigt');
não-cooperante (von *cooperante* 'helfend');
não-democrático (von *democrático* 'demokratisch)
não-durável (von *durável* 'dauerhaft');
não-estatal (von *estatal* 'staatlich');
não-ferroso (von *ferroso* 'eisern, eisenhaltig');
não-idêntico (von *idêntico* 'identisch');
não-integrado (von *integrado* 'integriert');
não-malufista (von *malufista* 'Anhänger Paulo Malufs');
não-militar (von *militar* 'militärisch');
não-pagamento (von *pagamento* 'Zahlung');
não-político (von *político* 'politisch');
não-proprietário (von *proprietário* 'Eigentümer');
não-uso (von *uso* 'Gebrauch');
não-violência (von *violência* 'Gewalt');
não-violento (von *violento* 'gewaltsam, gewalttätig').

In der zu Beginn dieses Abschnittes gegebenen Übersicht war keine Aussage über die Klassifikation von *não* als Präfix oder Kompositionsglied festzustellen. Doch der *Aurélio* zeichnet mehrere Bildungen mit *não* auf, und auch unser Korpus zeigt mit 16 Belegen, daß dieses Muster produktiv und wahrscheinlich sogar von wachsender Produktivität ist. Die Tatsache, daß *não* auch frei vorkommt, schließt die Klassifikation als Präfix aus. Andererseits ist es reihenbildend, und es sind syntaktische Unterschiede zwischen beiden Erscheinungen zu verzeichnen. Die freie Entsprechung hat im Satz adverbiale Funktion: sie verneint immer das Verb und somit den ganzen Satz oder eine Satzkonstituente. Im Wortgebilde hat *não* eine adjektivische Funktion: es spezifiziert als Determinans die nachstehende Konstituente näher und wird somit, anders als im Satz, auch an Substantive angefügt: *não-proprietário* 'Nichteigentümer', *a não-violência* 'die Nichtgewalt'. Es ist auch bemerkenswert, daß weder im Korpus noch im *Aurélio* Bildungen zu finden sind, in denen *não* sich mit Verben verbindet. Dieser syntaktische Unterschied zwischen der Verwendung von *não* im Satz und in Wortbildungen zeigt, daß es im letzteren Falle ein Präfixoid ist.[1]

Die 16 Bildungen des Korpus, 11 mit adjektivischer und 5 mit substantivischer Basis, zeigen m.E., daß das Wortbildungsmuster mit dem Präfixoid *não* von bedeutender Produktivität ist. Dies ist wohl der Tatsache zu verdanken, daß *não* nicht wie die Präfixe *in-* oder *des-* mit Emotion geladen ist. *Não* bezeichnet lediglich das Nichtvorhandensein einer Eigenschaft: *não-humano* 'nichtmenschlich'. Dazu vergleiche man *inumano* oder *desumano* 'unmenschlich, grausam, erbarmungslos'.[2] *Não* paßt somit besser in wissenschaftliche Texte, was übrigens die Bildungen des Korpus beweisen.

---

1 In den Wörtern *apatia*, *antipatia*, *simpatia* sind die heute im Portugiesischen noch produktiven Präfixe *a-*, *anti-* und das unproduktive und undurchsichtige Präfix *sin-* (vor */p/* und */b/* *sim-* geschrieben) zu erkennen. Eben weil die Bedeutung von *sin-* opak ist, wird das Wort *simpatia* in einem Text des Korpus neu interpretiert: "Aceitar além e aquém do próprio gosto, das próprias sim/patias ê tarefa para poucos." Der Autor schreibt *sim/patia*, womit er m.E. zum Ausdruck bringen will, daß *sim* nicht das Präfix *sin-/sim-* ist, sondern das Adverb *sim* 'ja', Gegenteil von *não* 'nein'. Das Wort gewinnt somit eine neue stilistische Aussagekraft. Die Verwendung solch einer Bildung ist natürlich auf literarische Texte beschränkt. LEECH (47f.) würde diese Abweichung von der orthographischen Norm als ein Stilkennzeichen (*stylemarker*) bezeichnen, d.h. durch die Abweichung von der orthographischen Norm wird der Aussage besondere Kraft verliehen.

2 Ein deutsches Gegenstück dazu sind *nichtchristlich* und *unchristlich*.

3.2.5 *pró*

Bildungen mit *pró* 'für':

pró-diretas (von *diretas*, das für *eleições diretas* 'Wahl (des Präsidenten) mit direkter Beteiligung aller Wahlberechtigten' steht);
pró-eleições diretas (s. vorhergehendes Beispiel);
pró-emenda (von *emenda* 'Abänderungsvorschlag');
pró-partido (von *partido* 'Partei');
pró-Tancredo (von *Tancredo Neves*, Kandidat zur Präsidentschaftswahl).

Als freies Wort wird *pró* 'das Für' oft als ein Nomen und im Zusammenhang mit *contra* 'das Wider' verwendet: *pesar os prós e os contras* 'das Für und das Wider gegeneinander abwägen'. Der *Aurélio* zählt *pró* zu den Adverbien und gibt als Synonym *a favor* 'dafür'. Man könnte sich *pró* in dieser Funktion in Sätzen wie *Ele é pró ou contra?* 'ist er dafür oder dagegen?' vorstellen, obwohl dann meistens *a favor* gebraucht wird: *Ele é a favor ou contra?* Daß es nicht als Präposition verwendet werden kann, zeigt folgender Vergleich mit *contra* und *a favor de*, die als Verhältniswörter fungieren können: *Ele é contra as eleições; Ele é a favor das eleições;* **Ele é pró as eleições*. M.E. ist *pró*, als freies Wort, außer in seiner substantivischen Funktion, im Begriff auszusterben.

Das gleiche kann man von dem Präfixoid *pró* nicht sagen, das im Gegensatz zu dem Adverb, das nur das Verb unmittelbar im Satz spezifiziert, an Substantive und Adjektive tritt, um komplexe Wörter zu bilden: *as forças pró-Tancredo* 'die Kräfte für Tancredo'; *movimento pró-socialista* 'prosozialistische Bewegung'. *Pró* kann also als Präfixoid bezeichnet werden, weil es reihenbildend ist und sich syntaktisch von der freien Entsprechung absondert.

3.2.6 *sem*

Bildungen aus dem Korpus mit *sem* 'ohne, -los':

sem-número (von *número* 'Zahl'; *sem-número* 'zahllos, unzählig'); *sem-teto* (von *teto* 'Dach, Obdach'; *sem-teto* 'obdachlos').

Obwohl *sem* beide Male als '-los' übersetzt wurde, hat es nicht die gleiche Bedeutung: im *sem-teto* bedeutet *sem* einfach 'ohne' (ohne Obdach), die gleiche Bedeutung, die die freie Entsprechung, die Präposition, hat: *un homem sem braços* 'ein Mann ohne Arme'. In *sem-número* ist der Inhalt nicht einfach 'ohne' (*ohne Zahl), sondern der von 'un-' (unzählig, unendlich'). Die Semantik der Wortkonstituente und die der freien Entsprechung decken sich also nicht ganz.[1] Doch auch ein syntaktisches Argument spricht für die Unterscheidung zwischen *sem* Präposition und *sem* Präfixoid. *Sem* Präposition verbindet zwei Wörter: *um homem (X) sem braços (Y)* 'ein Mann (X) ohne Arme (Y)'. Als Präfixoid spezifiziert es nur ein Wort: *um sem-número (de problemas)* 'unzählige (Probleme)'.

3.3 Suffixoide

Die einzigen Bildungen des Korpus, die m.E. Suffixoide enthalten, sind zwei Bildungen mit *mania* 'Manie': *jazzmania* 'übersteigerter Hang zum Jazz'; *videomania* 'übersteigerter Hang zum Video'. HÖFLER (541) sieht in den französischen Wortbildungen auf *-(o)manie* ein Ableitungsmuster. Da *mania* im Portugiesischen, wie im Französischen, aber auch eine freie Entsprechung hat, wird es, den bisher angenommenen Grundlagen folgend, nicht als Affix bezeichnet. *Mania* wird als Suffixoid klassifiziert, weil es reihenbildend ist und seine Bedeutung als freies Wort nicht die gleiche Bedeutung wie die in den oben vorgebrachten Wortbildungen ist. Im modernen Portugiesisch, auch in der Umgangssprache, erweckt das frei vorkommende Wort *mania* stets den Eindruck einer negativen Einstellung: *mania de perseguição* 'Verfolgungswahn'; *mania de reclamar* 'Gewohnheit, sich stets zu

---

1 Nach dem DUDEN, *Grammatik* 1983, § 931 ff. ist das deutsche *-los* in Adjektivbildungen wie *hilflos*, *freudlos* ein Suffixoid. Diesem Suffixoid steht als freie Entsprechung das Adverb *los* gegenüber.

beschweren'; *mania de roer as unhas* 'Gewohnheit, stets an den Fingernägeln zu kauen' usf. In den Beispielen des Korpus, wie auch in z.B. *discomania* 'Diskomanie' und *operamania* oder in dem französischen *balletomanie*, das HÖFLER (i.b) aufzeichnet, erweckt *mania* nicht den Eindruck einer negativen Einschätzung. Es bedeutet einfach 'Begeisterung über, Neigung zu, intensive Beschäftigung mit usf.'.[1] Die Reihenfolge der Konstituenten dieser Bildungen, DS - DM, ist kein portugiesisches Muster. Es ist die englische/deutsche wie auch die neolateinische Kompositionsweise, und sie wurde mit den ersten Wortbildungen mit *mania* entlehnt. Sie entspricht jedoch der Reihenfolge der Konstituenten der Suffixbildungen DS - DM. Indem das Suffix entweder die Wortart des Ausgangswortes verändert oder dessen Flexionsklasse bestimmt oder das Ausgangswort in eine andere Bezeichnungsklasse überführt, wird es zum Nukleus des Wortbildungsproduktes. Was die Struktur der Wortbildungen betrifft, ist zu bemerken, daß Präfixoide den Präfixen entsprechen (beide sind Determinans) und Suffixoide den Suffixen, denn, wie die Suffixe, mit Ausnahme der Augmentativ- und Diminutivbildungen, ist das Suffixoid das Determinatum der Struktur (s. dazu auch o., 2. "Derivation", S. 12, und 2.1 "Präfigierung", S. 14f.).

---

1 In Brüssel konnte ich das Wort *postermania* lesen, der Name eines Geschäftes, in dem Poster verkauft wurden.

4 Zusammensetzung

4.1 Vorbemerkungen

Es ist nicht meine Absicht, in diesem Kapitel alle Aspekte des reichhaltigen und viel behandelten Bereichs der Wortzusammensetzung zu erörtern. Das Ziel ist lediglich, zu zeigen, welche Kompositionsmuster im heutigen Portugiesisch produktiv sind und zu rechtfertigen, warum die einzelnen Beispiele des Korpus zu diesem oder jenem Muster gezählt wurden. Dabei wird besonderes Gewicht auf die Unterscheidung zwischen Kompositum einerseits und syntaktischer Gruppe oder Syntagma andererseits gelegt. Der Versuch, das Kompositum von der syntaktischen Gruppe zu trennen, wird jedesmal zu Beginn der einzelnen Abschnitte über die substantivischen Determinativkomposita (A+N, N+A, N+de+N, N+N, V+N) gemacht, denn bei diesen liegen die meisten Unterscheidungsschwierigkeiten, hauptsächlich bei den ersten drei: A+N, N+A und N+de+N. Bei den substantivischen und adjektivischen Kopulativkomposita sowie den adjektivischen Determinativkomposita ist die Trennung leichter.

Das Kapitel Zusammensetzung umfaßt kopulative und determinative Substantiv- bzw. Adjektivbildungen. Das Portugiesische kennt normalerweise keine zusammengesetzten Verben, und im Korpus kam nur die kopulative Bildung *nascer-sofrer* in dem Kontext *Crianças que nunca pediram para nascer-sofrer* 'Kinder, die niemals darum gebeten haben, geboren zu werden und zu leiden' vor. Hierzu sei bemerkt, daß im Portugiesischen in diesem Fall die koordinative Verknüpfung leichter ist als im Deutschen, weil es sich um zwei intransitive Verben handelt: *nascer-sofrer*. Doch solch eine Wortbildung gehört nicht zum System der Sprache. Sie ist eine okkasionelle Bildung, mit stark stilistischer und emotioneller Färbung, womit gleichzeitig auch gesagt werden soll, daß sie eine äußerst interessante und ausdrucksvolle Prägung ist.

4.2 Substantivbildung

4.2.1 Kopulative Substantivbildungen

Das Kopulativkompositum wird auch Additionswort, Reihenwort, Koordinationskompositum oder Dvandva (ind. 'Paar') genannt (s. BUSSMANN). Nehmen wir aus dem Korpus als Beispiel zur Erläuterung die Bildung *bar-restaurante*. Syntaktisch gesehen kann, anders als bei den Determinativkomposita, jedes der Elemente für das Ganze stehen (die Komponenten stehen in einem parataktischen Verhältnis). Mit anderen Worten: Die Komponenten stehen nicht in einem DM-DS-Verhältnis, keine determiniert die andere. Vom semantischen Standpunkt aus kann gesagt werden, daß etwas Neues dargestellt wird, das eine Summe beider Konstituenten ist: *bar-restaurante* ist eine Gaststätte, die zugleich Bar und Restaurant ist. Im Korpus ist die Rede von einem Raum in der Wohnung, der *cozinha-bar* heißt: er ist Küche und Bar zugleich. Ein Vergleich wird wohl zur Klärung des Gesagten beitragen. Bei *piano-bar*, einer Entlehnung aus dem Englischen, haben wir ein Determinativkompositum, die Relation zwischen den Komponenten ist die der Subordination oder Hypotaxe. Die Reihenfolge der Elemente ist DS-DM: *piano* (DS) spezifiziert *bar* (DM). Die Semantik, gesteuert von der Sachkenntnis, sagt, daß *piano-bar* eine Bar ist, in der Klavier gespielt wird. Anders als bei *cozinha-bar*, wo wir ein X (*cozinha-bar*) haben, das gleichzeitig Y (*cozinha*) und Z (*bar*) ist, handelt es sich hier um ein X (*bar*), das mit Y (*piano*) etwas zu tun hat und durch Y determiniert wird. Y spezifiziert X. Außerdem kann X (*bar*) für das Ganze stehen.

Ein zweiter Aspekt setzt eine klare Trennung zwischen Kopulativ- und Determinativkomposita. Wie bei der Entlehnung *piano-bar* oder bei einer einheimischen Neubildung des Korpus wie *garota-propaganda* (von *garota* 'Girl' + *propaganda* 'Reklame, Werbung') zu sehen ist, können Determinativkomposita aus Konstituenten bestehen, die zur selben Wortart gehören: bei *piano-bar* und *garota-propaganda* haben wir jeweils zwei Substantive. Sie müssen es aber nicht und sind es oft auch nicht: bei *meio-*

fundista 'Mittelstreckenläufer' handelt es sich um ein Adjektiv und ein Substantiv; bei *guerra-fria* 'kalter Krieg', um ein Substantiv und ein Adjektiv; bei *fim-de-semana* 'Wochenende', um zwei Substantive, die durch die Präposition *de* verbunden sind, und bei *lança-foguetes* 'Raketenwerfer', um ein Verb und ein Nomen. Bei Kopulativkomposita hingegen müssen die Konstituenten zur selben Wortart gehören (meist gehören sie auch zur selben Bezeichnungsklasse): *contribuinte-consumidor* 'Steuerzahler + Verbraucher', *cozinheira-arrumadeira* 'Köchin + Zimmermädchen', bei denen es sich jeweils um zwei Substantive handelt. Bei dem substantivischen Kopulativkompositum *quatro-três-três* 'Fußballtaktik, bei der die Spieler sich in Gruppen mit dieser Anzahl auf dem Feld verteilen' handelt es sich um drei Numeralia. Die Kombination von Elementen bei den Kopulativkomposita unterliegt somit ähnlichen Restriktionen wie die syntaktischen Konstruktionen mit den parataktischen Konjunktionen: Hauptsatz + Hauptsatz, Nebensatz + Nebensatz, Wortgruppe + Wortgruppe, Satzglied + Satzglied (nur von derselben Art: Subjekt + Subjekt, Prädikat + Prädikat usw.) bis zu gleichen Satzgliedteilen (*vor* und *nach* der Operation) und Wortkonstituenten: *Industrie-* und *Handelskammer*, *Vor-* und *Nachteile*, immer mit der gleichen Funktion.

Bildungen mit drei simultan aneinandergereihten Konstituenten, wie das oben zitierte *quatro-três-três* und *proletariemigranteuropeu* 'Proletarier + Emigrant - Europäer', auch eine Neubildung aus dem Korpus, bekräftigen, daß die Relation zwischen den Konstituenten eines Kopulativkompositums nicht eine hypotaktische sein kann, denn welche Komponente würde die anderen simultan determinieren? Dazu muß gesagt werden, daß es nicht zu verstehen ist, wieso NEUSS (67) behaupten kann, alle Kopulativkomposita, selbst solche, die aus mehr als zwei Konstituenten bestehen, hätten eine binäre Struktur.

Oft erlangt man die Erkenntnis über die wirkliche Relation zwischen den Konstituenten nur durch den Kontext oder aus der Situation. Das Korpus enthält z.B. die Bildung *médico-professor* in folgendem Kontext: *No Hospital Antônio Pedro espera-se para hoje o retorno dos médicos-professores* 'Im Hospital Antônio Pedro erwartet man für heute die Rückkehr der Ärzte + Dozenten', ein Kopulativkompositum. Wenn man sich vorstellt, daß das Hospital auch von Ärzten geführt wird, die nicht Dozenten sind, dann hat man neben *médicos-professores* auch die **médicos-médicos*,[1] mit folgender Struktur: *médicos*$_{DM}$-*professores*$_{DS}$ **médicos*$_{DM}$-*médicos*$_{DS}$.

Neben dem Kopulativkompositum des Korpus *médico-professor* (*médico e professor*) 'Arzt-Dozent' könnte man sich auch den *professor-médico* (*professor e médico*) 'Dozent-Arzt' vorstellen mit einem ebenfalls parataktischen oder koordinativen Verhältnis zwischen den Konstituenten, wie in den deutschen Dichter-Komponist, Schauspieler-Autor, Arzt-Kosmonaut (s. ERBEN, 57), Sprecher-Hörer und den Bildungen des Korpus *cantor-compositor* 'Sänger-Komponist', *cidadão-eleitor* 'Bürger-Wähler' usw. Es ist auch angebracht, zu unterstreichen, daß sich zwischen die Konstituenten der Kopulativkomposita die Konjunktion *e* 'und' einfügen läßt, was als wichtiger Test gebraucht werden kann, um in Zweifelsfällen Determinativ- von Kopulativkomposita zu unterscheiden. Übrigens ist hier zu bemerken, daß bei den kopulativen Wortzusammensetzungen die Konjunktion *e* selten in Erscheinung tritt, während sie bei den syntaktischen Fügungen in der Regel anwesend ist. Die Möglichkeit aber, zwischen die Konstituenten des kopulativen Kompositums ein *e* zu setzen und es bei den syntaktischen Fügungen auszulassen, spricht für die syntaktische und semantische Ähnlichkeit beider sprachlichen Erscheinungen.

Ein weiterer Aspekt unterscheidet substantivische Kopulativkomposita von substantivischen Determinativkomposita des Typs N+N. Wenn bei den Kopulativkomposita die Konstituenten nicht

---

1 Obwohl determinative Selbstkomposita wie **médicos-médicos* interpretierbar wären (s. GÜNTHER, 258ff.), macht die portugiesische Sprache keinen Gebrauch von diesem Wortbildungsmuster. Man greift dazu eher auf syntaktische Ausdrucksmittel zurück: *os médicos que são só médicos* oder *os médicos que não são professores* etc. Syntagmen wie *um homem homem* 'ein wahrer Mann' und *um menino menino* 'ein echter Junge' andererseits sind im Portugiesischen geläufig.

gekürzt oder mit Fugenmorphem verbunden worden sind, bekommen beide die Pluralflektion: *copeiro-jardineiro*[1] '*copeiro* + Gärtner' (*copeiros-jardineiros*), *camarada-cidadão* 'Kamerad + Bürger' (*camaradas-cidadãos*). Bei den Determinativkomposita des Typs N+N, deren Konstituenten in der Reihenfolge DM-DS stehen, flektiert normalerweise nur das DM: *carro-chefe* 'Hauptwagen, fig. bedeutendstes Werk eines Künstlers oder Schriftstellers' (*carros-chefe*), *navio-oficina* 'Werkstattschiff' (*navios-oficina*). Komposita, deren Konstituenten in der Reihenfolge DS-DM stehen, werden zusammengeschrieben, und nur das letzte Element bekommt die Pluralflektion: *motosserra* 'Motorsäge' (*motosserras*), *ciclovia* 'Fahrradweg' (*ciclovias*).

Bildungen aus dem Korpus:

Die Kopulativkomposita werden in Bezeichnungsklassen untergliedert:

1. Berufsbezeichnungen:

arrumadeira-copeira 'Zimmermädchen + *copeira*';[1]
arrumadeira-faxineira 'Zimmermädchen + Putzfrau';
arrumadeira-lavadeira 'Zimmermädchen + Waschfrau';
babá arrumadeira 'Babysitter + Zimmermädchen';
cantor-compositor 'Sänger + Komponist';
copeira-arrumadeira '*copeira* + Zimmermädchen';
copeiro-arrumador '*copeiro* + männliche Raumpflegekraft';
copeiro-caseiro '*copeiro* + Hausmeister';
copeiro-faxineiro '*copeiro* + männliche Putzkraft';
copeiro-jardineiro '*copeiro* + Gärtner';
cozinheira-arrumadeira 'Köchin + Zimmermädchen';
cozinheira-banqueteira 'Köchin / Köchin für Bankette';[2]

---

1 *Copeiro/copeira* ist eine Ableitung von *copa*, das nach dem *Aurélio* ein 'Raum des Hauses [ist], wo hauptsächlich das Geschirr gespült und aufbewahrt wird'. *Copeiro/copeira* ist nach dem *Aurélio* der/die 'Hausangestellte, der/die in der *copa* arbeitet und die Hausherren während den Mahlzeiten bedient'. *Copeiro/copeira* wird hier unübersetzt verwendet.

2 Die Bezeichnungen dieses Abschnittes für Hausangestellte in brasilianischen Großstädten gäben Stoff genug für einen soziolinguistischen Exkurs. Nur nähere Sachkenntnisse würden genügend Aufschluß über die

editor-gerente 'Verleger + Geschäftsführer';
médico-professor 'Arzt + Dozent';
pecuarista-leiteiro 'Viehzüchter + Milchproduzent'.

2. Einrichtungen und Institutionen:
bar-restaurante 'Bar + Restaurant';
cemitério-parque 'Friedhof + Park';
estado-empresário 'Staat + Unternehmer';
teatro-cinema 'Theater + Kino'.

3. Ereignisse und Veranstaltungen:
festa-campanha 'Fest + Wahlkampf';
festa-comício 'Fest + Kundgebung';
festa-surpresa 'Fest + Überraschung';
filmópera (mit Elision des Endvokals von *filme*) 'Film + Oper';
passeata-comício 'Demonstrationszug + Kundgebung';
passeata-show-comício 'Demonstrationszug + Schau + Kundgebung';
recital-conferência 'Rezitation + Vortrag';
reunião-almoço 'Versammlung + Mittagessen'.

4. Geräte:
abridor-afiador 'Öffner + Gerät zum Schleifen';
compressor-bomba 'Kompressor + Pumpe';
mix-batedeira (*mix(er)* 'Mixer' + *batedeira* 'Knetmaschine');
modelador-alisador 'Gerät, mit dem man die Haare onduliert und glättet';
rádio-gravador 'Radio + Tonbandgerät';
rádio-relógio 'Radio + Uhr';[1]
rádio-telefone 'Radiotelefon'.

Pflichten geben, die Teil eines jeden Berufs sind. So ist es z.B. schwierig, die *faxineira* von der *arrumadeira* allein vom Wort her zu unterscheiden. *Arrumadeira* wäre eher die Raumpflegerin, *faxineira* die Putzfrau. Man hat es hier ohne Zweifel mit euphemistischen Aspekten der Sprache zu tun.

1 Bei Bildungen wie *rádio-gravador*, *rádio-relógio* und anderen darf wohl an das folgende Behaghelsche Gesetz erinnert werden: "Von zwei Gliedern geht, soweit das möglich ist, das kürzere dem längeren voraus" (auch: 'Gesetz der wachsenden Glieder') (s. BUSSMANN).

5. Möbel:
armário-secretária 'Schrank + Schreibtisch';
mesa-console 'Tisch + Konsole'.

6. Personenbezeichnungen (allgemein):
camarada-cidadão 'Kamerad + Bürger' (aus dem Kontext des Korpus ist nicht klar zu entnehmen, was dieses Kompositum bedeuten soll);
cidadão-eleitor 'Bürger + Wähler';
contribuinte-consumidor 'Steuerzahler + Verbraucher';
deputado-delegado 'Abgeordnete + Delegierte';
preso-escritor 'Gefangener + Schriftsteller';
proletariemigranteuropeu 'Proletarier + Emigrant + Europäer';
proletari(o)emigrant(e)europeu mit zwei Elisionen, wird in bezug auf eine Rolle gebraucht, die Charles Chaplin in einem seiner Filme spielt;
sócio-proprietário 'Mitglied + Eigentümer'.

7. Räume:
apart-hotel 'Hotel, das zur dauerhaften Wohnung benutzt wird';
apart ist die Kürzung von *apartamento*;
copa-e-cozinha 'Anrichte und Küche'; *copa e cozinha* kommt in Redewendungen wie *pessoa de copa-e-cozinha* vor, das synonym zu *pessoa de cama-e-mesa* ist und 'vertraut, familiär' bedeutet;[1]
cozinha-bar 'Küche + Bar';
sala-dois-quartos 'Wohnzimmer + zwei Schlafzimmer'; dieses Kompositum besteht aus den Konstituenten *sala* und *dois quartos* und bezeichnet eine Art Wohnung, die (neben Küche, Diele, Bad) aus Wohnzimmer und zwei Schlafzimmern besteht.

8. Aus dem Bereich des Sports:
futevôlei (im Korpus auch *futivôlei*) 'Spiel, das eine Mischung von Fußball und Volleyball ist'; die Kürzung *vôlei* im bra-

---

1 Der *Aurélio* führt *copa-cozinha* 'Anrichte + Küche' als Bezeichnung für einen Raum, der gleichzeitig Anrichte und Küche ist. *Copa-e-cozinha*, *cama-e-mesa* weisen die gleiche Bildung wie *capa-e-espada* 'Mantel und Degen' vor, das in *histórias de capa-e-espada* vorkommt.

silianischen Portugiesisch üblich, die von *futebol* (*fute*, *futi*) nur in diesen Zusammensetzungen;
quatro-três-três 'vier + drei + drei', Fußballtaktik, bei der die Spieler sich auf dem Feld grundsätzlich in Gruppen mit dieser Anzahl verteilen; bei diesem Substantivkompositum, wie schon oben bemerkt wurde, handelt es sich um die Verknüpfung dreier Numeralia.

9. Verkehrsmittel:
(*avião*) *jato-hélice* '(Flugzeug mit) Düsenantrieb + Propeller'; *jato-hélice* ist das Ergebnis zweier Kürzungen: *avião a jato* und *avião a hélice*.

10. Zahlungen:
prestação-aluguel (von *prestação* 'Monatsrate' und *aluguel* 'Miete'; *prestação-aluguel* ist eine Zahlung, die gleichzeitig Monatsrate und Miete ist).

11. Lehren:
fonoaudiologia 'Phonoaudiologie', wohl eine Lehnbildung.

Zum Schluß noch zwei Bemerkungen: Zunächst muß erläutert werden, daß die Schreibweise der substantivischen Kopulativkomposita im Korpus nicht einheitlich war, z.B. *copeiro faxineiro*, *copeira/arrumadeira*, *copeiro-caseiro*; auf derselben Seite einer Zeitung standen *futevôlei* und *futi-vôlei*. Wir haben folgende Vereinheitlichung vorgenommen: Wenn es sich um in irgendeiner Weise gekürzte oder durch Fugenmorphem geänderte Komponenten handelt, wurden sie zusammengeschrieben: *hortifrutigranjeiro*, *proleraremigranteuropeu*. Ansonsten wurde der Bindestrich gesetzt: *copeiro-faxineiro*, *copeira-arrumadeira*, *cozinha-bar*.

Die Untergliederung der Kopulativkomposita nach Bezeichnungsklassen hat gezeigt, daß viele aus den Wortfeldern 'Berufe oder Beschäftigungen', 'Möbel', 'Geräte' und 'Räume in Wohnungen' stammen und daß es sich bei den meisten um ein "Sowohl-als-auch-Verhältnis" handelt: ein Mann/eine Frau bemüht sich um eine Stelle als *copeiro(a)* und *faxineiro(a)*, ein Möbelstück, ein Gerät oder ein Raum dient als *mesa* und *console*, bzw. als *modelador* und *alisador* oder als *cozinha* und *copa*. Bei der Bildung dieser Zusammensetzungen spielt ohne Zweifel das moderne Leben in den Großstädten eine bedeutende Rolle: Konkurrenzfähigkeit, Platzmangel, Arbeitslosigkeit usf.

4.2.2 Determinative Substantivbildungen

4.2.2.1 Typ N+N

Zunächst muß gesagt werden, daß im Korpus verhältnismäßig viele substantivische Neubildungen des Typs N+N gefunden wurden. Daraus auf eine wachsende Produktivität dieses Musters zu schließen, ist dennoch in Ermangelung von Daten aus älterer Zeit nicht möglich. Außerdem ist die Behandlung diachronischer Aspekte nicht die Aufgabe dieser Arbeit. Man kann jedoch vermuten, daß im Portugiesischen, vielleicht wegen wachsenden Einflusses anderer Sprachen, hauptsächlich des Englischen, immer häufiger Komposita aus zwei Nomina gebildet werden.

Für diese Vermutung spricht wohl auch die Tatsache, daß diese Zusammensetzungen, anders als die substantivischen A+N-, N+A- und N+de+N-Komposita sich leichter von der entsprechenden syntaktischen Gruppe phonologisch oder semantisch isolieren.

Was das gerade über den Typ N+N Gesagte betrifft, betrachte man folgende Sachverhalte: Im *Aurélio* stehen unter dem Eintrag *avião* 'Flugzeug' *avião de bombardeio* (N+de+N) 'Bombenflugzeug', *avião de caça* (N+de+N) 'Jagdflugzeug' und *avião supersônico* (N+A) 'Flugzeug, das mit Überschallgeschwindigkeit fliegen kann', die nicht als Komposita, sondern als Wortgruppen oder feste syntaktische Verbindungen betrachtet werden. *Avião-suicida* 'Kamikazeflugzeug' hingegen wird als Kompositum mit selbständigem Eintrag behandelt. Das Korpus bietet weitere interessante Beispiele:
Um einen an das brasilianische Wesen angepaßten Sozialismus zu bezeichnen, kommen *socialismo moreno* (N+A) (*socialismo* + *moreno* schwarzbraun') und *socialismo-jenipapo* (N+N) (*sozialismo* + *jenipapo* 'Frucht einer Pflanze, aus der die Indianer eine schwarze Tinte zum Hautfärben erzeugten') vor. Allein die verwendete

Schreibweise (mit und ohne Bindestrich) zeigt schon, daß die Autoren der Texte des Korpus *socialismo moreno* als Wortgruppe und *socialismo-jenipapo* als Kompositum betrachteten.

Das Inventar von Neubildungen des Korpus wird in zwei Typen geteilt: Typ DM-DS und Typ DS-DM. Wie schon mehrmals betont wurde, ist die übliche Reihenfolge der Konstituenten im Portugiesischen DM-DS. Die Reihenfolge DS-DM bedeutet Einfluß von fremden Mustern sowie möglicherweise von dem des Präfigierungsmusters (Präfigierung: *miniposto* 'kleine$_{DS}$ Tankstelle$_{DM}$'; Zusammensetzung: *moto*$_{DS}$*serra*$_{DM}$ 'Motorsäge').

4.2.2.1.1 Bildungen des Typs DM-DS

Zwischen den Konstituenten der N+N-Determinativkomposita kann man, wie zwischen den Gliedern eines Satzes oder Syntagmas, verschiedene syntaktisch-semantische Beziehungen feststellen. Bei den N+N-Komposita des Korpus, dessen Konstituenten in der Reihenfolge DM-DS stehen, fanden sich überwiegend prädikative Zusammensetzungen: DM = Subjekt, DS = Prädikativ. *Palavra-chave* 'Schlüsselwort' z.B. geht zurück auf den Satz *a palavra é a chave* 'das Wort ist der Schlüssel'. Bei den nichtprädikativen Zusammensetzungen des Korpus kann man Beziehungen feststellen wie die, die zwischen den Konstituenten eines Nominalsyntagmas existieren; DM = NP-Kern, DS = präpositionales Attribut: *caminhão-inseticida* 'Lastwagen, der Insektengift streut', geht zurück auf das Nominalsyntagma *caminhão com inseticida* 'Lastwagen mit Insektengift', *auxílio-creche* 'Lohnzuschuß für Kinderheimkosten' = *auxílio para creche* usw.

Bei mehreren Bildungen sind die Grenzen zwischen den prädikativen und den nichtprädikativen Zusammensetzungen nicht immer genau zu ziehen. *Vagão-lanchonete* 'Imbißwagen' und *telegrama-convite* 'Einladungstelegramm' z.B. können als *o vagão é lanchonete* oder *vagão com lanchonete* bzw. als *o telegrama é convite* oder *telegrama com convite* paraphrasiert werden. Andererseits kann eine Bildung wie *dólar-flor* 'Dollar, der durch den Export von Blumen eingenommen wird', weder als *o dólar é flor* noch als *dólar com/para/de flor* paraphrasiert werden. Von dieser Bildung kann man lediglich behaupten, daß ihre Komponenten keine prädikative Zusammensetzung bilden und daß das DM (*dólar*) irgend etwas mit dem DS (*flor*) zu tun hat.

Trotz einiger Einteilungsschwierigkeiten werden also die N+N-Determinativkomposita, dessen Komponenten in der Reihenfolge DM-DS stehen, in prädikative und nichtprädikative Zusammensetzungen klassifiziert.

1. Prädikative Zusammensetzungen:
agente-laranja, eine Lehnübersetzung des englischen 'agent orange';
apartamento-tipo (von *apartamento* 'Wohnung' + *tipo* 'Typ'; *apartamento-tipo* ist eine normale Wohnung);
ataque-relâmpago (von *ataque* 'Angriff' + *relâmpago* 'Blitz');[1]
cadela-pastor (*-alemão*) (von *cadela* 'Hündin' + *pastor* (*-alemão*) 'Schäferhund'; *pastor* ist die Kürzung von *pastor-alemão*;
carro-chefe 'repräsentativstes Werk eines Künstlers, Schriftstellers, usf.';
comício-monstro (von *comício* 'Kundgebung' + *monstro* 'Ungeheuer'; *comício-monstro* ist die Kundgebung, die sehr viele Zuhörer versammelt);
compra-fantasma 'Einkauf, der in der Buchführung steht, aber nicht gemacht wurde';
cor-símbolo 'Farbe, die etwas repräsentiert';
creche-casulo (von *creche* 'Kinderheim' + *casulo* 'Kokon, Samenkapsel'; *creche-casulo* ist das Kinderheim für ganz kleine Kinder);
deus-dinheiro (von *deus* 'Gott' + *dinheiro* 'Geld');
data-base 'Grund- oder Hauptdatum';
diretor-gerente 'Geschäftsführender Direktor';

---

1 Das deutsche Wort "Blitzkrieg" hat im Portugiesischen die Lehnübersetzung *guerra-relâmpago* hervorgerufen, wird aber auch als Fremdwort, allerdings hauptsächlich in der Kurzform "Blitz", mit der Bedeutung 'schnelles und überraschendes Eingreifen der Polizei' verwendet. Dazu sei bemerkt, daß "Volkswagen" auch zu "Volks" gekürzt wird.

diretor-presidente; diretor-superintendente (von *diretor* + *superintendente* 'Oberaufseher');
diretor-tesoureiro (von *diretor* + *tesoureiro* 'Schatzmeister, Kassenleiter');
disco-fascículo (von *disco* 'Spielplatte' + *fascículo* 'Faszikel'; die Platten sind Faszikel einer Geschichte);
economista-chefe (von *economista* 'Wirtschaftswissenschaftler + *chefe*);
edifício-garagem 'Parkhaus';
edifício-sede (von *edifício* 'Gebäude' + *sede* 'Sitz'; *edifício-sede* ist das Gebäude, das Sitz eines Unternehmens ist);
efeito-dominó (von *efeito* 'Ergebnis, Wirkung, Reaktion' + *dominó* 'Dominospiel'; im Korpus ist mit *efeito-dominó* die Kettenreaktion gemeint, bei der alle dicht hintereinander aufgestellten Dominosteine umfallen, wenn man den ersten umwirft; das Wort wird natürlich im metaphorischen Sinne gebraucht);
empresa-fantasma 'Scheinunternehmen';
empréstimo-jumbo: in Walt Disneys Comics ist *Jumbo* der Name eines Elefanten; *empréstimo-jumbo* ist eine 'große Geldanleihe';
escândalo-monstro 'großer Skandal';
escândalo-rei 'großer Skandal';
experiência-piloto 'Pilotversuch';
fiscal-chefe (von *fiscal* 'Zollbeamter, Steuerprüfer' + *chefe*);
futebol-raça (von *futebol* 'Fußball' + *raça* 'Rasse, Mut und Tapferkeit'; in der Fachsprache des Fußballs, die im brasilianischen Portugiesisch ein Kapitel für sich ist, ist oft die Rede von *futebol-raça*, *futebol-exibição* 'Fußball + Schau', *futebol-arte* 'Fußball + Kunst' usf.);
governo-tampão (von *governo* 'Regierung' + *tampão* 'Zapfen, Pfropfen, Flaschenverschluß'; *governo-tampão* ist die Regierung, die die normale Amtszeit der vorhergehenden ergänzt);
homem-chave 'Mann in Schlüsselposition';
homem-suicida 'Kamikaze';
jogo-exibição 'Spiel + Schau';
jogo-treino 'Trainingsspiel';
mãe-pátria (von *mãe* 'Mutter' + *pátria* 'Vaterland');
mandato-tampão 'Amtszeit, die die normale Amtszeit einer vorhergehenden Regierung ergänzt';

Ministro-Chefe do Gabinete Militar (von *Ministro* + *Chefe do Gabinete Militar* 'Chef des militärischen Kabinetts');
Ministro-Presidente 'Minister' + 'Präsident, Vorsitzender'; *Ministro-Presidente* ist der Primus inter pares;
Ministro-Relator 'Minister + Berichterstatter';
mito-homem 'Mythos + Mensch'; Kontext: "[...] o que seria o primeiro paralelo entre o mito-homem e os deuses.";
museu-escola 'Museum, das schulischen Zwecken dient';
número-base (von *número* 'Nummer' + *base* 'Basis, Grund'; *número-base* ist die Zahl, die als Maßstab für gewisse Berechnungen genommen wird);
obra-símbolo 'Werk + Symbol';
operação-reboque (von *operação* 'Operation, Vorgang' + *reboque* 'Abschleppen');
operação-vingança 'Operation + Rache';
país-membro 'Mitgliedstaat);
país-problema 'Staat + Problem'; *país-problema* ist ein Land mit vielen Problemen;
país-satélite 'Satellitenstaat';
palavra-chave 'Schlüsselwort';
papa-viajante 'Papst + Reisender'; *papa-viajante* ist eine Bezeichnung für den jetzigen Papst;
papel-base 'Hauptrolle);
peça-chave 'Hauptteil';
posição-chave 'Schlüsselposition';
pregão-teste (von *pregão* 'öffentliche Aufrufung' und *teste* 'Test, Probe');
projeto-surpresa (von *projeto* 'Projekt' + *surpresa* 'Überraschung');
questão-chave (von *questão* 'Problem, Frage' + *chave* 'Schlüssel'; *questão-chave* ist die Hauptfrage, das wichtigste Problem);
redator-chefe 'Chefredakteur';
refeição-convênio (von *refeição* 'Mahlzeit' + *convênio* 'Abkommen'; *refeição-convênio* ist die Mahlzeit, die kraft eines Abkommens von den Angestellten am Arbeitsplatz eingenommen wird);
remédio-porrete (von *remédio* 'Arzneimittel' und umg. *porrete*

'Knüppel'; *remédio-porrete* ist ein starkes Arzneimittel);
sala-oficina (von *sala* 'Schulraum' und *oficina* 'Werkstatt'; *sala-oficina* ist der Schulraum, in dem die Schüler praktischen Unterricht bekommen);
sardinha-gigante 'große Sardine'; der *Aurélio* bringt *gigante* als Nomen und Adjektiv. Nimmt man *gigante* als Adjektiv, hat man kein Kompositum, sondern eine syntaktische Gruppe, die ohne Bindestrich zu schreiben ist; im Korpus steht *sardinha-gigante* (mit Bindestrich!);
satélite-espião (von *satélite* + *espião* 'Spion');
situação-limite 'Grenzsituation';
socialismo-jenipapo (von *socialismo* + *jenipapo* 'Pflanze, aus der eine dunkle Tinte gewonnen wird, die die Indianer zur Färbung der Haut verwendeten'; *socialismo-jenipapo* ist der heimische, der brasilianische Sozialismus);
táxi-penetra (von *táxi* + *penetra* 'Eindringling'; *táxi-penetra* ist das Mietauto, das sein Dienstgebiet überschreitet);
tenente-bombeiro (von *tenente* 'Leutnant' und *bombeiro* 'Feuerwehrmann');
treino-teste (von *treino* 'Training' und *teste* 'Test'; *treino* und *teste* sind zwei Entlehnungen aus dem Englischen, trotzdem wird vermutet, daß das Kompositum *treino-teste* (Reihenfolge DM-DS) ohne fremden Einfluß entstanden ist;
usina-piloto (von *usina* 'Werk' und *piloto* 'Pilot'; *usina-piloto* ist das Versuchs- oder Testwerk).

2. Nichtprädikative Zusammensetzungen:
auxílio-creche (von *auxílio* 'Hilfe, Zuschuß' + *creche* 'Kinderheim'; *auxílio-creche* ist ein Lohnzuschuß für Tagesheimkosten);
avião-radar 'Flugzeug, das mit Radar ausgestattet ist und dessen Aufgabe es ist, einen bestimmten Luftraum zu überwachen';
avião-tanque 'Tankflugzeug' (von *avião* 'Flugzeug' + *tanque* 'Tank');
avião-transporte 'Transportflugzeug';
caminhão-bomba 'bei Anschlägen verwendeter und mit Sprengstoff beladener Lastwagen';
caminhão-inseticida 'Lastwagen, der Insektengift streut';

carro-bomba 'bei Anschlägen verwendeter und mit Sprengstoff beladener Wagen';
carro-pipa (von *carro* 'Wagen' und *pipa* 'Faß'; *carro-pipa* ist der zum Transportieren von Wasser geeignete Lastwagen);
carta-denúncia 'Brief, der eine Anzeige enthält';
documento-compromisso: das Dokument enthält einen Kompromiß;
documento-programa de ação: das Dokument enthält ein Aktionsprogramm;
faixa-título 'Titelstreifen (bei Schallplatten)';
filme-catástrofe 'Film, der über eine Katastrophe handelt';
garota-propaganda (von *garota* 'Mädchen, junge Dame' + *propaganda* 'Werbung, Reklame'; *garota-propaganda* ist die junge Dame, die während eines Fernsehprogramms für etwas wirbt;
livro-poema (von *livro* + *poema* 'Dichtung, Dichtwerk': das Buch enthält ein Dichtwerk);
navio-oficina 'Schiff, das als eine Werkstatt dient';
navio-sonda (von *navio* 'Schiff' und *sonda* 'Sonde');
Pão Maluf und *Pão Tancredo*: während des letzten Präsidentschaftswahlkampfes in Brasilien hat eine Bäckerei Brotarten mit den Namen der Kandidaten hergestellt;
papa-sorriso (von *papa* 'Papst' und *sorriso* 'Lächeln'; *papa-sorriso* ist ein Beiname des vorherigen Papstes;
poder-função (von *poder* 'Macht' und *função* 'Funktion, Aufgabe'; im Korpus wird *poder-função* als die Aufgabe des Staates, die staatlichen Unternehmen zu kontrollieren, verstanden);
salário-contribuição (von *salário* 'Lohn' und *contribuição* 'Zahlung'; *salário-contribuição* ist in Brasilien der Lohn, nach dem die Beiträge zur Kranken- und Rentenversicherung berechnet werden);
salário-educação: gesetzlicher Beitrag der Unternehmen zur Förderung von beruflichen Ausbildungsprogrammen;
salário-referência: gesetzlich festgelegter Wert, nach dem gewisse Preisänderungen berechnet werden;
samba-enredo (von *samba* und *enredo* 'Handlung, Geschichte'; *samba-enredo* ist ein Lied, das im Sambarhythmus gesungen wird und eine Handlung schildert;

seguro-desemprego (von *seguro* 'Versicherung' und *desemprego* 'Arbeitslosigkeit');
seguro-saúde (von *seguro* und *saúde* 'Gesundheit'; *seguro-saúde* entspricht der deutschen Krankenversicherung. Die verschiedenen Bezeichnungen für Versicherungsarten zeigen die Entwicklung, die im Portugiesischen stattfindet: *seguro de vida* 'Lebensversicherung', *seguro contra acidentes* 'Unfallversicherung', *seguro contra incêndio* 'Feuerversicherung, Brandversicherung', *seguro-desemprego*, *seguro-saúde*. Die ersten drei Fügungen bewahren noch die Präposition und werden hier nicht als Komposita geführt. Sie sind lediglich Wortgruppen mit fester Referenz. Dagegen sind die zwei letzten, in denen die Präposition fehlt und so erschlossen werden muß, Komposita. Würden sie nach altem Muster gebildet, hätten wir *seguro de saúde* (nach *seguro de vida*) und *segura contra desemprego* (nach *seguro contra acidentes* oder *seguro contra incêndio*). Durch die Abwesenheit der Präposition isolieren sie sich von der entsprechenden syntaktischen Gruppe;
sessão-sorteio (von *sessão* 'Sitzung' und *sorteio* 'Verlosung, Ziehung'; *sessão-sorteio* ist die Sitzung, während der eine Verlosung stattfindet);
tamanho-família (von *tamanho* 'Größe' und *família*; *tamanho-família* 'Familiengröße'; meist wird heute die Kurzform *família* mit der Bedeutung 'groß' gebraucht: *coca-família*, *fanta-família*; im Korpus ist die Rede von *cassetetes tamanho-família* 'große Gummiknüppel';
telegrama-convite 'Einladungstelegramm': das Telegramm enthält eine Einladung;
vagão-lanchonete 'Imbißwagen'; Wagen mit Imbiß.

4.2.2.1.2 Bildungen des Typs DS-DM

Wie schon bemerkt wurde (s.o. 4.2.2.1, S.157f.) ist in der portugiesischen Sprache bei N+N-Determinativkomposita DS-DM nicht die übliche Reihenfolge. Wenn sie vorkommt, bedeutet sie Einfluß von fremden Mustern. Bei den meisten Neubildungen, die hier aufgelistet werden, handelt es sich zudem meistens um Entlehnungen aus anderen Sprachen, hauptsächlich aus dem Englischen.

Bildungen aus dem Korpus:

agrotóxico 'Pflanzenschutzmittel'
autopeça 'Autoteil'
ciclovia 'Fahrradweg'
cinejornal (mit *cine* als Kürzung von *cinema* + *jornal* 'Zeitung, Nachrichten'; *cinejornal* ist "die Nachrichtenschau als Vorspiel eines Films');
cinevídeo (mit *cine*, Kürzung von *cinema* + *vídeo*);
citricultor
citricultura
codinome (mit *codi* als Kurzform von *código* 'Geheimschrift, Geheimzeichen' + *nome* 'Name');
ecomuseologia
ecossistema
espaçonave (von englisch *spaceship*); neben *espaçonave* wird auch *nave espacial* verwendet; *espaçonave* hat das fremde Muster DS-DM bewahrt, nicht so *nave espacial*, das übrigens keine Zusammensetzung ist;
euromíssil
filmografia
hortimercado 'Gemüsemarkt' (mit *horti*, das aus *horta* 'Gemüsegarten' + Fugenvokal -i- besteht, + *mercado* 'Markt');[1]
kremlinologia
kremlinólogo
lipoaspiração (mit grch. *lipo* 'Fett' + *aspiração* 'Einsaugen');
motosserra 'Motorsäge' (mit *moto* statt *motor* + *serra* 'Säge');
motogincana 'Geschicklichkeitsspiel, bei dem man mit Motorrädern fährt';
narcotráfico 'Drogenhandel';
palmatoriocracia (mit *palmatória* 'Handklatsche, körperliches Strafmittel' + *cracia*; *palmatoriocracia* ist die moralisierende Einstellung);
passadólogo (mit *passado* 'Vergangenheit' + *logo*);

---

1 Im Korpus kam auch die Form *hortomercado* vor.

pedantotecnocracia (mit *pedanto*, das aus *pedante* 'Pedant' + Fugenvokal *-o-* besteht,[1] + *tecnocracia* 'Technokratie');
pobrelogia (mit *pobre* 'arm, arme Person' + *logia*);
radiofarmácia 'Radiopharmazie';
sovietólogo
telexograma (mit *telex* 'Telex' + Fugenvokal *-o-* + *grama*);
radiopatrulha 'Funkstreife';
radiotáxi 'Funktaxi';
reprofotocopiadora (mit *repro*, Kurzform für *reprodução* (s. *Aurélio*) + *fotocopiadora* 'Fotokopierer'; *reprofotocopiadora* kommt in einem Werbetext vor; aus diesem Text ist jedoch nicht zu erschließen, um welches Gerät es sich handelt);
telejogo (von englisch *telegame*);
videojogo (von englisch *videogame*).

An dieser Stelle ist es wohl angebracht, auch Bildungen von Namen nach fremden Mustern vorzubringen. Meist sind es Namen von Klubs, Gaststätten, Restaurants, Läden usw. Zum Vergleich zunächst ein paar Beispiele des Korpus mit der Reihenfolge DM-DS: *Rede Manchete*, *Óticas Brasil*, *Camisaria Novo Mundo*, *Colégio Andrews*, *Bar Amarelinho*.[2] Folgende Beispiele weisen die fremde Reihenfolge DS-DM vor: *Júlio Bogorician Imóveis*, *Barra Shopping*, *Abreutur* (*Abreu*, ein Familienname + *Tur*, Kurzform von *Turismo*), *Brasil Turismo*, *Bel Air Viagens*, *Saitecin Turismo*, *Marina Barra Clube*, *Povão Drogaria*, *Automóvel Clube*, *DM Eletrônica*, *Sid Microeletrônica*, *Biblo's Bar*, *Chico's Bar*, *Harry's Bar*, *Pão de Açúcar Well's*, und schließlich die Bildungen *Antonio's* und *Alvaro's*, bei denen nur das DS steht und das DM aus dem Kontext oder aus der Situation erschlossen werden muß. Bei *Antonio's* und *Alvaro's* zeigte der Kontext, daß es sich um Restaurants handelt. Besonders bemerkenswert ist in den letzten sechs Bildungen der sächsische

---

1 Die aus dem Griechischen und Lateinischen entlehnten gelehrten Stämme enden, besonders wenn sie in einem Kompositum als erste Konstituente verwendet werden, normalerweise auf *-o* (*odontologia*, *litografia*) bzw. auf *-i* (*cruciforme*, *floricultura*). Doch auch Konstituenten anderer Herkunft tendieren dazu, sich dieser Regularität anzupassen: *futivôlei* statt *futevôlei*, *hortimercado*, *pedantotecnocracia*.

2 Zu dieser Serie kann man auch die Bildung des Korpus *Páginas Amarelas* rechnen, die internationale Entsprechungen kennt.

Genitiv bei der ersten Konstituente.

Wenn bei den Eigennamen von einem DM-DS- oder DS-DM-Verhältnis die Rede ist, handelt es sich mehr um eine semantische als um eine syntaktische Relation. Bei *Júlio Bogorician Imóveis* z.B. ist *Júlio Bogorician* das DS, das das DM *Imóveis* spezifiziert. Bei *Camisaria Novo Mundo* ist *Camisaria* das DM, das von dem DS *Novo Mundo* determiniert wird. Das DM ist meist ein Gattungsname mit einer breiteren Extension als das DS, das meist genau wie das Produkt der Kombination ein Eigenname ist. Das DS begrenzt, wie die Etymologie von *determinare* sagt, die Extension des DM. Das DS individualisiert das DM, und so entsteht der Eigenname.

4.2.2.2 Typen A+N, N+A und N+de+N

4.2.2.2.1 Unterschiede zwischen Komposita und syntaktischer Gruppe

4.2.2.2.1.1 Einführendes

Die substantivischen determinativen A+N-, N+A- und N+de+N-Komposita werden in einem Abschnitt behandelt, weil sie eine gemeinsame und größere Schwierigkeit vorweisen: die Unterscheidung von den entsprechenden syntaktischen Wortgruppen oder festen syntaktischen Verbindungen. Selbstverständlich kann ich hier nicht alle Argumente, die in der reichen Literatur über die Zusammensetzung angeführt werden, wiedergeben.

Bei der Kritik an dem Versuch des transformationalistischen Ansatzes, Wortbildungen durch die Syntax zu erklären, d.h. komplexe Wörter von Sätzen abzuleiten, wird wiederholt betont, daß Wörter Benennungsfunktion haben, während Sätze Prädikations- oder Aussagefunktion haben. So sagt GAUGER (1971, 159): "Weder historisch noch systematisch ist die Zusammensetzung aus einem Satz 'hervorgegangen'. Sie ist nicht ein kondensierter, geschrumpfter Satz. Das zusammengesetzte Wort sagt etwas aus über sein Intentum; sein Nennen ist - zu einem Teil - in ein Sagen auflösbar. Dennoch bleibt sein Nennen primär."

Während Sätze über etwas eine Aussage machen, ist es vielmehr Eigenschaft des Wortes, des Simplex wie des komplexen Wortes, auf einen Gegenstand hinzuweisen, ihn zu benennen. Wenn jemand sagt *Tomara que caia!* 'Hoffentlich fällt es!' oder *Maria vai com as outras* 'Maria geht mit den andern', dann haben wir zwei Sätze: beim ersten Satz das Aussprechen eines Wunsches und beim zweiten eine Behauptung. Als diese Sätze nun zu komplexen Wörtern verwandelt wurden, *tomara-que-caia* 'trägerlose Bluse' und *maria-vai-com-as-outras* 'willenlose Person', haben sie die Aussagefunktion zugunsten der Benennungsfunktion eingebüßt.[1]

Wenn man damit einverstanden ist, daß alle Wörter Benennungsfunktion haben, ist aber noch nicht gesagt, daß dies immer genügt, um ein Wort zu charakterisieren, vor allem um ein Kompositum von der festen syntaktischen Verbindung zu unterscheiden, denn auch diese kann einen Gegenstand benennen. Feste syntaktische Verbindungen sind z.B. die sogenannten Mehrwortlexeme: aus dem Französischen: *avoir peur*; aus dem Englischen: *White House, to do well*; aus dem Deutschen: *Rotes Kreuz, Schule machen, den Garaus machen*; aus dem Portugiesischen: *toda vida* 'stets, immer', *Nossa Senhora* 'die Mutter Gottes,die Jungfrau Maria', *pintar o sete* 'dumme Streiche machen', *tomar pé* 'Fuß fassen', *abrir mão de* 'verzichten auf' usf.

Es gibt mehrere Möglichkeiten, ein Kompositum von der entsprechenden syntaktischen Gruppe zu unterscheiden. Im Deutschen ist es einfach, Komposita zu bilden (s. dazu FLEISCHER, 54ff.), weil diese sich phonologisch, morphologisch, syntaktisch und oft auch semantisch von der Wortgruppe unterscheiden: sie haben die Reihenfolge DS-DM, das DS bekommt den Wortakzent, Flexion findet nur am Wortende statt, das DM bestimmt das Genus des Kompositums und die Bezeichnungskategorie des Wortbildungsproduktes: der Gebrauchtwagen, des Gebrauchtwagens, die Großstadt, die Großstädte, Vaterhaus, Hausvater.

---

1 Ein bemerkenswerter Unterschied zwischen Syntax und Wortbildung besteht auch darin, daß das neue Wort mehr als der Satz das Empfinden der Neuheit erweckt.

Im Portugiesischen sind die phonologischen, morphologischen und syntaktischen Kriterien meistens nicht zuverlässig. Ein besseres Unterscheidungskriterium, wie wir etwas später sehen werden, bietet das semantische Kriterium. Syntaktische Kriterien eignen sich hingegen z.B. besonders, um substantivische determinative N+N- oder V+N-Komposita von den entsprechenden Wortgruppen zu trennen (s. 4.2.2.1, S. 157ff., und 4.2.2.3, S. 178ff.). Bei den Typen A+N, N+A und N+de+N sind die Schwierigkeiten wegen der großen Ähnlichkeit auch im Satzgefüge, bei Anwendung der phonologischen, morphologischen und syntaktischen Unterscheidungskriterien, etwas größer: *meio dia* 'halber Tag' vs. *meio-dia* (A+N-Kompositum) 'Mittag'; *malha fina* 'feine Masche, dünnes Trikot' vs. *malha-fina* (N+A-Kompositum) 'Vorgehen der Polizei, bei dem eine gründliche Untersuchung durchgeführt wird'; *pé de meia* 'einzelner Strumpf' vs. *pé-de-meia* (N+de+N-Kompositum) 'Ersparnisse'; *bóia fria* umg. 'kaltes Essen' vs. *bóia-fria* (N+A-Kompositum) 'Landarbeiter'.

Bevor die verschiedenen erwähnten Kriterien erörtert werden, durch die ein Kompositum von der syntaktischen Gruppe unterschieden werden kann, sei daran erinnert, daß zu dem Wort, einem Zeichen, ein Signifiant und ein Signifié gehören und daß dies das ideale komplexe Wort ist, welches sich lautlich und inhaltlich von der syntaktischen Gruppe am deutlichsten unterscheidet. Meist ist die Absonderung nur in bezug auf einen dieser Aspekte festzustellen. *Bananicultura* 'Bananenanbau' (ein N+N-Kompositum des Typs DS-DM) z.B. ist semantisch die Summe von *banana* und *cultura*. Lautlich jedoch haben wir Änderungen zu registrieren: *banana* wird zu *banan-* + Fugenmorphem *i*[1] und büßt seinen eigenen Akzent ein. Dazu kommt noch die Stellung DS-DM der Konstituenten, die der portugiesischen entgegengesetzt werden kann: *cultura de banana* (DM-DS). Bei *pé-de-boi* 'arbeitsame Person' hat sich die Bedeutung geändert: *pé de boi* 'einzelne Ochsenklaue' → *pé-de-boi* 'arbeitsame Person'. Dabei haben beide Einheiten die gleiche Pluralbildung: *pé de boi* (*pés de boi*), *pé-de-boi* (*pés-de-boi*); auch sind kaum Änderungen in der Akzentverteilung *pè de bói*, *pè-de-bói* festzustel-

---

1 S. dazu o., S. 166, Anm. 1.

len. Bei *pontapé* (von *ponta* 'Spitze' und *pé* 'Fuß'; *pontapé* ist 'Fußtritt'), einer älteren Bildung der Sprache, haben wir dagegen eine lautliche, eine syntaktische und eine inhaltliche Isolierung. Die lautliche Isolierung geschah dadurch, daß *ponta* den Wortintensitätsstatus verloren hat; die syntaktische Änderung ist in der Entwicklung *ponta do pé* zu *pontapé* ersichtlich; inhaltlich haben wir die Änderung von 'Fußspitze' zu 'Fußtritt'. Es ist hier deswegen wohl angebracht zu sagen, daß nicht alle Komposita sich in gleichem Maße von den syntaktischen Gruppen unterscheiden. Andererseits muß nochmals wiederholt werden, daß im Portugiesischen die Benennungsfunktion, das Vorhandensein eines Denotats nicht genügt, um ein Kompositum zu bilden: *máquina de costura* 'Nähmaschine', *máquina de lavar roupa* 'Waschmaschine', *máquina de lavar louça* 'Spülmaschine', *máquina filmadora* 'Filmkamera' und *máquina fotográfica* 'Fotoapparat' sind keine Komposita, obwohl sie klare Denotate haben. Es fehlt die lautliche oder die inhaltliche Differenzierung, d.h. ein echtes Kompositum verlangt irgendeine Art von Isolierung.

Nun sollen kurz die verschiedenen Aspekte untersucht werden, nach denen sich A+N-, N+A- und N+de+N-Komposita von den syntaktischen Wortgruppen unterscheiden können: phonologischer, morphologischer, syntaktischer und semantischer Aspekt.

4.2.2.2.1.2 Phonologisches Kriterium

Von den deutschen Zusammensetzungen wurde gesagt, die erste Komponente erhalte regelmäßig den Wortakzent. So ist es leicht, "die Großstadt" und "die Großstädte" von "die große Stadt" bzw. "die großen Städte" zu unterscheiden. Im Portugiesischen, mit Ausnahme der V+N-Komposita, wie es in Abschnitt 4.2.2.3 gezeigt wird, genügt der Akzent nicht, gleich, ob man unter Akzent die Intensität, die Dauer oder die Tonhöhe versteht, um ein Kompositum von der parallelen syntaktischen Gruppe zu unterscheiden: *A menina desenhou um pé de moleque* 'das Mädchen hat den Fuß eines kleinen Jungen gezeichnet' kann von *A menina desenhou um pé-de-moleque* 'das Mädchen hat eine süße Erdnußspeise gezeichnet' phonologisch nicht getrennt werden. Die Wortgruppe *pé de moleque* und das Kompositum *pé-de-moleque* haben im Satz die gleiche Akzentverteilung. Dasselbe würde man z.B. bei *casa grande* 'großes Haus' und *casa-grande* 'Herrenhaus'[1] oder *boa vida* 'gutes Leben' und (*o*) *boa-vida* 'Genießer' feststellen. Zum selben Schluß ist auch ROHRER (224) bei seiner Untersuchung der Wortzusammensetzung im modernen Französisch gekommen: "Die Komposita unterscheiden sich weder durch Intensität, noch durch die Dauer, noch durch die Tonhöhe von den Parallelen syntaktischen Gruppen."[2]

4.2.2.2.1.3 Morphologisches Kriterium

Im Deutschen wird bei Komposita nur die letzte Konstituente flektiert: die Fertigware, die Fertigwaren; das Fertighaus, des Fertighauses, die Fertighäuser usf. Somit hat man in dieser Sprache ein zweites Kriterium für die Trennung von Zusammensetzung und syntaktischer Gruppe. Im Portugiesischen genügt ein Blick in irgendeine Grammatik, die sich mit den Regeln der Pluralbildung von zusammengesetzten Substantiven beschäftigt, um zu sehen, daß sich in diesem Bereich Komposita nicht von syntaktischen Wortgruppen unterscheiden. Beispiele aus HUNDERTMARK-SANTOS MARTINS (54f.): N+A-Komposita: *amor-perfeito* 'Stiefmütterchen' (*amores-perfeitos*), *matéria-prima* 'Rohstoffe' (*matérias-primas*). Bei N+A-Komposita werden beide Konstituenten flektiert. N+de+N-Komposita: *fim-de-semana* 'Wochenende' (*fins-de-semana*), *pão-de-ló* 'eine Art Biskuitkuchen' (*pães-de-ló*); bei diesen Komposita bleibt das zweite Element immer invariabel. A+N-Komposita: *boa-vida* 'Genießer' (*boas-vidas*); *má-língua* 'Lästerzunge' (*más-línguas*); *boa-praça* 'sympathische Person' (*boas-praças*) und *pública-forma* 'beglaubigte Abschrift' (*públicas-formas*). Wie bei den N+A-Komposita werden auch bei A+N-Komposita beide Konstituenten flek-

---

1 Im brasilianischen Nordosten bezeichnete man während der Sklavenzeit das Herrenhaus als *casa-grande* und die Negerwohnungen als *senzala*, ein afrikanisches Wort.

2 Wie oben bemerkt wurde, gilt dies nicht für die V+N-Komposita des Portugiesischen.

tiert. Es werden lediglich die abgekürzten Adjektive *grão*, *grã* (Abkürzungen von *grande*: *grão-duque* 'Großherzog' = *grão-duques*, *grã-cruz* 'Großkreuz' = *grã-cruzes*) und *bel*, apokopierte Form des Adjektivs *belo* 'schön' (s. *Aurélio*): *bel-prazer*; (*bel-prazer* 'Belieben' = *bel-prazeres*; *bel-prazer* kommt in den Wendungen *ao bel-prazer*, *ao seu bel-prazer* 'nach Belieben, nach seinem Belieben' vor) nicht flektiert; alle anderen werden flektiert. Mit Ausnahme der gegebenen Beispiele, die als erste Komponente die abgekürzten Adjektive *grão*, *grã* und *bel* haben, ist also kein morphologischer Unterschied zwischen Komposita und den parallelen syntaktischen Gruppen zu registrieren, denn letztere nehmen im Portugiesischen die gleichen Plural- und Genusflexionen wie jene an: *Comprei uma casa bonita* 'ich habe ein schönes Haus gekauft' = *Comprei casas bonitas*; *Comprei uma bonita casa* = *Comprei bonitas casas*; *Comprei uma casa de madeira* 'ich habe ein Holzhaus gekauft' = *Comprei casas de madeira*.

4.2.2.2.1.4 Syntaktisches Kriterium

ROHRER (215) stützt sich bei seiner Definition des Kompositums grundsätzlich auf syntaktische Kriterien: "Ein Kompositum ist ein mit einfachen Monemen kommutierbares Syntagma der synchronischen Sprachtechnik, das nur global modifiziert werden kann und dessen unmittelbare Bestandteile freie Moneme sind." Halten wir uns an die zweite Eigenschaft, welche die Definition dem Kompositum zuschreibt: Ein Kompositum ist ein Syntagma, das nur global modifiziert werden kann. Meines Erachtens ist dies ein hilfreiches Kriterium, um in vielen Fällen ein Kompositum von der parallelen syntaktischen Gruppe zu trennen. Nehmen wir zum Beispiel das Wort *arma-branca* 'Stichwaffe', das der *Aurélio* unter dem Eintrag *arma* bringt und ohne Bindestrich schreibt, d.h. es wird dort nicht als ein echtes Kompositum betrachtet. Wird *arma-branca* determiniert, so kann es nur als ganzes determiniert werden: *arma-branca nova*. *Nova* bezieht sich auf die ganze Zusammensetzung *arma-branca*. Es ist z.B. nicht möglich, *nova* nur auf *arma* zu beziehen: **arma-bran-*

ca e nova. Dasselbe Beispiel zeigt auch gleichzeitig, daß die einzelnen Bestandteile nicht einzeln mit anderen Wörtern koordiniert werden können. Wenn wir die parallele syntaktische Gruppe *arma branca* 'weiße Waffe' hätten, wäre die Determination von *arma* allein oder die Koordination von *branca* möglich: *arma branca e nova*, *arma nova e branca*.

Unser Beispiel war ein N+A-Kompositum. Das gleiche gilt aber auch für N+de+N- und A+N-Komposita. *Pão-de-ló* 'eine Art Biskuitkuchen' kann nur als Ganzes durch *quente* 'warm, heiß' determiniert werden: *pão-de-ló quente*, **pão quente de ló*. *Boa-vida* 'Genießer', ein A+N-Kompositum, wird als Ganzes von *simpático* 'sympathisch' determiniert: *um boa-vida simpático*.

4.2.2.2.1.5 Semantisches Kriterium

Das semantische Kriterium ist m.E. das beste, um ein Kompositum von der parallelen syntaktischen Gruppe zu unterscheiden. Welches Kriterium ermöglicht uns leichter und schneller als die Bedeutung *pé-de-cabra* 'Geißfuß', ein Werkzeug, von *pé de cabra* 'Fuß einer Geiß', *bóia-fria* 'Landarbeiter' von *bóia fria* 'kaltes Essen' und *pequeno-burguês* 'Kleinbürger' (eine Lehnübersetzung von dem französischen *petit-bourgeois*) von *pequeno burguês* 'kleiner Bürger' zu unterscheiden? Um die Bedeutung des Kompositums von der der syntaktischen Gruppe oder der festen syntaktischen Verbindung zu unterscheiden, spielen Metapher und Metonymie eine wichtige Rolle. Beispiele, bei denen die Bedeutungsveränderung metonymischen Faktoren zuzuschreiben ist: *salário mínimo* 'Mindestlohn' ⟶ *salário-mínimo* 'Angestellter, der den Mindestlohn bekommt'; *pé de meia* 'einzelner Strumpf' ⟶ *pé-de-meia* 'Ersparnisse'; *bóia fria* 'kaltes Essen' ⟶ *bóia-fria* 'Landarbeiter', *dedo duro* 'steifer Finger' ⟶ *dedo-duro* 'Kläger'. Noch reichhaltiger sind die Beispiele, bei denen metaphorische Faktoren eine Rolle gespielt haben: *viúva negra* 'schwarze Witwe' ⟶ *viúva-negra* 'eine schwarze Spinne'; *pé de moleque* 'Fuß eines kleinen Negerjungen' ⟶ *pé-de-moleque* 'süße Erdnußspeise'; *pé de galinha* 'Hühnerfuß' ⟶ *pé-de-galinha* 'Krähenfüße' (fig.).

In bezug auf die A+N-Komposita konnte beobachtet werden, daß besonders der *Aurélio* eher geneigt ist, solche Kombinationen als Komposita zu betrachten als die Kombinationen von N+A: *alto-mar* 'Hochsee', aber *mar alto*; *belas-artes*[1] 'bildende Künste'; *livre-pensador*[1] 'Freidenker'; *livre-câmbio*[1] 'Freihandel'; *livre-alvedrio* 'Willensfreiheit'; *livre-culto* 'Religionsfreiheit' usf. Verantwortlich dafür ist die Stellung des Adjektivs vor dem Nomen, eine Stellung, die dem Adjektiv einen anderen semantischen Wert verleiht. Dazu eine Bemerkung von BACK & MATTOS (314f.: "[...] a subclasse dos qualificativos pode exercer duas funções distintas, assinaladas pela ordem: antes do núcleo, será o adjunto nominativo explicativo, depois do núcleo, será o adjunto nominativo restritivo."[2] Nach diesen Autoren hat das Adjektiv nach dem Nukleus eine restriktive, vor dem Nukleus eine explikative Funktion. Aufschlußreicher sind jedoch die Erläuterungen von GAUGER (1971, 152ff.). Einmal zitiert er Mario WANDRUSZKA: "Ein Adjektiv, das seinem Substantiv vorangeht, ist [...] durch eine dringende Erwartung auf dieses bezogen, erscheint schon von vornherein stärker mit ihm zu einer Gesamtvorstellung verbunden als ein Adjektiv, das einem bereits genannten Substantiv folgt", und: "das nachfolgende Adjektiv [hat] eine selbständigere, deutlicher differenzierende Funktion als das vorangehende." Auch Gedanken von BALLY führt er auf: "Les composés français sont plus près de la syntaxe que ceux de l'allemand [...] et c'est précisément l'ordre [...] qui est le principal facteur de ce rapprochement [...]." GAUGER erläutert BALLYs Behauptung: "Die regressive Folge Sekundärwort + Primärwort, die im Deutschen verbindlich ist, führt zu einer stärkeren Integration des Sekundärwortes in sein Primärwort und entspricht, indem sie von der syntaktischen Folge abweicht, besser als die umgekehrte Folge dem Charakter der Zusammensetzung als einem nennenden Wort."

---

1 *Belas-artes*, *livre-pensador* und *livre-câmbio* sind wohl Lehnübersetzungen der französischen *beaux-arts*, *libre penseur*, *libre-échange*.

2 Die Bildungen des Korpus *Grande São Paulo*, *Grande Belo Horizonte* 'die Stadt São Paulo bzw. Belo Horizonte und Umgebung' weisen auch die Wortstellung Adjektiv-Nomen vor.

Zum Schluß dieser Betrachtungen über die Aspekte, die ein Kompositum von der parallelen syntaktischen Gruppe trennen, möchte ich noch einmal GAUGER (1971, 146) heranziehen, der Michel BRÉAL zitiert: "C'est le sens et non autre chose qui fait le composé [...]" und ergänzen, daß neben der Benennungsfunktion die Bedeutungsisolierung der wichtigste Faktor ist, der aus einer Sequenz von Wörtern ein zusammengesetztes Wort bildet.

Nachdem in den vorhergehenden Abschnitten versucht wurde, die Kriterien zu erläutern, die bei einem konkreten Fall zu sagen erlauben, daß es sich um ein Kompositum handelt, werden in den nächsten Abschnitten verschiedene Neubildungen des Korpus vorgestellt.

4.2.2.2.2 Bildungen aus dem Korpus

4.2.2.2.2.1 A+N-Komposita:

alto-verão 'Hochsommer';
baixo-astral 'seelisches Tief';
curto-prazo 'kurze Frist';
livre-atirador 'Freischärler' (der *Aurélio* führt *franco-atirador* auf, eine Lehnbildung nach dem französischen *franc-tireur*);
má-fé 'Unredlichkeit';
meio-campo (Fußball) 'Mittelfeldspieler';
meio-fundo 'Mittelstreckenlauf';
meio-fundista 'Mittelstreckenläufer';
social-democracia 'Sozialdemokratie', eine Lehnübersetzung des französischen *socialdémocratie*;
velha-guarda 'die alte Garde', eine Lehnübersetzung des französischen *vieille garde*;
primeiro-mundo 'die westlichen Industrieländer', eine Lehnübersetzung des französischen *premier monde* oder des englischen *first world*;
terceiro-mundo 'die dritte Welt', eine Lehnübersetzung des französischen *troisième monde* oder des englischen *third world*;
segunda-via 'beglaubigte Kopie'.

4.2.2.2.2.2 N+A-Komposita:

agenda-livre (von *agenda* 'Terminkalender' und *livre* 'frei'; *agenda-livre* ist eine scherzhafte und leicht ironische Bezeichnung für höhere Beamte vor einem Regierungswechsel);
bóia-fria (von *bóia* umg. 'Essen' und *fria* 'kalt');
bóia-fria (man sagt *o bóia-fria*, mit Genuswechsel) ist der Landarbeiter, der am Arbeitsplatz sein Mittagessen ißt;
boina-verde, eine Lehnbildung nach dem englischen *Green Beret* (von *boina* 'Mütze' + *verde* 'grün'; *boina-verde* ist eine Bezeichnung für Sonderkommandos);
carta-branca 'Vollmacht', eine Lehnübersetzung des französischen *carte blanche*;
malha-fina (von *malha* 'Masche, Netz' + *fina* 'dünn, fein, klein'; *malha-fina* ist das Vorgehen der Polizei, bei der eine gründliche Untersuchung vorgenommen wird);
panos-quentes (von *panos* 'Tücher' und *quentes* 'heiße, warme'; *panos-quentes* kommt in der Wendung *pôr panos-quentes* 'dulden, verzögern, sich anpassen' vor);
prato-feito (von *prato* 'Teller, Gericht' und *feito* 'gemacht, fertig'; *prato-feito* ist das Tellergericht.

Wie verschiedener Meinung man über die Schreibweise einer Kombination von Nomen und Adjektiv sein kann - es wurde schon einmal bemerkt, die Schreibweise mit Bindestrich sei ein Zeichen dafür, daß man die Kombination als ein Kompositum betrachtet - zeigt das Korpus und auch der *Aurélio*. Im Korpus erschienen z.B. mehrere Wortgruppen, m.E. zu Unrecht, mit Bindestrich: *bem - comum* 'Gemeingut'; *diretor - comercial* 'Handelsdirektor'; *diretor - financeiro* 'Finanzdirektor'; *diretor - geral* 'Generaldirektor'; *força - motriz* 'Triebkraft'; *hora - extra* 'Überstunde'; *lateral - direito* (Fußball) 'Rechtsaußen'; *lateral - esquerdo* (Fußball) 'Linksaußen'; *ponte - aérea* 'Luftbrücke' und andere. Warum werden sie hier nicht als Komposita betrachtet? Weil diese Wortgruppen sich irgendwie isolieren müßten, um als Komposita betrachtet werden zu können. Es müßte vor allem eine semantische Isolierung stattfinden, weil die phonologische, morphologische und syntaktische Absonderung bei

N+A-Komposita im Portugiesischen schwierig festzustellen ist. Andererseits schreibt der *Aurélio carta-branca* und *panos-quentes*, neben anderen Beispielen, die hier nicht in Betracht gezogen werden, ohne Bindestrich. Es besteht wegen der Demotivierung oder semantischen Isolierung m.E. kein Zweifel, daß es sich um Komposita handelt. Für den heutigen Portugiesischsprechenden wäre *carta-branca*, der Bedeutung der einzelnen Wörter nach, ein 'weißer Brief'. *Carta* bedeutet heute meist auch nicht mehr 'Dokument, Ausweis', und ein unbeschriebenes Blatt Papier bezeichnet man nicht als *folha branca*, sondern als *folha em branco*. *Pôr panos-quentes* kommt aus der Zeit, in der man häufig, ohne genügende medizinische Fachkenntnisse, warme Tücher verwendete, um den Schmerz zu lindern oder um ein Leiden zu heilen. Diese Redewendung ist heute also demotiviert und nur im übertragenen Sinne zu verstehen. *Carta-branca* und *panos-quentes* sind also zusammengesetzte Wörter, was im *Aurélio* nicht berücksichtigt wurde.

4.2.2.2.2.3 N+de+N-Komposita:

cabeça-de-área (Fußball) 'Vorstopper';
filhinho-de-papai 'Muttersöhnchen' (von *filhinho* 'Söhnchen' und *papai* 'Vater, Papa');
fim-de-semana 'Wochenende', wahrscheinlich eine Lehnübersetzung des französischen *fin de semaine*;
jogo-de-cintura (von *jogo* 'Spiel, Beweglichkeit' + *cintura* 'Taille'; *jogo-de-cintura* bedeutet in übertragenem Sinne 'Anpassungsvermögen');
meio-de-campo (auch *meio-campo*) 'Mittelfeldspieler';
ordem-do-dia 'Tagesordnung';
ponta-de-lança (Fußball) 'Mittelstürmer, Sturmspitze';
ponto-de-vista 'Ansicht, Meinung', eine Lehnübersetzung des französischen *point de vue*;
rato-de-praia 'Stranddieb'.

Auch bei diesem Typ zeigen der *Aurélio* und das Korpus, daß man oft unsicher ist, ob es sich um ein Kompositum oder um eine feste syntaktische Verbindung handelt, doch soll darauf hier nicht näher eingegangen werden.

4.2.2.3 Typ V+N

Das Muster, nach dem durch die Verknüpfung von einem Verb und einem Nomen (bei den Beispielen des Korpus handelt es sich immer um ein Verb und sein direktes Objekt) substantivische determinative Zusammensetzungen produziert werden, kommt nach den Worten MATTOSO CÂMARAs (1976, 213) vom späten Vulgärlatein: "Outra estrutura variante, que vem do latim vulgar tardio (provavelmente inspirando-se na tipologia lexical grega), é a locução em que o primeiro elemento é uma forma verbal seguida de um nome como complemento."[1] Es ist ein Wortbildungsverfahren, das, neben hoher Produktivität, völlig einheimisch klingt und zu allen diastratischen Subsystemen der Sprache gehört. Von diesem Wortbildungsverfahren sagt MEYER-LÜBKE (168): "Wie in so vielen anderen Fällen (§ 57), so ist auch hier die Übertragung von der Person auf den Gegenstand erfolgt, frühzeitig werden gerade diese Bildungen zur Bezeichnung von Geräten verwendet." Wie wir gleich sehen werden, ist dies auch bei den meisten Bildungen des Korpus der Fall.

Daß dieses Muster auch in der Umgangssprache produktiv ist, zeigen Bildungen wie *cobre-misérias* (von *cobrir* 'decken' und *miséria* 'Elend'; *cobre-misérias* ist ein etwas scherzhaftes Wort für Mantel); *fura-bolo* (von *furar* 'durchlöchern' und *bolo* 'Kuchen'; *fura-bolo* ist der Zeigefinger); *mata-piolho* (von *matar* 'töten' und *piolho* 'Laus'; *mata-piolho* ist der Daumen) und die Neubildung aus dem Korpus *cata-mendigo* (von *catar* umg. 'suchen' und *mendigo* 'Bettler'; *cata-mendigo* kam mit adjektivischer Funktion in dem Kontext *operação cata-mendigo* 'Vorgehen der Polizei oder sonstigen Beauftragten der

---

1 Im Gegensatz zum Deutschen z.B., in dem zur Bezeichnung des Nomen agentis oder instrumenti ein Suffix verwendet wird, geschieht im Portugiesischen die Übertragung ohne Morphem:

toca-discos 'Plattenspieler'; *limpa-chaminés* 'Schornsteinfeger';
A B B A C A B B A C

saca-rolhas 'Korkenzieher'.
A B B A C

Stadtverwaltung, bei der die Bettler von den Straßen entfernt und in Herbergen oder Heimen untergebracht werden'; *mata-rato* (von *matar* 'töten' und *rato* 'Maus, Ratte'; *mata-rato* ist eine schlechte Zigarette oder ein schlechter Wein).

Besonders in der historischen Sprachwissenschaft wurde länger darüber diskutiert, zu welchem Modus, Tempus und welcher Person die Verbform der Bildungen V+N gehört. DARMESTETER (169ff.) spricht von drei Möglichkeiten: "Trois hypothèses, avons-nous dit, peuvent être faites: celles d'un thème verbal, d'un impératif ou d'un indicatif", und bemüht sich dann, m.E. überzeugend, zu beweisen, daß im Französischen bei den ersten Bildungen die Verbform im Imperativ steht. Derselben Meinung ist auch MEYER-LÜBKE (167f.): "Das Verbum steht zumeist in der Form des Imperativs, seltener in der dritten Singularis."

Ohne den Ursprung dieses Kompositionstyps zu diskutieren, sagt ROHRER (141), allerdings vom synchronischen Standpunkt aus: "Mit der Analyse von 'compte gouttes' als endozentrisches Substantivkompositum mit einer Nullableitung im ersten Glied, wenden wir uns grundsätzlich gegen alle anderen Darstellungen, die auch im heutigen Französisch im ersten Glied dieser Komposita noch ein Verb im Imperativ sehen." Zu einem Kompromiß kommt MATTOSO CÂMARA (ib.): "A forma verbal é rizotônica e apresenta o radical completado pela vogal do tema [s. dazu oben die erste Hypothese von DARMESTETER]. Explica-se em regra esse modelo de composição pelo emprego substantivado de um imperativo verbal da 2.ª pessoa singular com o seu complemento; mas, se foi esta a origem, a expansão da estrutura foi condicionada por nova interpretação semântica." MATTOSO CÂMARA ist also mit dem Standpunkt, der in den ersten Bildungen in der Verbform einen Imperativ sieht, einverstanden, postuliert jedoch eine semantische Uminterpretation. Für ihn besteht der erste Bestandteil aus Verbstamm und Themavokal.

Kohärent mit dem, was im Abschnitt 2.2.3.4 über das Verbalsuffix gesagt wurde, besteht für uns das Verb aus Stamm und

Verbalsuffix.[1] So ist in *conta-gotas* 'Tropfenzähler' *cont-* der Stamm und *-a* das Verbalsuffix. Das Verb ist flexionslos, d.h. es erscheint in seiner neutralsten Form, und somit wohl geeignet, zusammen mit einem Nomen ein substantivisches Kompositum zu bilden.

Die Frage der Unterscheidung zwischen Kompositum und Wortgruppe ist bei dem Typ V+N leicht zu beantworten. Zunächst durch den unterschiedlichen Akzent: Im Satz ist das Verb betont, d.h. es bekommt einen Primärakzent (´): *Ò submarino lánça foguétes continuaménte* 'Das U-Boot schießt dauernd mit Raketen'. Im Kompositum wird das Verb phonologisch schwächer, es bekommt einen Sekundärakzent (`): *Ò lànça-foguétes dò inimigo fòi destruido* 'der Rakentenwerfer des Feindes wurde zerstört'.[2]

Ein syntaktisches Argument: Im Satz wird das Verb nicht durch Adjektive, Pronomina, Numeralia, Artikel oder andere Determinantien spezifiziert, denn dies ist typisch für das Substantiv oder für die Nominalphrase. Wenn das Verb Glied eines Kompositums ist, können alle diese Adjunte ihm vorausgehen, womit nicht behauptet wird, daß diese Elemente das Verb allein spezifizieren, sondern die kompositionelle Einheit: *o lança-foguetes, o novo* ('der neue') *lança-foguetes, aquele* ('jener') *lança-foguetes, três* ('drei') *lança-foguetes*. Das Zweitglied seinerseits steht, anders als im Satz, im Kompositum immer unmittelbar nach dem Verb, ohne daß ihm ein Adjunt vorausgeht: *lança-foguetes, porta-voz* 'Sprecher', *pára-brisa* 'Windschutzscheibe', *guarda-roupa* 'Kleiderschrank', *pára-choque* 'Stoßstange', *beija-flor* 'Kolibri', *vira-lata* (von *virar* 'umwerfen, umkippen' und *lata* 'Mülleimer'; *vira-lata* ist eine

1 Für den, der auf dem Standpunkt beharrt, das *-a* sei Themavokal, wird hier die Lösung vorgeschlagen, das *-a* gleichzeitig als Themavokal und Verbalsuffix zu betrachten, denn der Themavokal hat ohnehin keine andere Funktion als die, Verben in Konjugationsklassen zu verteilen.

2 Im Deutschen hat man es in dieser Hinsicht viel leichter, denn das Erstglied (das DS) ist normalerweise betont und das Zweitglied (das DM) unbetont.

pejorative Bezeichnung für einen Hund, der unbewacht auf den Straßen herumstreunt.

Es sind aber besonders semantische Aspekte, die die Komposita von Verb und Nomen unterscheiden. Nehmen wir als Beispiel das schon zitierte *fura-bolo* umg. 'Zeigefinger'. Wir kommen nicht auf das Denotat 'Zeigefinger' anhand der Bedeutung der Glieder *furar* 'durchlöchern' und bolo 'Kuchen'. Es werden dazu kulturelle und pragmatische Aspekte, unsere Sachkenntnisse in Anspruch genommen, womit nicht gesagt wird, daß die Bedeutung des Kompositums völlig unmotiviert ist, daß sie nichts mit der Bedeutung der Komponenten zu tun hat. In bezug auf *fura-bolo* z.B. weiß jeder, daß der Zeigefinger gebraucht wird, um den Widerstand der Gegenstände zu testen. Darum ist es nicht schwer zu verstehen, warum *fura-bolo* synonym zu *dedo indicador* 'Zeigefinger' sein kann. Trotzdem ist das Denotat von *fura-bolo* nicht die Summe von den Denotaten von *furar* und *bolo*. Es ist ein drittes Denotat, und deshalb sagt man auch, daß die V+N-Komposita exozentrische Bildungen sind.[1]

Beispiele aus dem Korpus:

cata-mendigo (von *catar* umg. 'suchen' und *mendigo* 'Bettler');
lança-foguetes 'Raketenwerfer';
lava-louça 'Spülmaschine';
porta-garrafas (von *portar* 'tragen, halten' und *garrafa* 'Flasche'; *porta-garrafas* ist ein Fach für Flaschen im Eisschrank);
porta-ovos (von *portar* und *ovo* 'Ei'; *porta-ovos* ist ein Fach für Eier im Eisschrank);
saca-teclas (von *sacar* 'ziehen' und *tecla* 'Taste').

4.2.2.4 Typ N+NUM

Substantivkomposita, die ein Numerale als Komponente haben, kommen nicht oft vor, doch gibt es im Portugiesischen mehrere interessante Bildungen:

---

1 Zu dem Terminus "exozentrische Bildung" sagt FLEISCHER (106): "Da das Denotat außerhalb der Zusammensetzung bleibt, nicht explizite genannt wird - wie in den Konstruktionen *Großstadt* u.ä. - hat man auch von exozentrischen Zusammensetzungen gesprochen."

sete-barbas (von *sete* 'sieben' und *barbas* 'Bärte') ist eine Art Krabbe; *sete-virtudes* (von *sete* und *virtudes* 'Tugenden') ist einer der vielen Namen für Zuckerrohrschnaps; *onze-letras* (von *onze* 'elf' und *letras* 'Buchstaben') ist synonym zu *alcoviteiro* 'Intrigant'; *onze-letras* bezieht sich auf die elf Buchstaben von *alcoviteiro*. Bei diesen Bildungen ist die Reihenfolge DS-DM, d.h. Num-N, die gleiche wie im Satz. Im Korpus haben wir die Neubildung *camisa-dez* (von *camisa* 'Hemd, Sporthemd' und *dez* 'zehn'), Bezeichnung für den Mittelstürmer des Fußballs.[1] *Camisa-dez* ist die Kürzung von *camisa número dez*, mit Reihenfolge DM-DS.

4.3 Adjektivbildung

4.3.1 Kopulative Adjektivbildungen

Was von den kopulativen Substantivbildungen gesagt wurde, (s.o. 4.2.1) gilt im allgemeinen auch für die kopulativen Adjektivbildungen. Wir fassen zusammen:

1. Die Konstituenten gehören immer zur gleichen Wortart, d.h. sie sind Adjektive: *técnico-burocrático* 'technisch-bürokratisch'; *político-partidário* 'politisch-parteilich'.

2. Die Konstituenten stehen nicht in einem DM-DS- oder DS-DM-Verhältnis, sondern in einem parataktischen Verhältnis, d.h. sie sind gleichrangig. Beweise dafür sind, daß man zwischen sie die Koordinationskonjunktion *e* 'und' setzen kann, wie bei *político-religioso* 'politisch-religiös' (*político e religioso*), *administrativo-organizacional* 'administrativ-organisatorisch' (*administrativo e organizacional*), und daß man mehr als zwei Komponenten, von denen keine die anderen determiniert, aneinanderreihen kann: *a bandeira azul-branco-vermelha* 'die blauweißrote Flagge' (*a bandeira azul, branca e vermelha*).

---

1 Pelê trug als Spieler immer das Trikot Nummer zehn, deshalb ist die *camisa-dez* in Brasilien so berühmt.

3. Oft erschließt man nur aus dem Kontext (s. MARCHAND, 89): "The exact relation is often understood from the context only"), ob das Verhältnis zwischen Konstituenten ein hypotaktisches oder ein parataktisches ist. Dazu folgende Beispiele: *O acordo americano-brasileiro sobre exportação de café entrou em vigor* 'Das amerikanisch-brasilianische Abkommen über Kaffeeexport ist in Kraft getreten' und *Os cidadãos americano-brasileiros em geral ainda falam o inglês* 'Die amerikanisch-brasilianischen Bürger sprechen im allgemeinen noch Englisch'. Im ersten Beispiel handelt es sich um ein Kopulativkompositum: *americano* und *brasileiro* können mit *e* verbunden werden, und die Reihenfolge ist eine beliebige: *americano-brasileiro* oder *brasileiro-americano*. Keine der Konstituenten spezifiziert die andere. Nicht so bei (*cidadãos*) *americano-brasileiros*. Die Reihenfolge ist fest, und *americano* determiniert *brasileiro*: *brasileiro* betrifft die ganze Bevölkerung Brasiliens, während *americano* nur die brasilianische Bevölkerung amerikanischer Abstammung bezeichnet. Wir haben hier also ein Determinativkompositum.

4. Was die Plural- und Genusflexion betrifft, so unterscheiden sich die adjektivischen Kopulativkomposita nicht von den Determinativkomposita: Kongruenz wird nur am Wortausgang ausgedrückt, was ohne Zweifel die allgemeine Integration der Elemente dieser Bildungen bezeugt, d.h. sie bilden eine Einheit. Beispiele von Kopulativbildungen: *conflito(s) brasileiro-paraguaio(s)* 'brasilianisch-paraguaiische(r) Konflikt(e)'; *empresa(s) brasileiro-paraguaia(s)* 'brasilianisch-paraguaiische(s) Unternehmen'. Beispiele von Determinativbildungen: *ritmo afro-brasileiro* 'afrikanisch-brasilianischer Rhythmus'; *música afro-brasileira* 'afrikanisch-brasilianische Musik'; *ritmos afro-brasileiros* 'afrikanisch-brasilianische Rhythmen'; *canções afro-brasileiras* 'afrikanisch-brasilianische Lieder'. Bei diesen Komposita handelt es sich jedesmal um etwas Brasilianisches, das von dem Adjektiv *afro* spezifiziert wird.

Betrachtet man die semantischen Beziehungen, die zwischen den Konstituenten eines A+A-Kopulativkompositums existieren, kommt man zu verschiedenen Klassen. Unter den Bildungen des Korpus

sind besonders zwei hervorzuheben: 1. reziproke A+A-Kopulativkomposita: *relações franco-alemãs* 'französisch-deutsche Beziehungen'; 2. antonyme A+A-Kopulativkomposita: *revolução anarco-burguesa* 'anarchistisch-bürgerliche Revolution'. Die meisten sind jedoch A+A-Kopulativkomposita, deren Konstituenten nicht in einem antonymen oder reziproken Verhältnis stehen. Diese werden im folgenden als erste aufgeführt:
administrativo-organizacional 'administrativ-organisatorisch' (Kontext: "em termos administrativo-organizacionais");
brasileiro-paraguaio 'brasilianisch-paraguaiisch' (Kontext: "empresa brasileiro-paraguaia");[1]
burocrático-militar 'bürokratisch-militärisch' (Kontext: "versão burocrático-militar");
cívico-eleitoral 'den Bürgersinn und das Wahlrecht betreffend' (Kontext: "calendário cívico-eleitoral");
econômico-financeiro 'die Wirtschaft und die Finanzen betreffend' (Kontext: "repercussão econômico-financeira");
econômico-social 'wirtschaftlich und sozial" (Kontext: "em termos econômico-sociais"); die Reihenfolge *sócio-econômico, sócio-cultural* ist geläufiger; dieses Beispiel zeigt jedoch, daß die Reihenfolge der Komponenten bei Kopulativkomposita im Grunde irrelevant ist;
eleitoral-partidário 'die Wahlen und das Parteiwesen betreffend' (Kontext: "legislação eleitoral-partidária");
esportivo-eleitoral 'den Sport und die Wahlen betreffend' (Kontext: "competição esportivo-eleitoral");
industrial-militar 'die Industrie und das Militär betreffend' (Kontext: "complexo/conjunto industrial-militar");
jurídico-legal 'juristisch und gesetzlich' (Kontext: "ponto de vista jurídico-legal");
jurídico-sociológico 'juristisch und soziologisch' (Kontext: "aspecto jurídico-sociológico");

---

1 Vom lexikographischen Standpunkt aus ist es wohl richtig, Bildungen wie *brasileiro-paraguaio* nicht einzutragen, denn ihre Bedeutung ist aus den Komponenten völlig erschließbar. Der *Aurélio* läßt sie systematisch aus. Lediglich Bildungen mit *anglo, afro, teuto* usf. haben dort Eingang gefunden.

materno-infantil 'die Mutter und das Kind betreffend' (Kontext: "cuidados materno-infantis");
médico-odontológico 'ärztlich und zahnärztlich' (Kontext: assistência médico-odontológica");
político-administrativo 'politisch und administrativ' (Kontext: "unidades político-administrativas");
político-institucional 'die Politik und die Institutionen betreffend' (Kontext: "crise político-institucional");
político-jurídico 'politisch und juristisch' (Kontext: "texto político-jurídico");
político-legislativo 'politisch und legislativ' (Kontext: "problemas político-legislativos");
político-partidário 'die Politik und das Parteiwesen betreffend' (Kontext: "ação político-partidária");
político-religioso 'politisch und religiös' (Kontext: "facções político-religiosas");
político-sindical 'politisch und gewerkschaftlich' (Kontext: "grupos político-sindicais");
rodo-aéreo 'den Straßen- und Luftverkehr betreffend' (Kontext: "tours rodoviários, rodo-aéreos e aéreos"); der *Aurélio* bezeichnet *rodo* als Kurzform des Adjektivs *rodoviário*;
tático-operativo 'taktisch und operativ (strategisch)' (Kontext: "mísseis tático-operativos");
técnico-administrativo 'technisch und administrativ' (Kontext: "autonomia técnico-administrativa");
técnico-burocrático 'technisch und bürokratisch' (Kontext: "condições técnico-burocráticas").[1]

---

1 Im Korpus fanden sich auch ein paar adjektivische Neubildungen, deren Konstituenten parataktisch aneinandergereiht sind, die aber nur am Ende der letzten Komponente ein adjektivisches Suffix haben: *agroalimentício* 'die Landwirtschaft und die Nahrungsmittel betreffend' (Kontext: "no setor agroalimentício"); *cardiorrespiratório* 'das Herz und die Lunge betreffend' (Kontext: "insuficiência cardiorrespiratória"); *eletroacústico* 'elektrisch + akustisch' (Kontext: "a música eletroacústica"); *eletroeletrônico* 'elektrisch + elektronisch' (Kontext: "aparelhos eletroeletrônicos"); *hortifrutigranjeiro* 'den Gemüse- und Obstgarten und den Bauernhof betreffend' (Kontext: "produtos hortifrutigranjeiros"). Von *agro-*, *cardio-* und *eletro-* sagt der *Aurélio*, sie seien "elementos de composição". *Horti-* (statt *horta*) und *fruti* (statt *fruta*) kommen auch in mehreren Komposita vor. Adjektivische Bildungen dieser Art bedürfen m.E. näherer Untersuchung.

Reziproke A+A-Kopulativkomposita:
americano-soviético 'amerikanisch und sowjetisch' (Kontext: "rivalidade americano-soviética");
carioca-fluminense 'die Bewohner der Stadt Rio de Janeiro (*carioca*[2]) und des Landes Rio de Janeiro (*fluminense*) betreffend' (Kontext: "enlace carioca-fluminense");
franco-africano 'französisch und afrikanisch' (Kontext: "conferência de cúpula franco-africana");
franco-britânico 'französisch und britisch' (Kontext: "relações franco-britânicas");
israelense-palestino 'zwischen Israel und der PLO' (Kontext: "conflito israelense-palestino");
político-militar 'politisch und militärisch' (Kontext: "o clima político-militar");
socialista-comunista 'sozialistisch-kommunistisch' (Kontext: "coalizão socialista-comunista");
soviético-americano 'sowjetisch-amerikanisch' (Kontext: "confronto soviético-americano"); in diesem Abschnitt haben wir schon *americano-soviético* gehabt, ein klarer Beweis dafür, daß die Reihenfolge der Elemente bei Kopulativkomposita variabel ist.

Antonyme A+A-Kopulativkomposita:
anarco-burguês 'anarchistisch-bürgerlich' (Kontext: "revolução anarco-burguesa"); *burguês* wird meist wie das französische *bourgeois* im pejorativen Sinne gebraucht, *anarco* steht für *anárquico*;
comunitário-marginal (Kontext: "O Estado do Rio está convertido, hoje, numa imensa lixeira social. Esse monturo comunitário-marginal é tratado com muito carinho pelo socialismo moreno [...]");

1 In Brasilien gibt es mehrere Ethnika, die aus den Sprachen der Indianer stammen: *caiçara* 'Fischer der Meeresküste, meist Mischlinge von Weißen und Indianern'; *capixaba* 'Bewohner des Landes Espírito Santo'; *carioca* 'Bewohner der Stadt Rio de Janeiro'; *potiguar* 'Bewohner des Landes Rio Grande do Norte'. *Gaúcho* 'Bewohner des Landes Rio Grande do Sul' ist eine Entlehnung aus dem Spanischen des Rio de la Plata.

paternal-caudilhesco 'wie ein Vater und ein Caudilho' (Kontext: "movimento paternal-caudilhesco"); *caudilho* 'politischer Führer' ist eine Entlehnung aus dem Spanischen; bei *paternal-caudilhesco* haben wir eine Zusammensetzung von zwei antonymen Wörtern; um die volle Ausdruckskraft solch einer Bildung zu erfassen - ich würde beinahe sagen, um sie zu genießen -, muß man wissen, wer sie verwendet, auf wen sie sich bezieht usf. Ähnliches ist von dem vorhergehenden Beispiel zu sagen (*comunitário-marginal*), wo die Antonymie eine besondere stilistische Ausdruckskraft hat.

4.3.2 Determinative Adjektivbildungen

Im Korpus fanden sich verhältnismäßig wenig adjektivische Determinativkomposita. Von dem Typ A+A nur sechs, von dem Typ A+N nur eins. Verschiedenes über die Charakteristika dieser Bildungen wurde schon im vorhergehenden Abschnitt gesagt, als sie den kopulativen Adjektivbildungen gegenübergestellt wurden. Wesentlich ist, daß die Konstituenten in einem Abhängigkeitsverhältnis stehen. Welche Reihenfolge (DM-DS oder DS-DM) in einem Kompositum dieser Art festzustellen ist, sagen uns die syntaktisch-semantischen Verhältnisse zwischen den Elementen. Bei den Beispielen aus dem Korpus des Typs A+A-Komposita wissen wir, daß bei *policial-militar* 'polizeilich + militärisch' die Reihenfolge DM-DS ist, denn *militar* spezifiziert *policial*. Neben *policial-militar* gibt es auch *policial-civil* 'polizeilich-zivil', mit derselben Reihenfolge DM-DS. Die Extension von *policial* wird beide Male durch *militar* und *civil* reduziert, während die Intension bereichert wird. Bei *anglo-potiguar* 'die Bewohner des Landes Rio Grande do Norte (*potiguar*) englischer Abstammung (*anglo*) betreffend' ist die Reihenfolge DS-DM, denn *anglo* determiniert *potiguar*. Übrigens ist DS-DM bei adjektivischen Determinativkomposita des Typs A+A, welche die Staatsangehörigkeit oder Herkunft bezeichnen, heute noch die übliche Reihenfolge. Als erste Komponente werden die auch meist kürzeren neolateinischen oder unter neolateinischem Einfluß gebildeten Formen bevorzugt: *anglo* (statt *inglês*), *franco* (*francês*), *teuto* (*alemão*), *germano* (*germânico, alemão*), *sino* (*chinês*), *nipo* (*nipônico, japonês*), *euro* (*europeu*), *afro* (*africano*), *hispano* (*hispânico, espanhol*), *luso* (*lusitano, português*), *ítalo* (*italiano*), *polono* (*polonês*) usf. Dem neolateinischen Muster DS-DM kommen dann noch die neolateinischen Erstkomponenten hinzu: *teuto-brasileiro* 'deutsch-brasilianisch', *nipo-brasileiro* 'japanisch-brasilianisch'.[1]

Angesichts dieses Sachverhaltes war es um so überraschender und merkwürdiger, im Korpus folgenden Abschnitt zu treffen: "*O Rio é uma cidade generosa. Não acolhe gaúchos, paulistas, mineiros ou alemães. No momento em que aqui aporta, o cidadão se torna um carioca-gaúcho, carioca-paulista, carioca-mineiro ou carioca-alemão*" 'Rio ist eine großzügige Stadt. Sie nimmt nicht *gaúchos* (Einwohner des Landes Rio Grande do Sul), *paulistas* (Einwohner des Landes São Paulo), *mineiros* (Einwohner des Landes Minas Gerais) oder *alemães* auf. In dem Moment, wo er hier landet, wird der Besucher zu einem *carioca-gaúcho*, *carioca-paulista*, *carioca-mineiro* oder *carioca-alemão*'. Die Beziehungen könnten nicht klarer sein: *carioca* (Bewohner der Stadt Rio de Janeiro) ist das DM, das von den anderen Adjektiven spezifiziert wird. Es wird bei diesen Beispielen, also auch bei adjektivischen Determinativkomposita, die Staatsangehörigkeit oder Herkunft bezeichnen, die dem Portugiesischen eigene DM-DS-Reihenfolge verwendet.[2]

Schließlich noch ein Beispiel aus dem Korpus, das zu dem Typ A+N gehört: *amarelo-palha* (*amarelo* 'gelb und *palha* 'Stroh': strohgelb). Obwohl *palha* ein Substantiv ist, übernimmt es hier gegenüber dem Adjektiv *amarelo* die spezifizierende Funk-

---

1 Dazu MARCHAND (89): "The types *Anglo-Norman* and *Anglo-French* are parallel to the types *icy-cold* and *deaf-mute*, differing from them in that they are coined on a Neo-Latin basis." Und weiter unten: "Both *Anglo-Norman* and *Anglo-French* go back to Latin ethnic adjectives of the type *Gallo-Graecus* 'Gaul of Greece' (itself influenced by the Greek type *Syro-Phoinix* 'Phoenician of Syria'). This type was newly started in modern Latin and has given rise to corresponding types in the modern vernacular languages."

2 Mit dieser Wortstellung und der viermaligen Wiederholung des Wortes *carioca* werden sicherlich auch stilistische Zwecke verfolgt. Man will die schnelle Einbürgerung der Zuwanderer hervorheben.

tion. Es drückt eine Nuance von *amarelo* aus. Dieses Mittel, mit Substantiven Farbnuancen auszudrücken, wird nebst den Adjektiven *claro* 'hell' und *escuro* 'dunkel' oft verwendet: *verde-esmeralda* 'smaragdgrün', *azul-turquesa* 'türkisblau', *amarelo-laranja* 'orangengelb', *amarelo-canário* (*amarelo* + *canário* 'Kanarienvogel') usw. Interessanterweise werden diese Zusammensetzungen im Satz nicht flektiert: *vestido(s) amarelo-canário, blusa(s) amarelo-canário*. Die Tatsache andererseits, daß ein Nomen ein Adjektiv determiniert, ein Fall, der im Satz nicht vorkommt, spricht für die Absonderung der Wortbildung von der Syntax, d.h. die Wortbildung hat Regeln, die nicht die der Syntax sind.

5 Besondere Arten der Wortbildung

5.1 Kürzung

5.1.1 Wortkürzung

5.1.1.1 Einführendes

In diesem Abschnitt werden alle Neubildungen des Korpus behandelt, bei denen, graphisch wie phonisch, die Kürzung eines Wortes - meistens sind die Wörter Komposita - oder einer festen syntaktischen Verbindung[1] stattgefunden hat. In der Regel handelt es sich um zwei Typen:

1. Die Akronyme oder Initialwörter,[2] die aus den einzelnen Anlauten oder Anlautgruppen aller oder der wichtigsten Konstituenten der Ausgangswörter bestehen;
2. Kurzwörter, die durch Auslassung des Anfangsteils oder Schlußteils einer Vollform gebildet werden: *auto(móvel)* 'Auto), *Sebastião* 'Sebastian' → *Bastião* → *Tião*.

Zu dieser Art Wortbildung im Französischen sagt ZUMTHOR (3): "Le français ne possède pas encore de mot pour désigner ces abréviations. J'emploie donc, à défaut de mieux, l'expression d'*abréviations composés*."

MEYER-LÜBKE (3) ist der Meinung, daß die Abkürzungen nicht in die Wortbildungslehre gehören. Er hat allerdings recht, wenn er sagt, daß diese Bildungen hauptsächlich in neuerer Zeit geprägt werden. In den *Nachträgen und Berichtigungen* anläßlich der zweiten, durchgesehenen und ergänzten Auflage der *Wortbildungslehre* von MEYER-LÜBKE berichtet PIEL (174) von der abweichenden Meinung SPITZERs: "Auch Abkürzungen vom Typ *métro* möchte Spitzer von der Behandlung in der Wortbildungslehre nicht ausgeschlossen wissen, da sie ja gerade eine "formale Veränderung oder [...]Verkürzung' zeigten." Und auf Seite 175

---

1 "Feste syntaktische Verbindung" bezieht sich hier nur auf die Typen "BVG" (s.u. 5.1.1.2), "Hapag" (s.u. 5.1.1.3) und "Kripo" (s.u. 5.1.1.4).

2 Die Bezeichnung "Initialwort" ist m.E. geeigneter, weil Akronym (zu griechisch *akros* 'hoch' + *onyma* 'Name') mehr an den graphischen Aspekt erinnert: diese Wortkürzungen werden meist mit Großbuchstaben geschrieben: *PSD* (*Partido Social Democrático*), *INAMPS* (*Instituto Nacional de Assistência Médica e Previdência Social*).

fährt er fort: "Die Tatsache, daß eine ganze Reihe von Kurzformen, wie *pneu(matique)*, *auto(mobile)*, *radio(phonique)*, *stylo(graphe)*, *ciné/cinéma(tographe)*, *tram(way)*, *accu(mulateur)* usw. vom heutigen Sprachbewußtsein als normale Wörter empfunden werden und die entsprechenden Vollformen in den Hintergrund getreten sind, könnte für Spitzers Auffassung sprechen." Außerdem betont PIEL (175), wie es MEYER-LÜBKE (ib.) getan hatte, den aktuellen Charakter dieser Bildungen: "Zu den in den letzten Jahrzehnten auch in Frankreich immer mehr ins Kraut geschossenen, aus Anfangsbuchstaben künstlich zusammengesetzten Wörtern [...]"

Für diese Wortbildungen ist bemerkenswert, daß unter ihnen sowohl Namen (*CPI - Comissão Interministerial de Preços* 'Interministerieller Preisausschuß') als auch Appellative (*eletro* statt *eletrocardiograma* 'Elektrokardiogramm') sind.

Die Neubildungen des Korpus können in vier Typen unterteilt werden. Hauptkriterium für diese Typologisierung sind Bildungsweise und Aussprache. In der folgenden Klassifizierung wird jeder Typ nach einer im Deutschen gebräuchlichen Kurzform genannt:

5.1.1.2 Typ "BVG"

Diese Wörter wurden aus den Initialen der Ausgangswörter gebildet. Die Initialen werden buchstabiert (s. dazu PIEL, 175):
PMDB (*Partido do Movimento Democrático Brasileiro* 'Partei der Brasilianischen Demokratischen Bewegung');
CPI (*Comissão Parlamentar de Inquérito* 'Parlamentarischer Untersuchungsausschuß');
PDS (*Partido Democrático Social* 'Demokratisch-Soziale Partei');
PTB (*Partido Trabalhista Brasileiro* 'Brasilianische Arbeiterpartei').

Von PMDB und PDS gibt es Ableitungen im Korpus, die einer Erläuterung bedürfen: die Aussprache von PMDB und PDS folgt genau der Aussprache der einzelnen Buchstaben: *pe.eme.de.be*; *pe.de.esse*. Bei den Ableitungen liegt jedoch Hiatustilgung vor: *pemedebista* (statt *pe.(e)me.de.b(e)ista*),[1] *pessedista* (statt *pe.(e)sse.d(e)ista*). Übrigens wird der Wortcharakter dieser Bildungen dadurch deutlich, daß von ihnen Ableitungen gebildet werden.

5.1.1.3 Typ "Hapag"

Wörter dieses Typs werden wie bei den vorhergehenden aus den Initialen gewonnen, doch werden sie, weil die Buchstabenfolge sich dazu eignet, wie ein echtes Wort ausgesprochen (s. PIEL, 175).
CIP (*Comissão Interministerial de Preços* 'Interministerieller Preisausschuß'); von diesem *CIP* wurde das Adjektiv *cipado* abgeleitet, das in dem Syntagma *produto cipado* 'Produkt, dessen Preis durch die CIP bestimmt wurde' vorkommt;
IBOPE (*Instituto Brasileiro de Pesquisa da Opinião Pública* 'Brasilianisches Institut für Meinungsforschung'; es ist bemerkenswert, daß dieser Eigenname im heutigen brasilianischen Portugiesisch zu einem Appellativum geworden ist, mit der Bedeutung 'Erfolg, Nachfrage'; Kontext: *O ibope desse cantor está alto* 'Dieser Sänger hat einen großen Erfolg');
INAMPS (*Instituto Nacional de Assistência Médica e Previdência Social* 'Nationales Institut für Kranken- und Sozialversicherung');
UFSCar (*Universidade Federal de São Carlos* 'Bundesuniversität von São Carlos'; *UFSCar* kennt die Ableitung *ufscariano* 'zur UFSCar gehörend, die UFSCar betreffend').

Wichtig ist bei dieser Art von Initialwörtern, daß sie wie übliche Wörter des Portugiesischen klingen, d.h. sie enthalten Lautkombinationen, die der portugiesischen Silbenstruktur Rechnung tragen. Um diese herzustellen, hat man bei *IBOPE* ein zu-

---

1 Es ist auch zu bemerken, daß die Zeitung *Jornal do Brasil* systematisch *pemedebista* verwendet, während *O Estado de São Paulo* vielmehr *peemedebista* schreibt, ohne Hiatustilgung. Dazu noch eine Bemerkung: in Brasilien gibt es eine LKW-Marke *FNM* (Abkürzung von *Fábrica Nacional de Motores*), dessen Aussprache in der Umgangssprache *fe.ne.mê* (anstatt *efe.ene.eme*) lautet.

sätzliches *e* an das Wortende gesetzt, und *CIP*, *INAMPS* und *UFSCar* werden, außer in einer 'gepflegten' Aussprache, *CIPE*, mit einem epithetischen *e*, INAMPES bzw. UFESCar, beide mit epenthetischem *e*, ausgesprochen.

5.1.1.4 Typ "Kripo"

Die Wörter dieses Typs werden von FLEISCHER (231) auch "Silbenwörter" genannt, weil sie nicht aus dem Anfangslaut, sondern aus Anfangslautgruppen, meist Silben, der Konstituenten der Vollform gebildet werden.

FUNAI (*Fundação Nacional do Índio* 'Nationale Stiftung für die Indianer');
SUDENE (*Superintendência de Desenvolvimento do Nordeste* 'Bundeskontrollamt für die Entwicklung des Nordostens').

Obwohl sie von dem Standardtyp etwas abweichen, werden hier auch folgende Neubildungen behandelt:

unif (*unidade fiscal* 'Steuereinheit');
CESGRANRIO (*Coordenação das Escolas Superiores do Grande Rio* 'Koordinierung der Hochschulen des Grande Rio de Janeiro');
Embrafilme (*Impresa Brasileira do Filme* 'Brasilianisches Filmunternehmen');
Nuclebrás 'Brasilianisches Kernkraftunternehmen');
Portobrás (*Impresa Brasileira de Portos* 'Brasilianisches Unternehmen für Hafenbau').

In *unif* wurden die zwei ersten Silben des ersten Elementes und der Anlaut des zweiten Elementes der festen syntaktischen Verbindung *unidade fiscal* beibehalten; *CESGRANRIO* folgt bei *CES* dem Typ "Hapag", bei *GRAN* dem Typ "Kripo"; bei *RIO* handelt es sich um das Kurzwort, das oft für die Vollform des Eigennamens *Rio de Janeiro* steht. Bei *Embrafilme* werden *em* und *bra*, die nach dem Typ 'Kripo' gebildet wurden, mit dem Wort *filme* verknüpft. *Portobrás* ist die Verbindung des Wortes *porto* mit der Anlautgruppe *bras* (von *Brasil*), die in vielen Bildungen des wirtschaftlichen und bürokratischen Bereichs erscheint: *Tele-*

brás, Eletrobrás, Gasbrás, Eletroradiobrás, Petrobrás usf.[1]

5.1.1.5 Typ "Ober"

Bei diesem Typ wird der Anfangsteil der Vollform beibehalten. FLEISCHER (231) nennt sie deshalb auch "Kopfwörter": *boca (-de-fumo)* 'Ort (meist in einer Stadt), an dem Rauschgift konsumiert und/oder verkauft wird';
eletro(cardiograma) 'Elektrokardiogramm';
macro(empresa) 'Großunternehmen';
micro(computador), micro(empresa) 'Mikrocomputer' bzw. 'Kleinbetrieb';[2] für *micro(computador)* stehen im Korpus auch der Plural *micros* und die Augmentativform *micrão*;
mini(desvalorização) 'kleine Entwertung der Währung';
multi(nacional) 'multinationaler Konzern' (Vollform und Kurzform sind internationale Wörter); die Kurzform kommt meist in Pluralform vor: *as multis*;
pastor(-alemão) 'Schäferhund';
repro(grafia) 'Reprographie' (im Korpus kommt die Zusammensetzung *reprofotocopiadora* vor).

Da es sich bei der Bildung der Kurzwörter des Typs "Ober" grundsätzlich um determinative komplexe Wörter handelt, erhebt sich die Frage, welche Konstituente, Determinans oder Determinatum, der Struktur weggelassen wird. Sieben Kurzwörter bewahren das Determinans, z.B. *macro(empresa), multi(nacional)*, und nur zwei das Determinatum, z.B. $\textit{boca}_{\mathrm{DM}}$ $\textit{(-de-fumo)}_{\mathrm{DS}}$, des komplexen Wortes.

Fragt man sich nach dem Grund dieses Geschehens, fällt m.E. die Antwort nicht schwer, denn das Determinans trägt das Spezifische, das Neue. Andererseits muß zugegeben werden, daß diese Bildungen stark textgebunden sind.

---

1 Das Korpus enthält auch die Bildung *Bunsuça* (besser wäre m.E. *Bonsuça*), Kurzform, mit der die Anhänger des Fußballklubs *Bonsucesso* affektvoll ihren Verein bezeichnen.

2 Kurzformen wie *micro(computador)* und *micro(empresa)* kann man nach dem Genus unterscheiden: *o micro, a micro*. Ansonsten sind sie stark textgebunden. Außerdem unterscheiden sich die in diesem Abschnitt aufgelisteten Kurzformen, indem sich die einen mehr als die anderen als selbständige Einheiten eingebürgert haben. Als native speaker möchte ich z.B. sagen, daß *boca, eletro, multi* (allerdings im Plural) geläufiger sind als die anderen.

An dieser Stelle soll auch an M. WANDRUSZKAs (245) treffende Bemerkung erinnert werden: "Die Umgangssprache verkürzt, sobald sie sich auf den Sinnzusammenhang verlassen kann." Obwohl dies in erster Linie ein Phänomen der Umgangssprache ist, darf man es wohl auch von der Standardsprache behaupten.

5.1.2 Ellipse

Nominalsyntagmen können auch gekürzt werden, indem meist der Nukleus weggelassen wird und der zurückbleibende Teil semantisch für die frühere Kombination steht. Wenn dieser ehemalige Adjunkt kein Nomen ist, wird er außerdem substantiviert.

In unserem Korpus ist dieses Wortbildungsverfahren sehr produktiv: *(o) salário mínimo* → *(o) salário; (o) guarda de segurança* → *(o) segurança* 'der Wächter'; *(as) eleições diretas* → *(as) diretas* 'Wahl des Präsidenten mit direkter Beteiligung der Wähler'; *(as) eleições indiretas* → *(as) indiretas* 'Wahl des Präsidenten durch das 'Parlament'; *(a) meia passagem* → *(a) meia* 'ermäßigte Fahrkarte'; *(a) meia entrada* → *(a) meia* 'ermäßigte Eintrittskarte'; *(o) curta-(longa-) metragem* → *(o) curta, (o) longa* 'kurzer bzw. langer Film'; *(campanha) pró-eleições diretas* → *pró-diretas* 'Kampagne für Direktwahlen',[1] *eleição prévia* → *prévia* (im Korpus kommt die Diminutivform *previazinha* vor) 'Vorwahl'; *(a) indústria (técnica) eletroeletrônica* → *(a) eletroeletrônica* → *(a) eletroeletrônica; (anúncio) comercial* → *(o) comercial* 'kommerzielle Anzeige'; *(comissão) executiva* → *(a) executiva* 'Exekutivausschuß'; *(prisão) preventiva* → *(a) preventiva* 'Untersuchungshaft'; *(a) terceira classe* → *(a) terceira* 'Touristenklasse' (im Korpus steht *terceirinha*, mit pejorativer Färbung); *serviço extraordinário* → *serviço extra* → *(o) extra* (es haben hier zwei Abkürzungen hintereinander stattgefunden; auch der Plural von *extra (os extras)* ist möglich); *quatro (jogadores* 'Spieler') + *três (jogadores) + três (jogadores)* → *(o) quatro-três-três* 'Taktik des Fußballs'; *(o) jogador lateral* → *(o) lateral* 'Flügelstürmer',[2]

---

1 Bei *pró-(eleições)diretas* hat man eine Konstituente aus der Mitte ausgelassen; *pró-diretas* kommt in Kontexten wie *campanha pró-diretas* vor.

2 Das Korpus bietet das N+N-Kompositum *tamanho-família* 'Familiengröße', das aber mit adjektivischer Funktion und der Bedeutung 'groß' verwendet

5.2 Wortmischung

In diesem Kapitel sollen nicht alle Aspekte des speziellen Teils der Sprachlehre, der in den Abhandlungen über Wortbildung und in den Lexika die verschiedensten Bezeichnungen bekommen hat, behandelt werden, sondern lediglich solche Aspekte, die zur Erläuterung der sieben Neubildungen des Korpus wesentlich beitragen. Die unterschiedlichen Bezeichnungen, die die Autoren dafür fanden, sind wohl ein Zeichen dafür, daß keine alle Aspekte dieses so vielseitigen Themas umfaßte:

BUSSMANN: Kontamination, Blending, Haplologische Zusammensetzung, Portmanteau-Wort, Koffer-Wort, Wortkreuzung, Wortverschmelzung, Mot valise; FLEISCHER (236): Wortmischung, Wortkreuzung, Kontamination; ERBEN (51): Wortmischung, Wortkreuzung, Kontamination. Hier wird "Wortmischung" bevorzugt, eine Bezeichnung, die auch FLEISCHER (ib.) und ERBEN (ib.) benutzen.

Unter den Neubildungen des Korpus ist zunächst folgende Einteilung vorzunehmen: homophone Wortmischungen vs. nichthomophone Wortmischungen.

5.2.1 Homophone Wortmischungen

Bei diesen Wortmischungen haben die Konstituenten einen mehr oder weniger langen gemeinsamen Teil:

hospitaú (von *seguro hospitalar Itaú* 'Krankenhauskostenversicherung der Bank Itaú'). Die Elemente dieses Wortes aus der Werbesprache überschneiden sich (*hospitaú*);

---

wird und oft zu *família* (*cocacola família* 'Colaliterflasche') gekürzt wird. Das Beispiel des Korpus ist *cassetetes tamanho-família* 'große Gummiknüppel'.

Limonik (von *limão* 'Zitrone' oder *limonada* 'Limonade' + *Sputnik*, Name einer Getränkefabrik; *Limonik* ist ein Getränk aus Wodka und Zitronenessenz oder -saft). Die Elemente dieser Mischung überschneiden sich folgendermaßen: *Limonik*;
Auding (wahrscheinlich von *audiovisual* 'audiovisuell' + *inglês* 'Englisch'; *Auding Idiomas* ist im Korpus der Name eines Fremdsprachenkurses). In *Auding*, in dem sich die Konstituenten auch überschneiden (*Auding*), erinnert das erste Element auch an das lateinische Verb *audire* und an das portugiesische gelehrte Nomen *audição* 'Gehör, Konzert, Empfang', das zweite Element an die Flexion *-ing* des englischen Partizip des Präsens;[1]
malular (von *malufar* 'Paulo Maluf unterstützen' + *Lula*, Vorsitzender der *PT* (*Partido dos Trabalhadores* 'Arbeiterpartei'); *malular* ist, wie mehrere andere modische Bildungen aus dem letzten brasilianischen Präsidentschaftswahlkampf, eine okkasionelle Bildung und kommt in Kontexten wie *Os membros do Partido dos Trabalhadores malularam* 'die Mitglieder der Arbeiterpartei haben Maluf unterstützt' vor. Die Überschneidung der Elemente dieses Wortes unterscheidet sich von der der vorhergehenden (*malular*), indem eine Konstituente mitten in die andere geschoben wird.

5.2.2 Nichthomophone Wortmischungen

Die Beispiele, die hier aufgeführt werden, sind Wortmischungen, deren Konstituenten kein gemeinsames lautliches Segment vorweisen. Wie bei den vorhergehenden Wortmischungen ist bei den Elementen, die verbunden werden, nicht notwendig, daß sie gekürzt werden. Bei *hospitaú* beispielsweise hat man die Konstituente *hospital* (*hosp*) gekürzt, *Itaú* nicht. Bei *showmício* ist die Konstituente *mício* die Kurzform von *comício*, *show* wurde ungekürzt übernommen.

---

1 Dies alles macht aus *Auding* einen kreativen Namen für einen Sprachkurs.

Bildungen aus dem Korpus:

showmício (von *show* 'Schau' + *comício* 'Kundgebung', mit Abkappung der Anlautsilbe *co-* von *comício*; *showmício* ist eine Kundgebung und Schau zugleich). Einen anderen Zustand hätten wir bei *show-comício*, mit voller zweiten Konstituente. *Show-comício* wäre ein kopulatives Kompositum, mit ähnlichem Inhalt wie *showmício*;
janecrete (von *Jane Corso* + *-crete*; *-crete* ist seinerseits ein nicht nach Morphemstruktur abgekappter Teil von *chacrete*, 'Showgirl' eines sehr populären Fernsehprogramms, dessen Moderator *Chacrinha* heißt). *Janecrete* werden im Korpus die jungen Damen genannt, die während eines Wahlkampfes um Stimmen für Jane Corso warben. Die Verwendung der Diminutivendung *-ete* würde zu dem schon sehr üblichen Frauennamen *Janete* (*Jane -ete*) geführt haben, und man hätte nicht die starke, im Korpus auch etwas abwertende Aussagekraft von *janecrete* erreicht;
Mogigate (von *Mogi das Cruzes*), einem Ort in der Nähe von São Paulo, + *-gate*, Bestandteil von *Watergate*, Untersuchungsaffäre, die zu Präsident Nixons Abdankung geführt hat. Bei *Mogigate* handelt es sich um eine Kreation der Journalistensprache, die zur Bezeichnung von durch Bestechungsskandale etc. veranlaßten Untersuchungen geschaffen wurde.[1]

Wie an den Bildungen des Korpus zu sehen ist, eignen sich Wortmischungen äußerst gut zum Ausdruck eines sehr breiten Spektrums von Gefühlen (s. *malular*, *janecrete* und *Mogigate*) sowie dazu, den Hörer-Leser zu einer bestimmten Handlung zu veranlassen (s. die Bildungen der Werbesprache *hospitaú*, *Auding* und *Limonik*). Andererseits sind Wortmischungen ad-hoc- oder okkasionelle Bildungen, die seltener das Glück haben, zu usuellen Wörtern zu werden und, wie *Smog*, *Botel* und *Motel*,

---

1 In der brasilianischen Presse war vorher schon die Bildung *Rio-Centergate* geläufig, und, nach Mitteilung eines Kollegen, mit dem ich über die brasilianischen Bildungen *Mogigate* und *Rio-Centergate* sprach, verwendete *France Inter* den Ausdruck *Wassergate* mit Bezug auf die deutsche Flick-Affäre.

Eintritt ins Lexikon zu finden.[1]

Schließlich zeigen die Beispiele des Korpus, daß die Elemente, die in eine Wortkreuzung eingehen, nicht immer in einer näheren begrifflichen Beziehung stehen müssen. Das Verhältnis, das die Elemente verknüpft, ist öfter eher pragmatischen oder geschichtlichen Faktoren zuzuschreiben, z.B. in *Mogigate*, *janecrete* und *hospitaú*. Ein günstiges begriffliches Verhältnis ist unter anderen bei *Auding* und *showmício* festzustellen.

5.3 Reduplikation

Das Korpus enthält drei Reduplikationen:
dói-dói 'Beschwerde, Klage, Reklamation'. Der *Aurélio* hat die Form *dodói* 'Wunde, Schmerz', in dem die Apokope des Auslautes der ersten Konstituente stattgefunden hat. *Dói-dói* ist die Verdoppelung der Verbform *dói*, dritte Person Singular des Indikativ Präsens des Verbs *doer* 'schmerzen, weh tun'. Kontext der Neubildung *dói-dói* aus dem Korpus: "A previdência sueca prova que o melhor planejamento pode ter falhas, que precisam ser corrigidas, doa a quem doer, mas ainda nenhum partido sueco se dispõe a agüentar o 'dói-dói' muito menos os aposentados." Es handelt sich bei *dói-dói*, was nicht zuletzt die Anführungszeichen zeigen wollen, um eine ad-hoc-Bildung, deren Bedeutung stark kontextgebunden ist;
oba-oba 'übertriebene Feststimmung, Disziplinlosigkeit, Durcheinander'. *Oba-oba* ist die Verdoppelung von *oba*, das der *Aurélio* als Interjektion, die Freude ausdrückt, bezeichnet. *Oba-oba* hat heute meist pejorative Färbung;

---

1 Nach meinen Beobachtungen eignen sich Wortmischungen besonders gut zur Werbung auf Plakaten. Ich habe mir selbst ein paar davon aufgeschrieben: *Euroshima* und *Mozärtliches*, auf Plakaten, die zu einer Demonstration gegen die Atomwaffen aufriefen bzw. zu einem Mozartkonzert einluden; *DELFMI* (von *Delfim Neto*, ehemaliger brasilianischer Wirtschaftsminister + FMI = *Fundo Monetário Internacional* 'Internationaler Währungsfonds'; das Plakat lud zu einem Vortrag ein, in dem Delfim Neto die Schuld für die riesigen Auslandschulden Brasiliens gegeben wurde. Die Neubildung scheint auch deshalb besonders geglückt zu sein, weil *FMI* zugleich Akronym aus *(DEL)FIM* ist.

tititi 'Flüstern, Gerede, Geschwätz, Klatsch'. Bei *tititi* wird die Silbe *ti* dreimal wiederholt, was einen lautmalenden Effekt hat. Von Bildungen dieser Art sagt BUSTOS TOVAR (260): "No afirmamos que sean palabras compuestas en el sentido tradicional del término, pero sî queremos llamar la atención sobre el hecho de que son elaboradas sobre la base de una composición silábica y que su valor simbólico es fruto, precisamente, de tal repetición." Und er fügt hinzu: "Es decir, nos encontraríamos ante un grupo de formas cuya motivación nace más de factores fónicos que de raíces morfológicas o semánticas."

Auf den ersten Blick glaubt man bei Reduplikationen, es mit Zusammensetzungen zu tun zu haben. Doch unterscheiden sie sich beträchtlich von den, wie BUSTOS TOVAR sagt (ib.), "palabras compuestas en el sentido tradicional". Die "traditionellen" Zusammensetzungen sind entweder Determinativ- oder Kopulativkomposita. Bei Determinativkomposita stehen die Konstituenten in einem DM-DS-, seltener DS-DM-Verhältnis, was bei den sogenannten Reduplikationen nicht der Fall ist. Bei Kopulativkomposita, wie z.B. *Sprecher-Hörer* oder *schwarzrotgold*, haben wir ein Sowohl-als-auch-Verhältnis, das auf Sachverhalt der Referenz fußt, was für die Reduplikationen auch nicht zutrifft.

Unter den Beispielen des Korpus unterscheiden wir zwei Typen von Reduplikationen: der erste ist durch *dói-dói* und *oba-oba* vertreten, der zweite durch *tititi*. Bei *tititi* handelt es sich um die Wiederholung der inhaltlosen Silbe *ti*, und nur dem neuen Wort wird eine Bedeutung zugeschrieben, deren Motivation, wie BUSTOS TOVAR (ib.) sagt, auf lautlichen Faktoren fußt. *Dói-dói* und *oba-oba* entstehen ihrerseits aus der Verdoppelung zweier Wörter, die Verbform *dói* 'es tut weh' bzw. der Interjektion *oba*, die Freude ausdrückt. Die Bedeutung der Reduplikationen ist, obwohl sie einen Wandel durchgemacht hat und auch noch weiter durchmachen kann, mit der Bedeutung der jeweiligen Simplizia verbunden. Natürlich trägt die Verdoppelung des Wortes zur Steigerung des Inhalts bei: Wenn *oba* Freude ausdrückt, drückt *oba* + *oba* eine noch größere Freude aus, dann eine zu große oder übertriebene Freude, wovon man schließlich zu den abwertenden Interpretationen 'Disziplinlosigkeit, Durcheinander' gekommen ist. Zur Bildung von *dói-dói* (*dodói*) kann man sich eine Situation vorstellen, in der jemand, der sich weh getan hat, nicht einmal *dói* 'es tut weh' sagt, sondern zweimal: *dói, dói* 'es tut sehr weh'. Das Element Intensität, das ursprünglich durch die Verdoppelung ausgedrückt wurde, ist dann im Laufe der Zeit beim Nomen verblaßt.

Mit diesen wenigen, jedoch interessanten Beispielen ist das Korpus ein Beweis dafür, daß diese kuriose Wortbildungsweise auch noch produktiv ist.

5.4 Analogiebildung

In der historischen Entwicklung der portugiesischen Sprache gibt es einen Lautwandel, der als *prolongamento da nasalidade*[1] 'Verlängerung der Nasalität' bezeichnet wird und von dem MATTOSO CÂMARA 1956 (146) sagt: Âs vezes a nasalação da vogal foi determinada pela propagação da articulação nasal da consoante inicial da sîlaba: *mi* > *mim*, *nio* (< lat. *nidu*) > *nĩo* (e depois *ninho*, como em *vĩo* > *vinho*)." Andere Beispiele dieses Lautwandels: (**made* >) port. *mae* > *mãe* 'Mutter'; (lat. *multu* >) port. *muito* > *mũĩto* (die Orthographie ist *muito*, aber die Aussprache *mũĩto*). Das Merkmal "nasal" wird von einem vorhergehenden Laut auf den nächsten oder die nächsten ausgedehnt. Bei dem häufigen Wortausgang *-ão* (*pão* 'Brot', *coração* 'Herz'), Aussprache ãw̃, hat sich die Nasalität auf den ganzen Diphthong ausgebreitet. Die Häufigkeit und die Erfüllung gewisser Bedingungen, unter denen sie vorkommen, erlauben uns, von einer Regularität oder Regelmäßigkeit zu sprechen. Dabei ist die Anwesenheit eines nasalen Lautes im Wort die Hauptbedingung.

---

1 Diese Bezeichnung verwendete Prof. Rosário Farani Mansur Guérios in seinen Vorlesungen über Historische Grammatik des Portugiesischen an der Bundesuniversität von Paraná, Brasilien.

Wenn wir jetzt einer Entwicklung wie (lat. *sic* >) port. *si* > *sim* /sĩ/,[1] wo das Ausgangswort keinen nasalen Laut hat, begegnen, fragen wir uns, was diesen Wandel verursacht hat. Die Antwort lautet, daß das morphologisch, syntaktisch und semantisch verwandte Wort *não* dies bewirkt hat. Die Begründung, die uns hier nicht länger beschäftigen soll, ist einleuchtend.

Diese Art Lautwandel und auch das Resultat, für dessen Vorkommen im Wort selbst keine artikulatorischen Gründe zu finden sind, sondern die Assoziation mit einem anderen Wort oder Gebilde der Sprache die Ursache ist, wird Analogie genannt. In dem präsentierten Fall ist relevant, daß die Änderung ein Einzelfall ist und daß keine Regularität zugrunde liegt. Eine Einheit (*si*) verspürte einen Wandel (*sim* /sĩ/) aufgrund der Assoziation mit einer anderen Einheit (*não*). Dies ist nicht der Fall bei der Sonorisierung, die in der Entwicklung vom Lateinischen ins Portugiesische sämtliche stimmlose intervokalischen Verschlußlaute (/p/, /t/, /k/) betraf: *tota* > *toda*, *capere* > *caber*, *pacare* > *pagar*.

Ähnliches kann in der Wortbildung festgestellt werden. Im Portugiesischen gibt es ein sehr produktives Wortbildungsmuster, nach dem man Adjektive mit dem Suffix *-ável* aus transitiven Verben bilden kann: *lavar* + *ável* ⟶ *lavável*, *solucionar* + *ável* ⟶ *solucionável*. Die Bedeutung ist die einer passivisch-modalen Prägung. *Lavável* und *solucionável*, wie die entsprechenden deutschen *waschbar* und *lösbar*, bedeuten: '(X) kann gewaschen bzw. gelöst werden'. In diesen Adjektiven ist der Inhalt des Verbs (*lavar*, *solucionar*) mit der Idee der Möglichkeit (das Suffix *-ável*) verbunden.

Ein anderes sehr produktives Muster ist die Bildung von Substantiven anhand einer substantivischen Basis und des Suffixes *-ista*. Das Ergebnis sind Nomina, die Bedeutungen wie 'Anhänger oder Sympathisant eines Politikers' (*castilhista*, von

---

1 Dieses Beispiel verdanke ich ebenfalls Prof. Rosário Farani Mansur Guêrios.

Júlio de Castilhos), 'Mitglied einer Partei' (*pedetista*, von *PDT*) usf. haben.

Wenn man nun eine Bildung wie *metroviário* hat (Kontext des Korpus: "know-how metroviário"), das nach den Vorbildern *rodoviário*, *aeroviário*, *ferroviário* und *hidroviário* (von *rodovia*, *aerovia*, *ferrovia* bzw. *hidrovia*) gebildet wurde, ohne zwischen *metrô* und *metroviário* die Zwischenstufe *metrovia* vorzuweisen, dann hat man keine Bildung nach einem Muster, das abstrakt repräsentiert werden kann (z.B. transitives Verb + *ável* → Adjektiv oder Eigenname + *-ista* → Substantiv), sondern die Bildung einer Ganzheit nach anderen Ganzheiten. Ein anderes Beispiel aus dem Korpus ist *extrojeção* '(fig.) Ausstrahlung', das wohl nach dem Lehnwort *introjeção* (englisch *introjection*; Kontext aus dem Korpus: "Em Natália do Valle, [...] embora bem mais contida na extrojeção da sensualidade patente, há três traços muito marcantes.") gebildet wurde. Bei diesem Fall handelt es sich um die Bildung einer Ganzheit nach einer anderen Ganzheit. Für solche Bildungen, die nicht nach einem festen Muster gebildet werden, sondern wo eine Ganzheit nach einer anderen Ganzheit oder anderen Ganzheiten geschaffen wird, wäre die Bezeichnung "Analogiobildung" angebracht. Dazu HÖFLER (545): "Als Ergebnis der vorangehenden Überlegungen läßt sich festhalten: Es erscheint nützlich zu unterscheiden zwischen Wortbildungen nach einem gegebenen Wortbildungsmuster (als Abstraktion der *langue* aus einer Reihe syntaktisch-semantisch gleich gebauter lexikalischer Einheiten) und Analogiebildungen als Neuprägungen nach einem einzelnen lexikalischen Vorbild. Daß ein solches lexikalisches Vorbild Ausgangspunkt zahlreicher Neubildungen und damit *leader word* eines neuen Wortbildungsmusters werden kann, zeigt lediglich die fließenden Übergänge zwischen beiden Erscheinungen, die jedoch methodisch durchaus voneinander unterschieden werden sollten."

Als Analogiebildungen des Deutschen bringt FLEISCHER (17) das Beispiel *telegen*, das nach dem Modell *fotogen* gebildet wurde, und KÜRSCHNER (33) das potentielle *Seefrau*, in Analogie zu dem existierenden *Seemann* 'männliche Person, die beruflich zur See fährt'. Obwohl, wie PAUL sagt (112f.), bei allen Wortbildungsprodukten, die nach einem gewissen Modell, auch bei denen, die nach einem besonders produktiven Muster, wie die Diminutiv- und Augmentativbildung des Portugiesischen, gebildet wurden, Analogie festzustellen ist, wird der Terminus "Analogiebildung" hier für solche Fälle reserviert, wo kein abstraktes Muster (wie z.B. V + *-ção* → Nomen actionis: *feminilizar -ção* → *feminilização*) zugrunde liegt. Unser Korpus bietet uns noch einige interessante Beispiele: Der *Aurélio* bringt *empatia* und *simpatia* neben *simpático* und *simpatizar*, die von *simpatia* abgeleitet sind. Nun wurden in Analogie zu diesen *empático* und *empatizar* gebildet (*simpatia : simpático, simpatizar = empatia* : X_1, X_2; X_1 = *empático*, X_2 = *empatizar*). Die Vorbilder liegen, besonders semantisch und phonologisch, den Produkten näher als die abstrakten Muster, nach denen heute noch im Portugiesischen Adjektive auf *-ico* und Verben auf *-izar* gebildet werden.

danceteria, das nach *cafeteria* gebildet wurde: *café : cafeteria = dança* : X; X = *danceteria*;
fumacê 'Lastwagen, der Insektenpulver verstreut' (von *fumaça* 'Rauchwolke') ist wahrscheinlich nach *balancê* (< fran. *balancier*) "einer Art Maschine" gebildet worden;
ruminância hat als Vorbilder Wörter, die mit dem heute wahrscheinlich unproduktiven Suffix *-ância* enden: *importar, importante : importância = ruminar, ruminante* : X; X = *ruminância*; *ruminar* bedeutet 'wiederkäuen, fig. durchdenken, überlegen' und *ruminância* 'Überlegung' (im Korpus kommt die Pluralform *ruminâncias* 'Überlegungen' vor);
implodir 'nach innen bersten', das nach *explodir* 'bersten, explodieren' (das Portugiesische kennt kein *plodir*, von dem *implodir* durch Präfigierung hätte abgeleitet werden können) gebildet wurde: *explodir : explosão* = X : *implosão*; X = *implodir*;[1]

1 Diese Wörter haben internationale Verwandte: im Englischen: *explode, explosion* und *implosion*; im Deutschen: *explodieren, Explosion* und *Implosion*; im Französischen: *exploser, explosion* und *imploser, implosion*.

aeromóvel, das nach *automóvel* gebildet wurde (nach dem Text des Korpus kann man nicht genau erschließen, um was für ein Verkehrsmittel es sich handelt);
pipimóvel 'Anhänger mit Toiletten', das gleichfalls nach *automóvel* gebildet wurde;
mandato-prorrogação 'verlängerte Amtszeit', nach *mandato-tampão* 'Amtszeit, die die normale Amtszeit einer vorhergehenden Regierung ergänzt'.
Eine analogische Wortbildung ist wohl auch die ad-hoc-Bildung (*aposentadoria* 'Ruhestand') *expulsória* (im Korpus in Klammern), die nach den schon älteren (*aposentadoria*) *compulsória* oder *voluntária* gebildet wurde.

6 Schlußbetrachtungen

Zusammenfassend wird ein Überblick über einige Aspekte der Wortbildung gegeben, den diese Untersuchung ermöglicht hat:

- Ein erster Schluß ist, daß in der Sprachlehre des Portugiesischen, außer den traditionellen kurzen Kapiteln in den im allgemeinen präskriptiven Grammatiken, die Wortbildung sehr wenig und nur oberflächlich untersucht wurde. Diese Feststellung und Meinung wird z.B. durch die Behauptung ROCHA LIMAs (43) untermauert, Suffixe seien inhaltlose Wortbildungselemente.

- Das ständige Nachschlagen im *Aurélio*, um zu sehen, ob eine bestimmte Wortbildung als neu betrachtet werden kann oder nicht, und das Prüfen, ob die dort befindlichen Stichwörter dem in der Einleitung dieser Arbeit zitierten Prinzip "Was herleitbar ist, ist auslaßbar" folgen, legt den Schluß nahe, daß viele Einträge des *Aurélio* überflüssig sind. Dies wurde beispielsweise auf Seite 36 in bezug auf viele Präfigierungen mit *re-* bemerkt. Ferner wurde an den entsprechenden Stellen darauf aufmerksam gemacht, daß Bildungen mit *anti-, ex-, pré-, semi-,-ável,* Augmentativ- und Diminutivbildungen nur ins Lexikon eingetragen werden müssen, wenn sie nicht mehr motiviert oder durchsichtig sind. Ähnliches wurde auch hinsichtlich der kopulativen Adjektivbildungen gesagt (S. 184, Anm. 1). Ich glaube deshalb, man darf mit Recht sagen, daß Wortbildung und Lexikographie besonders eng miteinander berknüpfte Bereiche der Sprachlehre sind.

- Der *Aurélio* bringt das Stichwort *monotemático*. Nun bot uns das Korpus die Neubildung *monotematismo* an, und es wurde dazu gesagt (S. 61, Anm. 1), daß es keine Bildung "von" einem Stamm ist, sondern eine Bildung "nach" einem anderen Wort. Hätte man eine Bildung "von" *monotemático*, wäre das Ergebnis die erweiterte Form *monotematicismo*, wie von *místico misticismo* abgeleitet wurde. In der portugiesischen Sprachlehre sind m.W. solche Erscheinungen bisher nicht behandelt worden. Es wird hier deshalb der Vorschlag gemacht, diese Art Wortbildung näher zu untersuchen.

- Gleicher Vorschlag gilt den pragmatischen Aspekten in der Wortbildung. Anläßlich mehrerer Bildungen (S. 89, 108, 181 u. 187) wurde behauptet, ihre volle Ausdruckskraft sei nur aus der Kenntnis von pragmatischen Faktoren zu erfassen.
- Ein anderer Aspekt, der im Laufe dieser Arbeit auffiel, ist die enge Verknüpfung von Wortbildung und Orthographie. Der Formulário Ortográfico (S. 16, Anm. 1) behandelt z.B. *mini-* nicht als Präfix. Demzufolge wurden die präfigierten Neubildungen *minirreforma* und *minissérie* ohne Bindestrich und mit doppeltem *r* bzw. *s* geschrieben. Würde es als Präfix betrachtet, wie es in dieser Arbeit der Fall ist, würde man in Analogie zu *anti-rábico* und *anti-social* beispielsweise *mini-reforma* und *mini-série* schreiben. Es sei weiterhin bemerkt, daß im Portugiesischen die Setzung des Bindestrichs ein Zeichen dafür ist, daß eine bestimmte Wortfolge als Kompositum empfunden wird. Diesbezüglich sei auf die Auseinandersetzung mit dem *Aurélio* (S. 177) angesichts der Schreibweise von *carta-branca* und *panos-quentes* hingewiesen.
- Was den phonologischen Aspekt der Wortbildung angeht, sei unterstrichen, daß es neben völlig voraussagbaren Erscheinungen, wie z.B. den verschiedenen Formen des Präfixes *in-* (S. 27), oder der Ersetzung von *-ável* durch *-abil* (S. 71), auch zur Zeit noch ungeklärte Fakten gibt. Ein Beispiel dafür sind die Neubildungen *golpezinho* und *obrazinha*, bei denen nicht klar ist, warum man nicht *golpinho (golpe + -inho)* und *obrinha* (*obra + -inha*), ohne Fugenmorphem, vorgezogen hat. Auch ist die Wahl des Endvokals bei regressiven Ableitungen nicht voraussagbar (S. 119).
- Es wurde in der Einleitung dieser Arbeit darauf hingewiesen, daß der Index mit seiner Quellenangabe für den an Stilwerten Interessierten sehr aufschlußreich sein kann. Es darf wohl auch hier daran erinnert werden, daß jede Wortbildung ein kreativer Akt ist, daß mit jeder Neubildung besondere Aus-

drucksabsichten gekoppelt sein können. Auf diesen Aspekt macht SPITZER (196) bei seiner Rezension über MEYER-LÜBKEs *Historische Grammatik der französischen Sprache*, 2. Teil: *Wortbildungslehre 1921* aufmerksam: "Wenn ich für weitere Auflagen, die dem Werke nicht fehlen können, einen Wunsch äußern darf, so wäre es der, daß im allgemeinen der stilistische Gesichtspunkt schärfer betont würde, der stilistische Charakter aller Neubildung, das künstlerische Ziel, das die Sprache mit den Neubildungen verfolgt." So erinnert VATER (36) an den pejorativen Gebrauch des deutschen Suffixes *-ei* (bzw. *-erei*). Im Portugiesischen gibt es als Gegenstück dazu den abwertenden Gebrauch der Suffixe *-eiro* (S. 52), *-ite* (S. 66), *-ice* (S. 70) und *-ismo* (S. 59). Stilistische Aspekte wurden bei der Betrachtung mehrerer Neubildungen betont. Auf einige sei hier hingewiesen: der seltene Gebrauch der Steigerungspräfixe *arqui-* und *hiper-* (S. 19 u. 26) bewirkt, daß sie eine stärkere Wirkung als *super-* oder *supra-* haben;[1] der wachsende Gebrauch der Augmentativ- und Diminutivpräfixe *macro-*, *maxi-*, *mega-*, *micro-* und *mini-* (S. 29f.) ist wahrscheinlich der Tatsache zuzuschreiben, daß sie emotionell neutraler sind als die Steigerungssuffixe; in ähnlicher Weise steigt in wissenschaftlichen Texten die Verwendung des Halbpräfixes *não* (S. 145) anstatt der negativen Präfixe *in-* oder *des-*, weil es nicht wie diese mit Emotion geladen ist. Daß die Bildung neuer Wörter kein Monopol der Fachsprache ist, zeigen die vielen Neubildungen aus dem umgangssprachlichen Bereich: *farofar, farofagem, farofeiro, frescão, bóia-fria, garotão, esnobada, sufoco, Bunsuça, cata-mendigo, goleirão, cirandão, timinho,* sowie viele, wenn nicht die meisten Bildungen mit den Augmentativ- und Diminutivsuffixen *-ão* und *-inho* überhaupt.

- Die Semantik der Neubildungen war ein zentrales Ziel dieser Untersuchung. Einige semantische Aspekte sollten hier zusam-

1 Dazu MOTSCH (186): "Je seltener eine Regel benutzt wird, umso stärker ist der Effekt einer schöpferischen sprachlichen Leistung."

menfassend unterstrichen werden: Unter den 39 Neubildungen mit *anti-* hat dieses Präfix die traditionelle Bedeutung 'gegen' bei 34, die neuere 'nicht gut, nicht echt' bei 5 Wörtern (die letzte Bedeutung hat auch *contra* in der Neubildung *contracultura*); von den 26 Neubildungen mit *re-* hat dieses Präfix die Bedeutung 'wieder' bei 18, 'wieder + anders' bei 8 Wörtern (bei keinem Beispiel bezeichnet *re-* 'Intensität + Wiederholung einer Handlung'); während sich *des-* auf die Bedeutung 'nicht' oder 'ent-' beschränkt hat, bringt *dis-* den Inhalt 'Trennung' zum Ausdruck; unter den Augmentativ- bzw. Diminutivbildungen fielen vom semantischen Standpunkt aus besonders *Gonzagão* 'der Vater Gonzaga' und *Gonzaguinha* 'der Sohn Gonzaga' und *dinheirão* 'viel Geld' und *dinheirinho* 'wenig Geld' auf; bei den Verbalsuffixen unterscheiden sich *-ecer* und *-izar* (*-ecer* drückt einen inchoativen Aspekt aus, während *-izar* 'in X umwandeln, zu X werden oder machen, an X anpassen') durch ihre einheitlichere Semantik von *-ar* (S. 96ff.); es fiel auf, daß bei allen 11 Neubildungen mit *in-* (S. 26f.) eine negative Bedeutung festzustellen war, was vermuten läßt, das Homonym *in-* 'hinein' komme nicht mehr in Neubildungen vor; an derselben Stelle fiel auch der euphemistische Charakter von *inverdade* 'Unwahrheit' gegenüber *mentira* 'Lüge' auf.

- In der Wortbildungslehre kennt man ein Phänomen, das von ARONOFF (43) die Bezeichnung "blocking" bekommen hat: "Blocking is the nonoccurrence of one form due to the simple existence of another." MOTSCH (184) drückt dies so aus: "Eine nach einem Muster mögliche Bildung kann unakzeptabel sein, wenn der ihr entsprechende Begriff bereits durch ein anderes Wort benannt ist." In dieser Arbeit (S. 77) ist aber festgestellt worden, daß dies bei den Deverbalia auf *-ção* und *-mento* nicht unbedingt der Fall ist. Die schon im *Aurélio* verzeichneten Formen *debilitação, desfiguração, indiciação* und *formigamento* haben nicht die Bildung der synonymen *debilitamento, desfiguramento, indiciamento* und *formigação* blockiert. Das gleiche gilt für die Neubildung *reacionar* (S. 95f.), die nicht durch das schon ältere und völlig synonyme *reagir* verhindert wurde. Phonologische, besser gesagt euphonische Restriktionen (S. 78) haben zur Bildung von (*regulamento* →) *regulamentar* → *regulamentação*, (*instrumento* →) *instrumentar* → *instrumentação*, nicht *regulamentamento* bzw. *instrumentamento* geführt. Das Korpus bot andererseits keine Wörter, die die Restriktionen gegenüber der Bildung von determinativen Selbstkomposita (S. 152, Anm. 1) oder von substantivischen Kopulativkomposita, dessen Konstituenten nicht zur selben Wortart (S. 151) gehören, verletzt hätten. MOTSCHs Behauptung, daß "je seltener eine Regel benutzt wird, umso stärker ist der Effekt einer schöpferischen sprachlichen Leistung" (186), darf wohl auch auf die Verletzung der Wortbildungsregeln, natürlich in beschränktem Maße, und auf sprachliche Phänomene, die an der Akzeptabilitätsgrenze liegen, bezogen werden. In diesem Rahmen sei auf die Bildung von substantivischen Augmentativen mit dem Suffix *-íssimo* hingewiesen (S. 89f.), z.B. *Orientíssimo*, sowie auf die Bildung der Jargonbezeichnungen mit dem Suffix *-ês* (S. 70), z.B. *politiquês*.

- Es wurde in der Einleitung dieser Arbeit gesagt, daß dem Aspekt "Entlehnung" kein besonderes Kapitel gewidmet würde. Zusammenfassend muß man hier jedoch feststellen, daß der Lehneinfluß, besonders des modernen Englisch, nicht zu unterschätzen ist. Dieser Einfluß kommt sowohl in Form von Einzelwörtern als auch in Form von Produktivität von Mustern zum Ausdruck. In bezug auf Einzelwörter wird im allgemeinen auf den Index hingewiesen. Auf einige soll hier besonders aufmerksam gemacht werden: *privacidade* (S. 71), *biônico* (S. 86), *agente-laranja* (S.159), *espaçonave* (S. 165), *boina-verde* (S. 176), *telejogo* (S. 42). Dem Französischen sind die Bildungen *social-democracia* (*socialdémocratie*), *velha-guarda* (*vieille garde*) und *carta-branca* zu verdanken. Der Einfluß von fremden Mustern hat zwei Punkte, die hervorgehoben werden müssen: einmal ist es die Bildung von Jargonbezeichnungen auf *-ês*, die ohne Zweifel, wie auf S. 70 (Anm. 1) gezeigt wurde, mit dem englischen Muster *-ese* in Beziehung gebracht werden muß, und zweitens die Reihenfolge DS-DM vieler

Substantivkomposita (S. 164ff.): *ciclovia, cinejornal, cinevídeo, motosserra, motogincana* und *radiotáxi*, etc. Auch die Bildung von Eigennamen zeigt oft den Einfluß des Englischen: *Júlio Bogorician Imóveis, Automóvel Clube, Povão Drogaria, Biblo's Bar, Antonio's* (S. 166).

- Die Zahlen des Korpus sagen einiges über die Produktivität der einzelnen Gebiete der Wortbildung im heutigen brasilianischen Portugiesisch aus: Von den 1.128 Bildungen sind 37 Halbaffixbildungen, 64 Wörter gehören zu den besonderen Arten der Wortbildung (25 Wortkürzungen, 17 Ellipsen, 7 Wortmischungen, 3 Reduplikationen, 12 Analogiebildungen), 260 sind Zusammensetzungen (1 Verbbildung, 42 Adjektivbildungen, 217 Substantivbildungen, davon 181 N+N, 7 N+A, 13 A+N, 9 N+de+N, 6 V+N, 1 N+NUM), 767 gehören zur Derivation (8 regressive Ableitungen, 27 Konversionen, 4 parasynthetische Derivationen, 298 Präfigierungen, 430 Suffigierungen, davon 282 Substantivbildungen, 98 Adjektivbildungen, 35 Verbbildungen, 15 Adverbbildungen). Im Kapitel "Zusammensetzung" wurde anläßlich der N+N-Komposita gesagt, daß besonders dieser Typ Wortbildung wahrscheinlich eine wachsende Produktivität zeigt, was möglicherweise dem Einfluß fremder Muster zuzuschreiben ist. Trotzdem zeigen die Zahlen, daß im Portugiesischen - man darf hier wohl verallgemeinern - die Ableitungen, besonders die Präfigierungen und die Suffigierungen, am meisten zur Bereicherung und Erneuerung des Wortschatzes beitragen, daß sie also immer noch die produktivsten Muster dieser Sprache darstellen.

- Unter den verschiedenen gebundenen Wortbildungskonstituenten sagt die Statistik auch einiges über ihre Produktivität: Präfixe: *anti-*: 39, *des-*: 34, *re-*: 26, *auto-*: 20; Nominalsuffixe: *-ista*: 49, *-inho*: 38, *-ismo*: 33, *-ção*: 28, *-mento*: 25; Adjektivsuffixe: *-ante*: 26, *-ável*: 9; Verbalsuffixe: *-ar*: 13, *-izar*: 11. Gegenüber nur vier parasynthetischen Bildungen sind 8 regressive Ableitungen zu registrieren. Unter den wenig produktiven seien erwähnt: *-ecer*: 1, *-eza*: 1, *-dura*: 1, *-ense*: 1. Demgegenüber sind die 6 Neubildungen mit

-ódromo und die 4 substantivischen Superlative mit *-íssimo* hervorzuheben. Es würde wohl Forscher anderer Aspekte oder Bereiche des menschlichen Verhaltens besonders interessieren, daß unter den Neubildungen 39 das Präfix *anti-* 'gegen, nicht gut' aufweisen, doch nur 5 das Halbpräfix *pró-* 'für'.

Von den verschiedenen Bereichen, die zur Bildung des Korpus, auf das die Arbeit aufgebaut wurde, beigetragen haben, ist ohne Zweifel der der Politik hervorzuheben. Exemplarisch werden einige Zahlen gegeben, die dies bezeugen sollen: aus dem politischen Bereich stammen 23 von 39 Präfixbildungen mit *anti-*, 26 von 49 Suffixbildungen mit *-ista*, 16 von 33 Suffixbildungen auf *-ismo*, 9 von 24 Suffixbildungen auf *-ar* und *-izar* und 20 von 36 A+A-Kopulativkomposita.

- Als neue Trends im Bereich der Wortbildung im brasilianischen Portugiesisch sind unter anderen folgende herauszustellen: die wachsende Produktivität der N+N-Komposita (S. 164); die Verbbildungen mit Eigennamen als Basis *Tancredo* + *-ar* → *tancredar* 'Tancredo unterstützen' (S. 97ff.); auffällig viele Bildungen mit *não* (S.144) und *-ódromo* (S. 68); Substantivbildungen mit ursprünglich adjektivischen Suffixen wie auf *-íssimo* und *-ável*; die zunehmende Verwendung der Präfixe *macro-, maxi-, mega-, micro-* und *mini-* zur Bezeichnung der Steigerung.

- Nach Abschluß mehrerer Kapitel oder Abschnitte wie der ganzen Arbeit selbst hatte man den Eindruck, daß im Bereich Wortbildung im brasilianischen Portugiesisch vieles in Bewegung ist und daß das Korpus reichen und interessanten Stoff und Anregung zu mehreren tiefergehenden Betrachtungen bietet. Jedesmal aber, wenn die Idee kam, den Umfang des Themas zu beschränken - z.B. nur die Zusammensetzung zu behandeln - hatte man das Gefühl, es wäre bedauerlich, einen Teilbereich wie die vier besonderen Arten der Wortbildung, die Präfigierung oder die Suffigierung beiseite zu lassen. Auch das Thema der Affixoide gäbe Stoff für weitere Abhandlungen. Es wurde also der Entschluß für ein breiteres Thema gefaßt, d.h. es wurde keiner der wichtigsten Aspekte der Wortbildung beiseite gelassen, denn im Korpus waren sie mehr oder weniger reichhaltig vertreten.

Da nicht alle Aspekte also so intensiv und tiefgehend erörtert wurden, wie sie es verdient hätten, bleibt hier die Anregung, diese Aspekte zum Thema weiterer Abhandlungen zu machen. Einige dieser Themen sollen hervorgehoben werden: Wortbildung in der Politik;[1] Wortbildung in der Sprache des Fußballs; Metapher, Metonymie und Wortbildung; Verwendung der Diminutiv- und Augmentativsuffixe und der Präfixe, die einen Grad bezeichnen: *mini-, maxi-, macro-, micro-, mega-, super-* und *hiper-*; Ableitungsrichtung: Präfigierung vs. Suffigierung; die Halbderivation; die Präfixe *re-* und *in-* und ihre Tendenz, Ableitungen mit Basen, die dynamisch bzw. statisch sind, zu bilden; der häufige Gebrauch des Diminutivsuffixes *-inho*: ein Thema für die Psycholinguistik; der pejorative Gebrauch einiger Suffixe (z.B. *-eiro, -ite, -ice, -ismo*) und seine Gründe; Wortbildung und Stilistik; Wortbildung und Lexikographie; neue Trends in der Wortbildung des brasilianischen Portugiesisch; Wortbildungen in den verschiedenen portugiesischsprechenden Räumen.

---

1 Die 42 Zeitungen, aus denen die Bildungen des Korpus entnommen wurden, stammen aus dem Jahre 1984, einem Jahr, in dem in Brasilien die Militärdiktatur der "Neuen Republik" Platz machte und das deswegen durch viele politische Bewegungen und Äußerungen gekennzeichnet war, was sich im Korpus widerspiegelt.

7 Literaturverzeichnis

ALEMANY BOLUFER, J., 1920. *Tratado de la formación de palabras en la lengua castellana. La derivación y la composición.* Madrid.

ALLEN, J.H.D. Jr., 1941. *Portuguese word-formation with suffixes.* Diss. New York.

ARONOFF, M., 1976. *Word-Formation in generative grammar.* Cambridge/Mass.: MIT Press.

Aurélio (s.u. FERREIRA).

BACK, E. & MATTOS, G., 1972. *Gramática Constructural da Língua Portuguesa.* São Paulo: F.T.D.

BALDINGER, K., 1950. *Kollektivsuffixe und Kollektivbegriff.* Berlin: Akademie-Verlag.

BASÍLIO, M., 1980. *Estruturas Lexicais do Português: uma Abordagem Gerativa.* Petrópolis: Vozes.

BAUER, L., 1983. *English word-formation.* Cambridge: University Press.

BECHARA, E., 1969. *Moderna Gramática Portuguesa.* São Paulo: Nacional.

BECKER, H.U., 1974. *Die approximativen Farbbezeichnungen in den romanischen Sprachen.* Diss. Bonn.

BERGENHOLTZ, H. & MUGDAN, J., 1979. *Einführung in die Morphologie.* Stuttgart: Kohlhammer.

BORK, H.D., 1977. Rezension zu: Günther Haensch, Annette Lallemand-Rietkötter: Wortbildungslehre des modernen Französisch. In: *Archiv für das Studium der neueren Sprachen und Literaturen* 214 (428-430).

BÜHLER, K., 1934. *Sprachtheorie.* Jena.

BUSSMANN, H., 1983. *Lexikon der Sprachwissenschaft.* Stuttgart: Alfred Kröner.

BUSTOS TOVAR, E. de, 1966. Algunas observaciones sobre la palabra compuesta. In: *Revista de Filologia Espanhola* 49 (255-274).

CASTRO, N.L. de, 1982. *Universo e Vocabulário do Grande Sertão.* Rio de Janeiro: Achiamé.

COUTINHO, I. de L., 1962. *Pontos de Gramática Histórica.* Rio de Janeiro: Livraria Acadêmica.

CUNHA, C., 1976. *Gramática do Português Contemporâneo.* Belo Horizonte: Bernardo Álvares.

DARDANO, M., 1978. *La formazione delle parole nell'italiano di oggi*. Roma: Bulzoni.

DARMESTETER, A., 1894. *Traité de la formation des mots composés*. Paris: Librairie Honoré Champion.

DOKULIL, M., 1968. Zur Frage der sog. Nullableitung. In: Brekle, H.E. & L. Lipka (eds.), *Wortbildung, Syntax und Morphologie*. FS für Hans Marchand. The Hague: Monton (55-64).

- 1968. Zur Frage der Konversion und verwandten Wortbildungsvorgänge und -beziehungen. In: *TCLC* 3 (215-239).

DUBOIS, J., 1962. *Étude sur la dérivation suffixale en français moderne et contemporain*. Paris: Larousse.

Duden. Grammatik der deutschen Gegenwartssprache. 4., völlig neu bearbeitete und erweiterte Auflage. Mannheim/Wien/Zürich, 1983: Bibl. Institut, Dudenverlag.

ERBEN, J., 1983. *Einführung in die deutsche Wortbildungslehre*. Berlin: Erich Schmidt.

ETTINGER, S. 1980. *Form und Funktion in der Wortbildung*. Tübingen: Gunter Narr.

FERREIRA, A.B. de H., 1975. *Novo Dicionário da Língua Portuguesa*. Rio de Janeiro: Nova Fronteira.

FIGUEIREDO, C., 1973. *Dicionário da Língua Portuguesa*. Amadora: Livraria Bertrand.

FLEISCHER, W., 1982. *Wortbildung der deutschen Gegenwartssprache*. Tübingen: Max Niemeyer.

Formulário Ortográfico - Instruções para a Organização do Vocabulário da Língua Portuguesa, genehmigt von der Academia Brasileira de Letras, am 12.8.1943.

GAMILLSCHEG, E., 1937. Zur Frage der Auswahl bei der suffixalen Ableitung. In: *Ausgewählte Aufsätze von Ernst Gamillscheg. Festschrift zu seinem 50. Geburtstag*. Jena/Leipzig (143-163).

GAUGER, H.-M.: 1968. Determinatum und Determinans im abgeleiteten Wort? In: Brekle, H. & Lipka, L. (eds.). *Wortbildung, Syntax und Morphologie* (93-108). The Hague/Paris.

- 1971. *Durchsichtige Wörter*. Heidelberg: Carl Winter.

GÖRLACH, M., 1982. *Einführung in die englische Sprachgeschichte*. Heidelberg: Quelle & Meyer.

GRÉSILLON, A., 1984. *La règle et le monstre: le mot-valise*. Tübingen: Max Niemeyer.

GÜNTHER, H., 1981. N+N. Untersuchungen zum Problem der Produktivität eines deutschen Wortbildungstyps. In: Lipka, L. & Günther, H. (eds.). *Wortbildung* (258-280). Darmstadt: Wissenschaftliche Buchgesellschaft.

HAENSCH, G. & LALLEMAND-RIETKÖTTER, A., 1972. *Wortbildungslehre des modernen Französisch*. München: Max Hueber.

HASSELROT, B., 1957. *Études sur la formation diminutive dans les langues romanes*. Uppsala/Wiesbaden.

HÖFLER, M., WOLF, H.J., 1970. Wortbildung und Analogie. In: *Zeitschrift für Romanische Philologie* 86 (538-552).

HUNDERTMARK - SANTOS MARTINS, M.T., 1982. *Portugiesische Grammatik*. Tübingen: Max Niemeyer.

JACKENDOFF, R., 1975. Morphological and semantic regularities in the Lexicon. In: *Language* 51 (639-671).

KASTOVSKY, D., 1981. Wortbildung und Nullmorphem. In: Lipka, L. & Günther, H. (eds.). *Wortbildung* (306-323). Darmstadt: Wissenschaftliche Buchgesellschaft.

KURSCHILDGEN, E., 1983. *Untersuchungen zu Funktionsänderungen bei Suffixen im Lateinischen und Romanischen*. Bonn: RHV (RBW, 1).

KÜRSCHNER, W., 1974. *Zur syntaktischen Beschreibung deutscher Nominalkomposita*. Tübingen: Max Niemeyer.

LAUSBERG, H., 1972. *Romanische Sprachwissenschaft,* Teil 3: *Formenlehre*. Berlin.

LEECH, G.N., 1968. *A linguistic guide to English poetry*. Longmans.

LEISI, E., 1985. *Das heutige English*. Heidelberg: Carl Winter.

LENÉ, G., 1899. *Les substantifs postverbaux dans la langue française*. Upsala: Almquist & Wiksell.

MALKIEL, Y., 1959. The two sources of the Hispanic suffix *-azo, -aço*. In: *Language* 35 (193-258).

MANSUR GUÉRIOS, R.F., 1964: *Português Ginasial*. São Paulo: Saraiva.

MARCHAND, H., 1969. *The categories and types of present-day English word-formation*. München: Beck'sche Verlagsbuchhandlung.

MATTHEWS, P.H., 1982. *Morphology - an introduction to the theory of word-structure*. Cambridge: University Press.

MATTOSO CÂMARA JR., J., 1976. *História e Estrutura da Língua Portuguesa*. Rio de Janeiro: Padrão.

MATTOSO CÂMARA JR., J., 1971. *Problemas de Lingüística Descritiva.* Petrópolis: Vozes.

- 1956. *Dicionário de Fatos Gramaticais.* Casa de Rui Barbosa.

MENÉNDEZ PIDAL, R., 1918. *Manual de Gramática Histórica Española.* Madrid.

MEYER-LÜBKE, W., 1966. *Historische Grammatik der französischen Sprache: Zweiter Teil - Wortbildungslehre.* Zweite, durchgesehene und ergänzte Auflage von J.M. Piel. Heidelberg: Carl Winter.

MIGLIORINI, B., 1927. *Dal nome proprio al nome comune.* Genève: Leo S. Olschki.

MOTSCH, W., 1977. Ein Plädoyer für die Beschreibung von Wortbildungen auf der Grundlage des Lexikons. In: Brekle, H.E. & Kastowsky, D. (eds.). *Perspektiven der Wortbildungsforschung* (180-202). Bonn: Bouvier.

NEUSS, E., 1981. Kopulativkomposita. In: *Sprachwissenschaft* 6 (31-68).

NYROP, Kr., 1908. *Grammaire historique de la langue française, III.* Kopenhagen: Nordisk Vorlag.

OLSEN, S. 1985. *Wortbildung im Deutschen: Eine Einführung in die Theorie der Wortstruktur.* Trier: L.A.U.T. (= KLAGE 9).

PAUL, H., 1920. *Prinzipien der Sprachgeschichte.* Halle: Max Niemeyer. 5. Auflage.

PEREIRA, E.C., 1954. *Gramática Expositiva.* São Paulo: Nacional.

PIEL, J.M. (s. MEYER-LÜBKE).

ROCHA LIMA, C.H. da, 1972. *Gramática Normativa da Língua Portuguesa.* Rio de Janeiro: José Olympio.

ROHLFS, G., 1968. Suffixreichtum in den romanischen Einwohnernamen. In: Brekle, H.E. & Lipka, L. (eds.). *Wortbildung, Syntax und Morphologie.* The Hague/ Paris.

ROHRER, C., 1967. *Die Wortzusammensetzung im modernen Französisch.* Tübingen: Walter Betz.

SPITZER, L., 1923. Rezension zu: Meyer-Lübke, Historische Grammatik der französischen Sprache, 2. Teil: Wortbildungslehre, 1921. In: *Archivum Romanicum* 7 (194-210).

STEIN, G., 1977. The place of word-formation in linguistic description. In: Brekle, H.E. & Kastowsky, D. (eds.). *Perspektiven der Wortbildungsforschung* (219-235). Bonn

THIELE, J., 1981. *Wortbildung der französischen Gegenwartssprache.* Leipzig: VEB Verlag Enzyklopädie.

TIETZE, G.O.A., 1974. *Einführung in die Wortbildung des heutigen Englisch*. Tübingen: Max Niemeyer.

VATER, H., 1971. Tendenzen der Wortbildung im heutigen Deutsch. In: *Biuletyn Fonograficzny* 12 (29-38).

VÖGEDING, J., 1981. *Das Halbsuffix "-frei": Zur Theorie der Wortbildung*. Tübingen: Gunter Narr.

WAHRIG, G., 1984. *Deutsches Wörterbuch*. Mosaik Verlag.

WANDRUSZKA, M., 1968. Englische und deutsche Nominalkomposition. In: Brekle, H.E. & Lipka, L. (eds.). *Wortbildung, Syntax und Morphologie* (242-250). The Hague/Paris.

WANDRUSZKA, U., 1976. *Probleme der neufranzösischen Wortbildung*. Tübingen: Max Niemeyer.

WARTBURG, W. von, 1922. Rezension zu: Meyer-Lübke, W., Historische Grammatik der französischen Sprache (2. Teil: Wortbildungslehre). 1921. In: *Zeitschrift für Romanische Philologie* 42 (504-508).

WIDDIG, W., 1982. *Archi-, ultra-, maxi- und andere Steigerungspräfixe im heutigen Französisch*. Genève: Librairie Droz.

WOLF, H.J., 1972. Ital. "romanista", "quattrocentista": Anwendungsbereiche eines gelehrten Suffixes im Italienischen, Spanischen und Französischen. In: *Romanische Forschungen* 84 (314-367).

ZUMTHOR, P., 1951. *Abréviations composés*. Amsterdam: North-Holland.

Register der Bildungen des Korpus

Zu jeder Bildung des Korpus wird zunächst das Vorkommen in den Zeitungen und zweitens in der Arbeit angegeben. Bei der Angabe des Vorkommens in den Zeitungen bezieht sich die erste Nummer auf die Zeitung (s. Liste u.), der Buchstabe auf das Heft (A = *1º Caderno*; B = *Caderno B*; C = *Caderno de Classificados* oder *de Carnaval*; E = *Caderno Especial* oder *de Esportes*), die zweite Nummer auf die Seite und die letzte auf die Spalte.

Liste der Zeitungen, mit Datum und entsprechender Nummer:

1.	JB	8. 1.84	22.	JB	13. 6.84
2.	JB	21. 1.84	23.	ESP	14. 6.84
3.	GLO	14. 2.84	24.	JB	22. 6.84
4.	JB	19. 2.84	25.	JB	2. 7.84
5.	JB	24. 2.84	26.	JB	19. 7.84
6.	JB	22. 3.84	27.	JB	7. 8.84
7.	JB	12. 4.84	28.	JB	17. 8.84
8.	JB	14. 4.84	29.	JB	25. 9.84
9.	JB	17. 4.84	30.	JB	27. 9.84
10.	JB	19. 4.84	31.	JB	17.10.84
11.	JB	29. 4.84	32.	JB	26.10.84
12.	ESP	29. 4.84	33.	JB	5.11.84
13.	ESP	13. 5.84	34.	JB	11.11.84
14.	JB	17. 5.84	35.	JB	19.11.84
15.	ESP	17. 5.84	36.	JB	23.11.84
16.	JB	22. 5.84	37.	JB	27.11.84
17.	JB	31. 5.84	38.	JB	12.12.84
18.	ESP	31. 5.84	39.	JB	14.12.84
19.	JB	5. 6.84	40.	JB	18.12.84
20.	JB	7. 6.84	41.	JB	19.12.84
21.	GLO	11. 6.84	42.	JB	20.12.84

Abreutur 1A3.3; 166
abridor-afiador 40A9.5; 154
absolutização 11E3.2; 73
acachapante 35A2.1; 90
acaudilhado 26A10.1; 129
acaudilhar 26A10.1; 129, 130
acionamento 16A4.6; 76
administrativo-organizacional 15A2.1; 182, 184
admoestante 9A11.2; 90
aeromóvel 19A5.4; 205
aético 4A11.2; 16
afoitamento 2A3.1; 76
afrouxo (N) 8A15.3; 111, 116, 119
agenciamento 1A25.4; 76
agenda-livre 14B3.6; 127, 176
agente-laranja 3A5.3; 159, 210
agilizar 9B3.4; 97, 99
aglutinador 7A3.1; 75
agriculturável 37A6.1; 82
agroalimentício 38A11.1; 185
agrotóxico 2A7.1; 165
aguçamento 16A10.2; 76
agudizar 11E3.3; 97
alcooleiro 33A2.4; 83
aleatoriamente 30A10.2; 106, 108, 110
além-convenção 5A6.1; 140
além-fronteira 4A23.4; 137, 140
alfabetizador 7A8.3; 75, 103
alimentador 9A5.1; 75
alinhavador 14B1.2; 75
alteridade 42A11.4; 71
alto-verão 30A1.2; 175
Alvaro's 28A3.5; 166
amanhã (N) 2A3.1; 124
amaralista 38A3.3; 62
amarelinho 26A10.1; 88
amarelo-palha 1A19.3; 188
amassadinho 4A13.4; 88
ambientação 3A11.6; 73
ambulatorial 2A4.3; 81
americano-soviético 36A10.2; 186
anarco-burguês 18A2.2; 184, 186
andreazzista 8A2.3; 62
anecóico 41A12.1; 16
anglo-potiguar 1A6.1; 187
antialérgico 11A7.5; 17
antiandreazzista 8A2.3; 17
antibelicosidade 27A11.4; 17
antiboicote 16A22.1; 17
anticâncer 40A8.2; 17
anticandidato 37A11.1; 17
anticonceptivo 1A20.5; 17
anticontinuísta 31A11.2; 17
anticonvencional 9B4.3; 17
anticonvulsionante 37A9.1; 17
anticrime 2A8.2; 17
anticultura 2A4.5; 18, 143
antidissidente 11A16.5; 17
antiecológico 13A6.2; 17
antiestatismo 2A11.2; 17, 131, 133, 134, 135
antiestatizante 34A11.2; 17
antifurto 33A4.5; 17
antifutebol 32A22.5; 18
antiguerrilha 8A8.6; 17, 122
antiinflacionário 9A12.5; 17
antijogo 7A27.1; 18
antilei 11A11.3; 18
anti-Maluf 5A6.1; 17
antimalufista 27A11.2;17
antimilitar 7A13.3; 17, 18

antimúsica 9B2.5; 18
antiocidental 36A8.2; 17, 18
antipopular 9A10.3; 17
antipovo 33A11.3; 17, 18
antiprorrogacionista 33A2.1; 17
anti-recesso 2A3.4; 17
anti-Revolução 29A2.1; 17
anti-sandinista 6A13.3; 17
anti-subversivo 1A23.2; 17
anti-superstição 8A6.2; 17
antiterror 1A21.3; 17, 18
antiterrorista 1A21.3; 18
antitruste 9B3.1; 18, 122
antitussígeno 37A9.1; 18
Antonio's 28A3.5; 166, 211
aparista 1A25.2; 62, 65
apartamento-tipo 38A3.2; 159
aparteante 1A7.3; 90
apart-hotel 22A8.4; 155
apartidário 11A3.3; 16
apeamento 15A3.4; 76
aplaudidíssimo 7A4.5; 89
aporte 14A27.5; 111, 116, 119
aprofundamento 19A3.5; 76
aprovo (N) 1A6.5; 7, 122, 125
armário-secretária 17A5.2; 155
arquiinimigo 14A4.5; 19, 135
arrumadeira-copeira 1A1.1; 153
arrumadeira-faxineira 2A1.1; 153
arrumadeira-lavadeira 6A1.4; 153
artesania 1E4.3; 54
articulador 28A2.4; 75
assembleísmo 35A10.2; 59
assistencialismo 1A13.1; 59
ataque-relâmpago 8A8.2; 159
ateizante 24A11.4; 90
atipicíssimo 26A11.3; 89
atoladeiro 32A10.1; 52
atrasadão 6A6.5; 88
atrasadinho 6A6.5; 88, 89
atrelamento 35A10.1; 76
Auding 20A21.4; 197, 198, 199
aurelianista 4A6.2; 62
auto-administrar 2A6.5; 19
auto-apelidado 17A4.5; 19
autobatizar-se 11A6.1; 19, 21
autocopiativo 23A11.5; 19
autodefinir-se 17A2.4; 19, 21
autodenominar-se 11A14.6; 19
autodepuração 11E5.3; 19
autodisciplina 9A11.2; 19
autofagicamente 1E5.4; 106
autofágico 1E5.4; 86, 106
autofinanciar-se 29A12.4; 19, 21
autofinanciável 6A10.2; 11, 19, 131, 135
autoflagelação 32A6.1; 19
autogestivo 38A6.1; 87
auto-imagem 36A6.2; 19
automedicação 11E2.4; 19
automotivo 9A20.1; 87
Automóvel Clube 9A10.4; 166, 211
autopeça 9A20.6; 165
autoproclamar-se 40A6.1; 11, 19, 21
autopromoção 36A6.1; 19
auto-regeneração 27A10.2; 19, 20
auto-regulação 31A17.5; 19, 20
auto-sub-rogação 12A7.2; 19, 20
auto-sustentável 1A18.1; 19, 20
autoteste 34A5.4; 20
auxílio-creche 39A17.4; 158, 162
aventureirismo 7A10.1; 59, 60, 123

avião-radar 15A1.3; 162
avião-tanque 9A7.4; 162
avião-transporte 9A7.4; 162

babá-arrumadeira 26A1.4; 153
baixo-astral 1A30.4; 175
baloeiro 24A9.1; 52
bandejão 9A8.5; 48, 50
Bar Amarelinho 26A6.1; 166
Barra Shopping 1A3.2; 166
bar-restaurante 1C3.5; 150, 154
barulhaço 16A4.6; 46
bastonário 11E3.2; 51
Bel Air Viagens 1A4.4; 166
bem comum 6A11.4; 176
bem-estruturado 26A10.2; 141
Biblo's Bar 1 B1.4; 166, 211
bicama 6A3.5; 21
bimilenar 39A11.1;21
biônico 1 A10.2; 86, 210
biritinha 17B1.1; 55
boboquice 24A10.2; 71
boca (-de-fumo) 3A7.3; 194
bóia-fria 14A1.4; 127, 167, 173, 176, 208
boina-verde 1A23.2; 176, 210
bolsão 1A10.4; 48, 49
bom-mocista 29A11.3; 63
bondinho 41A4.2; 55, 58
brasileiro-paraguaio 1A16.5; 7, 183, 184
brasilianista 16A1.2; 64
Brasil Turismo 1A4.1; 166
brazilianista 37A11.2; 64
Brizolândia 5A6.1; 6, 11, 69
Brizolão 22A8.5; 48, 49
brizolar 35A11.4; 95, 96, 100
Bunsuça 16A24.5; 194, 208
burocrático-militar 13A2.1; 184
burocratizante 35A10.1; 90
buzinaço 14B1.3; 46

cabeça-de-área 9A24.2; 177
caçarolaço 14A4.2; 46, 47
cadela-pastor 2A1.1; 159
caixinha 1A8.2; 55, 58
calçadão 3A7.5; 9, 49, 50
camarada-cidadão 13A2.3; 153, 155
camelódromo 34A7.1; 6, 68
camelotagem 2A6.1; 48
caminhão-bomba 8A8.3; 162
caminhão-inseticida 26A7.4; 158, 162
caminhoneiro 3A7.6; 52
camisa-dez 21E8.4; 182
Camisaria Novo Mundo 1A13.4; 166, 167
campeoníssimo 17B8.2; 89
campesinato 4A7.3; 51
canavieiro 5A15.1; 52
cançãozinha 33A11.1; 55, 57
candidato-vaga 28A6.5; 122
canoagem 4A34.4; 48
cantinho 35E6.5; 55
cantor-compositor 18A18.2; 152, 153
capacitação 1B3.2; 73
cardiorrespiratório 1A24.1; 185
caretice 27A11.3; 71
carioca-alemão 1A6.2; 7, 109, 188
carioca-fluminense 12A2.3; 186
carioca-gaúcho 1A6.2; 188
carioca-mineiro 1A6.2; 188
carioca-paulista 1A6.2; 188
caroneiro 7A5.1; 52

carro-bomba 2A9.4; 163
carro-chefe 1A27.2; 153, 159
carro-pipa 4A18.6; 163
carta-branca 17A4.6; 176, 177
carta-denúncia 15A2.5; 163
cartazete 3A30.1; 53
cartelização 12A9.3; 73, 77
cartelizar 23A26.2; 77, 97
cartorial 9B1.3; 81
cassador 19A6.1; 75
castilhista 1E1.5; 62, 201
cata-mendigo 3A11.3; 102, 122, 178, 181, 208
caudilhesco 13A2.3; 85
causalismo 11E5.1; 58, 60
cegonheiro 35A14.1; 52
cemitério-parque 23A12.2; 154
centro-direita 7A13.3; 127
centro-esquerda 7A13.3; 127
cepalino 32A10.2; 86
CESGRANRIO 2A5.5; 193
cestinha (m) 38A23.4; 8, 9, 55, 58, 126
chapão 39A2.5; 49, 50
Chico's Bar 1B1.4; 166
chopinho 1C4.1; 55
ciclovia 8A3.4; 153, 165, 211
cidadão-eleitor 11A11.4; 152, 155
ciência (A) 36A4.2; 122
cientificismo 9A11.3; 60
cimenteiro 23A26.2; 83
cinéfilo 4A10.5; 54
cinejornal 1B6.1; 165, 211
cinevídeo 1B7.3; 165, 211
CIP 30A19.1; 192, 193
cipado 30A19.1; 192
cirandão 20A1.1; 49, 208
cisalhar 13A5.2; 95
citricultor 14A1.4; 165
citricultura 14A1.4; 165
cívico-eleitoral 30A6.2; 184
clangoroso 30A11.3; 87, 109
clânico 15A3.4; 86
clientelismo 33A2.1; 59, 60, 65
clientelista 11A12.1; 63, 65
codinome 25A5.5; 165
co-gestão 7A5.2; 21
coisinha 36A3.3; 55, 57
Colégio Andrews 2A5.5; 166
colunável 7A18.6; 82
comercial (N) 3A30.1; 195
comício-monstro 9A11.2; 159
competitividade 1E2.4; 71
compra-fantasma 29A8.5; 159
compressor-bomba 3A9.3; 154
computadorizar 1A7.3; 97
comunitário-marginal 23A3.5; 186, 187
comunitarismo 13A3.4; 60
comunização 5A2.1; 73, 118
comunizar 33A11.1; 98, 118
condominial 1E5.1; 81
congressual 11A6.1; 79, 81
conscientemente 13A17.3; 106
contestatório 3A2.6; 93
contra (N) 6A13.3; 125
contra-argumento 37A2.4; 142, 143
contracultura 30A6.1; 142, 143, 209
contrafuxico 39A6.2; 122, 142
contragarantia 15A28.4; 142
contralance 19A11.2; 142, 144
contrapressão 32A6.2; 142
contra-revolucionário 9A13.4; 142
contribuinte-consumidor 2A10.3; 151, 155

controladoria 23A11.5; 54
conversinha 1C3.1; 55
copa-e-cozinha 12A9.5; 155
co-patrocinar 17A6.2; 21
copeira-arrumadeira 1A1.1; 153, 156
copeiro-arrumador 1A1.1; 153
copeiro-caseiro 6A1.5; 153, 156
copeiro-faxineiro 1A1.1; 153, 156
copeiro-jardineiro 6A1.5; 153
coqueira 38A6.2; 51
cordelista 25A1.3; 63
coreografar 9B2.4; 95
corridinha 22A11.3; 55, 57
cor-símbolo 11A6.2; 159
corujismo 29A10.5; 59, 60
covardão 13A7.1; 88
cozinha-bar 27A3.5; 150, 155, 156
cozinheira-arrumadeira 1A1.1; 7, 151, 153
cozinheira-banqueteira 2A1.1; 153
CPI 2A6.2; 191
creche-casulo 36A10.3; 159
credenciamento 1A16.4; 76
curiolar 34A14.1; 95, 96, 100
curta (N) 7B1.5; 195
curto-prazo 1E6.2; 175

danceteria 17A1.2; 204
data-base 36A11.1; 159
debilitamento 24A8.6; 76, 77, 209
defensoria 17A6.1; 54
degradável 4A12.3; 92
depilador 40A9.1; 75
deputado-delegado 30A6.2; 155
desarme 7A13.2; 102, 111, 115, 119
desassistido 36A11.1; 22
desatualizado 4A14.2; 22, 131
desbalanceado 16A11.1; 22
desbalanço 19A11.1; 22
desburocratização 22A15.1; 8, 22
desburocratizante 34A10.1; 22
descartável 28A6.4; 92
descolonização 12A9.3; 22, 131, 135
descompromissado 11E5.3; 22
descontaminação 26A3.1; 22
descontração 35A2.3; 22
descontraidamente 8A4.5; 106, 131, 134
desdolarizar 6A17.4; 129, 130, 131
desemocionalizado 8A2.4; 22
desengajamento 11E3.4; 22
desentrosamento 2A20.5; 22, 131
desenvolvimentista 1E5.1; 63
desestabilização 2A9.4; 23, 131, 133
desestabilizador 14A15.2; 22
desestabilizar 1E2.1; 22, 131, 133
desestatização 9A18.2; 23, 131
desestatizante 2A11.4; 22, 23
desestigmatizar 34A4.5; 23
desestruturação 37A9.1; 23
desfavelamento 1E5.1; 76, 131
desfavelar 1E5.1; 129, 130, 131
desfavoritismo 34A11.3; 22
desfiguramento 22A6.1; 77, 209
desfiliação 40A3.1; 23
desfolhante 19A8.3; 124
desgastante 1A32.2; 90, 91
desincompatibilização 9A1.1; 1, 6, 23, 73, 131, 135
desindexação 23A25.5; 23
desinflacionar 36A13.4; 23
desinformação 4A10.5; 22, 131

desintervenção 36A13.4; 22
desmalufar 34A4.5; 23
desmitificador 42A11.3; 75
desmistificar 16A24.1; 23
desmoralizante 13A3.5; 90, 131
desmunido 19A11.1; 22
desnuclearizado 15A9.3; 23
desossa 20A9.1; 111 119
despistamento 17A10.1; 76
despiste 16A24.3; 102, 111, 119
despoliciado 19A1.3; 22
desqualificante 18A16.5; 90
destrato 15A3.4; 23
detalhadíssimo 39A11.1; 89
detalhista 14B1.2; 63
deus-dinheiro 1A22.1; 11, 159
digitação 1A6.5; 73
dinheirão 41A9.4; 49, 209
dinheirinho 41A9.4; 49, 55, 209
direcionamento 16A10.1; 76, 78, 95
direcionar 9A8.5; 78, 95
diretas (N) 2A3.1; 195
diretista 17A4.5; 63
diretor comercial 29A8.5; 176
diretor financeiro 6A17.1; 176
diretor geral 29A18.5; 176
diretor-gerente 27A11.1; 159
diretor-presidente 30A3.5; 160
diretor-superintendente 39A3.3; 160
diretor-tesoureiro 27A11.1; 160
disco-fascículo 13A12,4; 160
discricionarismo 22A11.1; 60
disfusão 42A4.2; 23
disquete 19A3.4; 53
divisionismo 14A10.5; 60
DM Eletrônica 6A19.1; 166
documento-compromisso 17A4.4; 163
documento-programa de ação 33A6.1; 163
dói-dói 11E2.4; 102, 199, 200, 201
dólar-flor 21A6.2; 158
drasticamente 8A11.3; 106

ecologista 28A5.1; 63, 65
ecomuseologia 29A6.1; 11, 165
economicista 4A7.2; 63
econômico-financeiro 37A6.4; 184
econômico-social 15A2.1; 184
economista-chefe 40A1.4; 160
ecossistema 4A12.4; 11, 165
edifício-garagem 14A8.1; 160
edifício-sede 8A15.1; 160
editor-gerente 36A6.3; 154
efeito-dominó 9B3.2; 160
eleitoral-partidário 40A11.1; 184
eletricitário 32A5.3; 51
eletroacústico 23A18.3; 185
eletroeletrônica (N) 39A6.1; 195
eletroeletrônico 11A7.4; 185
eletronicissimamente 16B8.5; 106
eletronicíssimo 16B8.5; 89, 106
eletro (cardiograma) 4A15.1; 194
elitização 9A10.5; 73, 103
elitizar 9A10.5; 99, 103, 124
emancipacionista 31A6.1; 63
emancipatório 42A11.4; 93
Embrafilme 9B2.1; 193
emendão 7A2.4; 49
emendista 13A5.2; 63, 65, 86
emendístico 13A5.2; 65, 86
emergencial 1A15.4; 81

emocionalidade 9A4.5; 71
emocionalizar 9B3.4; 98
emparedamento 20A11.2; 77
empático 21A24.1; 86, 204
empatizar 21A24.1; 98, 204
empolgação 1C6.2; 73
empresa-fantasma 16A12.2; 160
empréstimo-jumbo 2A1.4; 160
empurrãozinho 20A11.2; 55, 57
encorpadamente 8A10.1; 106
encucação 21A24.2; 73
endividamento 7A13.3; 45, 76
enfrentamento 12A16.3; 77
engrossável 19A11.1; 92
enraizamento 7A10.1; 77, 103
ensaîsmo 19A11.4; 60
ensombrecer 12A2.3; 97, 98, 100, 129, 130
entorno 1E5.1; 7, 102, 111, 119
entreguismo 9A10.3; 59, 60
envenenante 15A2.5; 90
escândalo-monstro 18A2.1; 160
escândalo-rei 11A11.3; 160
escolinha 39A10.4; 55, 58
esnobada 21A2.4; 72, 208
esnobar 7A6.1; 95, 96, 100, 124
espaçonave 1A18.3; 165, 210
espezinhamento 30A11.1; 77
esportivo-eleitoral 13A2.4; 184
esquerdização 26A5.6; 73
esquerdizante 30A9.5; 90, 103
esquerdizar 26A5.6; 103
estado-empresário 38A10.2; 154
estalinho 20A6.2; 55, 126
estatismo 2A11.2; 59, 60, 133
estatizante 11E3.3; 90
esticada (N) 41A9.2; 72, 103
estrelîssima 21A24.2; 4, 89
euromîssil 6A12.3; 165
europeîsta 39A10.1; 63 65
exacergante 7A3.1; 90
ex-aliado 27B3.5; 24
ex-andreazzista 34A5.5; 10, 24
ex-apresentador 19B2.1; 24
ex-arquiteto 17B1.1; 24
ex-chanceler 13A4.6; 8, 24
exclusivîssimo 41A5.6; 89
exclusivista 8A10.2; 64, 65
ex-combatente 20A1.1; 24
ex-consultor 13A5.1; 24
executiva (N) 20A3.1; 195
ex-guerrilheiro 28A11.1; 24
ex-integrante 27A3.5; 24
ex-montonero 24A4.3; 24
ex-parlamentar 7A6.2; 25
ex-pedessista 28A2.1; 10, 25
experiência-piloto 12A19.1; 160
ex-presidente 27A3.6; 8, 24, 25
ex-presidiário 9A8.3; 25
ex-prisioneiro 11A16.2; 25
ex-publicitário 17B1.1; 24, 25
expulsória (N) 23A14.4; 205
ex-segundo homem 9A13.1; 24, 25
externamente 20A11.1; 106, 108
ex-titular 37A1.5; 25
extra (N) 1A18.1; 195
extradoméstica 2A11.2; 25
extraforte 31A17.5; 25
extra-sensorial 1A6.1; 25
extraterrestre 7B8.3; 25
extrojeção 21A24.1; 25, 203
ex-vice-presidente 7A13.3; 24, 25

fadinha 27A10.5; 56

faixa-título 18A18.2; 163

farofagem 40A10.5; 48, 52, 73, 103, 208

farofar 34A8.4; 48, 52, 73, 95, 96, 100, 103, 208

farofeiro 34A8.4; 48, 52, 208

favelização 33A10.2; 73

feirinha 38A8.5; 56

feminilização 14A27.5; 73, 203

feminilizar 14A27.5; 99, 124, 203

ferramentaria 15A46.3; 50

festa-campanha 1C5.2; 154

festa-comício 40A6.2; 154

festa-surpresa 25A6.4; 154

filhinho-de-papai 2A1.3; 8, 56, 177

filme-catástrofe 14B2.5; 163

filmografia 9B2.3; 165

filmópera 30B1.1; 154

filocidental 15A3.2; 26

filonipônico 15A3.2; 11, 26

fim-de-semana 2A3.4; 151, 171, 177

fiscal-chefe 4A13.1; 160

fisiologismo 1A10.1; 60, 98

fisiologizar-se 23A2.1; 98

fonoaudiologia 9A8.4; 156

formigação 38A26.5; 73, 77,209

fraldão 14A7.3; 49, 50

franco-africano 39A10.1; 186

franco-britânico 32A9.5; 186

frentista 27A1.4; 62

frescão 4A16.2; 88, 124, 208

frustrante 30A10.1; 90

fulanizar 14A2.1; 98

fumacê 26A7.4; 204

FUNAI 2A6.5; 193

fustigamento 1A10.2; 77

futebol-raça 4A38.4; 160

futevôlei 7A28.3; 155, 156, 166

futivôlei 7A28.5; 155, 156, 166

futurologista 13A2.3; 63

garotão 34A12.3; 8, 49, 50, 208

garota-propaganda 3A30.1; 150, 163

geiseliano 11A11.3; 85

gerenciamento 23A11.5; 77, 78

gerenciável 41A11.3; 92

gizódromo 33A10.5; 68

goleirão 35E6.5; 49, 50, 208

golpezinho 20A4.4; 56, 57, 207

golpismo 37A10.1; 59, 60

golpista 37A10.2; 63

golzinho 35E6.5; 56, 57

Gonzagão 1B3.5; 49, 50, 56, 209

Gonzaguinha 1B3.5; 49, 50, 56, 209

gonzaguista 17A4.6; 62

governite 40A6.2; 66

governo-tampão 13A2.2; 160

gracinha 6A10.4; 56

gradualista 42A10.4; 63

grafiteiro 9B1.4; 52

Grande Belo Horizonte 1A19.2; 174

Grande São Paulo 1A30.4; 174

gravosidade 31A15.1; 71

grevismo 13A3.2; 59, 60

guerra-fria 2A11.1; 151

hamletiano 39A10.2; 85

Harry's Bar 28A3.5; 166

hiperinflação 38A11.3; 26

hipermercado 15A29.3; 26

historicista 11E5.3; 63

historinha 42A4.3; 56, 58

homem-chave 13A2.2; 160
homem-suicida 2A8.4; 160
hominização 9A10.5; 73
hominizar 9A10.5; 99
honrosíssimo 23A2.1; 89
hora extra 1A23.1; 176
hortifrutigranjeiro 22A13.3; 156, 185
hortimercado 7A5.5; 165, 166
hortomercado 42A14.5; 165
hospitaú 17A3.4; 196, 198, 199

ibope (IBOPE) 1B6.5; 192
ideologizante 25A6.1; 90
igualitarista 29A11.3; 63
iliquidável 15A3.1; 27
imobiliarismo 23A14.2; 60
imperatividade 13A5.1; 71
implodir 7A19.1; 97, 204
inapelavelmente 41A2.1; 106, 110
INAMPS 2A4.3; 192, 193
inconclusivo 36A2.5; 27
indefinição 1E5.1; 27
indesmobilizável 9A11.2; 27
indexador 33A6.1; 75
indiciamento 4A7.4; 77, 209
indiretas (N) 2A2.3; 195
indiretista 12A7.2; 63
indiscriminatório 16B8.5; 27, 131, 133
industrial-militar 11E1.3; 184
inegociabilidade 16A11.1; 27, 71, 131, 134
inelasticidade 23A26.1; 27
instigante 5B1.2; 90
instrumentalizar 8A10.2; 98, 103
instrumentalizável 30A11.4; 91, 103
insuscetível 19A3.6; 27
integralidade 24A11.2; 71
integrista 13A15.2; 63
inteirinho 11A11.2; 88
interfronteiras 35A6.1; 28
intermediação 1A27.1; 73, 131
intermediador 27A10.4; 75
internamente 20A11.1; 106, 108
intersindical 11E3.2; 28
intra-auricular 17A7.2; 28
intrapartidário 21A3.3; 28
inverdade 1A10.2; 7, 27, 209
ir-e-vir (N) 9A6.1; 125
irrealismo 1E3.2; 28, 59, 61, 131, 133, 134
irrealista 11A3.2; 28, 63, 131, 133, 134
islamização 41A15.6; 73
isolacionismo 2A11.1; 61
israelense-palestino 12A14.4; 186

janecrete 37A8.3; 198, 199
jato-hélice 37A11.6; 156
jazzmania 5A6.4; 147
jeitinho 4A15.4; 56
joelhaço 1A6.2; 7, 46, 47
jogão 35E6.5; 50
jogo-de-cintura 1B6.5; 177
jogo-exibição 7A25.5; 160
jogo-treino 2A20.5; 160
joguinho 38A26.5; 56
Júlio Bogorician Imóveis 2A7.5; 166, 167, 211
jurídico-legal 2A10.4; 184
jurídico-sociológico 2A10.4; 184
jurisdicismo 32A10.2; 61

kremlinologia 11E1.3; 165
kremlinólogo 40A10.2; 165
kuwaitiano 16A1.5; 85

lagunar 3A9.4; 82
lança-foguetes 12A9.1; 102, 151, 180, 181
laqueadura 23A11.4; 76, 103, 118
lateral (direito) (m) 1A32.5; 127, 176
lateral (esquerdo) (m) 1A32.6; 127, 176
laterizável 4A12.5; 92
lava-louça 42A5.5; 102, 181
lesividade 13A7.2; 71
Limonik 36A1.2; 197, 198
lipoaspiração 1B3.3; 165
liquidacionismo 39A10.1; 61,65
liquidacionista 39A10.1; 64,65
livre-atirador 20A10.2; 175
livro-câmbio 1A25.1; 174
livro-poema 33A6.1; 163
longa (N) 7B1.5; 195
loteador 24A8.4; 75, 76
ludibriação 8A10.3; 73
luzinha 27A10.5; 56

macielista 8A2.4; 62
macro (A) 19A11.2; 124
macroassalto 17A10.1; 29, 30
macro (empresa) 2A11.4; 194
madrasto 12A2.3; 125
mãe-pátria 15A3.2; 160
má-fê 1A25.4; 175
maldragado 26A7.4; 141
malha-fina 11A1.2; 169, 176
malufada 30A6.2; 72
malufagem 33A6.2; 48
malufar 25A2.5; 6, 95, 96, 98, 99, 100
malufeiro 9A3.1; 52
malufiano 4A11.4; 11, 85
malufista 2A2.4; 62
malular 31A6.2; 95, 100, 197, 198
mandato-prorrogação 35A6.1; 205
mandato-tampão 27A11.3; 160
Manuelzão 33B1.4; 49
Marina Barra Clube 1A5.4; 166
martelante 28A11.4; 91
materno-infantil 21A2.7; 185
matrizaria 3A5.4; 12, 50
maxidesvalorização 1A1.4; 29
médico-odontológico 9A7.2; 185
médico-professor 27A7.5; 151, 152, 154
megaprojeto 38A19.3; 29
meia (N) 1B5.3; 195
meio-campo 1A32.5; 127, 175
meio-de-campo 9A24.6; 177
meio-fundista 27A24.1; 150, 175
meio-fundo 27A24.1; 175
mercadologicamente 6A9.1; 106
mesa-console 17A5.5; 109, 155, 156
metralhamento 20A8.1; 77, 118
metroviário 13A2.5; 51, 203
mexicanização 19B2.2; 73, 74
mexicanizar 19B2.2; 100
micrão 32A17.1; 49, 194
micro (N) 18A2.2; 194
micro-Brasis 36A4.2; 29
microcircuito 15A28.1; 29
micro (computador) 6A19.1; 194
microempresa 14A6.2; 29, 30
micro (empresa) 2A11.4; 194

microempresário 13A1.5; 29, 30
microengenho 16B8.5; 29, 30
microfestival 6A19.1; 29
microinformática 6A19.1; 29, 30
micro-macro (A) 2A11.4; 122
microprocessador 1A6.3; 29
microtrator 2A10.3; 29
mictódromo 33A10.5;68
militarmente 8A2.1; 106
mineirice 27B8.1; 71
minibloco 9A11.1; 29
miniblusa 1B2.2; 29
minidesvalorizacão 1A1.4; 29
mini (desvalorização) 2A14.3; 194
minigênio 3A8.6; 29
minijornal 16A8.5; 29
miniplano 12A9.3; 30
miniposto 9A10.5; 30, 158
minirreforma 29A3.5; 30, 207
minissêrie 21A24.1; 30, 207
Ministro-Chefe do Gabinete Militar 3A3.1; 161
Ministro-Presidente 36A2.5; 161
Ministro-Relator 36A2.5; 161
minizoolôgico 21E4.5; 30
mistificante 27A11.1; 91
misturador 40A9.1; 75
mitificador 42A11.3; 75
mito-homem 3A11.6; 161
mix-batedeira 40A9.2; 154
modelator-alisador 40A9.3; 154, 157
modelinho 4A9.6; 56
Mogigate 13A2.4; 198, 199
momentinho 35A10.5; 56, 57
monotematismo 30A11.4; 61, 206
montessoriano 1A6.4; 85
montorar 32A6.2; 6, 95, 100
montorismo 33A6.2; 59, 61
montorização 32A6.2; 74
montorizar 32A6.2; 6, 99
moreneza 27A11.3; 70, 123
motoca 7A3.1; 67
motogincana 32A22.3; 165, 211
motoqueiro 2A5.2; 52
motosserra 4A12.4; 15, 153, 158, 165, 211
multiconfessional 3A12.3; 30, 31
multidisciplinar 1A26.2; 30
multifamiliar 26A10.4; 31
multifariedade 23A2.2; 71
multipartidário 11A2.3; 30, 31
multiusuário 32A17.1; 31
multivisão 33A3.4; 31
municipalesco 35A11.1; 85
museu-escola 13A14.6; 161
musiquinha 21E2.5; 56

não-anistiado 41A6.2; 144
não-cooperante 26A11.1; 144
não-democrático 25A11.3; 144
não-durável 35A11.1; 144
não-estatal 1E3.1; 144
não-ferroso 1A25.2; 144
não-idêntico 42A11.3; 144
não-integrado 1A25.2; 144
não-malufista 40A5.1; 144
não-militar 11E1.3; 144
não-pagamento 9A8.1; 144
não-polîtico 24A4.3; 144
não-proprietário 23A1.5; 144, 145
não-uso 19A12.1; 144
não-violência 2A8.1; 144, 145

não-violento 31A1.5; 144
narcotráfico 25A1.2; 165
nascer-sofrer 25A10.4; 149
nasserismo 1E2.1; 61
natalismo 38A11.4; 61
natalista 38A11.4; 63
navio-oficina 5A15.1; 153, 163
navio-sonda 28A19.6; 163
necessário (N) 17A6.2; 124
neocruzeiro 1A11.1; 31
neokeynesiano 1A27.3; 31
neonazista 27A12.5; 31
neo-rico 1A11.1; 31
neo-udenismo 4A10.3; 31
Nuclebrás 9A20.6; 193
número-base 29A11.2; 161

oba-oba 2A3.2; 199, 200
obra-símbolo 2A5.1; 161
obrazinha 22A8.4; 56, 57, 207
obviedade 15A2.1; 71
ódromo 33A10.5; 3, 68
oficialismo 26A10.2; 61
operação-reboque 29A1.5; 161
operação-vingança 11A6.1; 161
operacionalização 21A2.1; 74
oprimido-opressor 11A10.4; 122
ordeiríssimo 33B1.4; 89
ordem-do-dia 20A3.1; 177
Orientíssimo 17A2.3; 89, 90, 210
orwellesco 37A19.5; 85
ostensividade 27A10.2; 71, 123
Óticas Brasil 1A7.5; 166
ovação 26A6.1; 74

Páginas Amarelas 6A9.3; 166
país-membro 23A27.3; 161
país-problema 22A6.1; 161
país-satélite 36A10.2; 161
palavra-chave 32B1.1; 137, 158, 161
palmatoriocracia 17A10.4; 165
panfletagem 14B1.3; 48
panos-quentes 27A9.3; 176, 177, 207
Pão de Açúcar Well's 12A8.1; 166
Pão-Maluf 29A6.2; 163
Pão-Tancredo 29A6.2; 163
papa-sorriso 13A8.1; 163
papa-viajante 13A8.1; 161
papel-base 23A11.3; 161
paradidático 32B3.1; 31
partidão 5A6.1; 50
partidíssima 9A13.6; 89
passadólogo 1A11.1; 4, 165
passeata-comício 9A2.5; 154
passeata-show-comício 9A6.2; 154
pastor (-alemão) 2A1.1; 194
paternal-caudilhesco 13A2.3; 187
paternalístico 23A2.1; 59, 65, 86
patrulhinha 35A12.2; 56
patrulhismo 22A10.2; 61
peça-chave 2A10.2; 137, 161
pecuarista-leiteiro 1A6.2; 154
PDS 2B8.1; 191
pedantotecnocracia 32A13.1; 166
pedessista 2B8.1; 62
pedetista 9B3.3; 62, 202
peemedebista 13A2.3; 62, 192
pemedebista 2A3.1; 62, 192
penalização 38A10.2; 74
peralvilhesco 27A11.1; 85
perdurabilidade 9A11.4; 2, 71
pesquisante 15A3.4; 91
pessedista 1A10.1; 62, 192
petebizar 27A4.5; 98

petista 9A3.1; 62

pinel 27A9.4; 126

pipimóvel 1A20.3; 205

pistamirim 41A7.3; 66, 67

planaltino 23A3.3; 86

pluviosidade 4A9.2; 71

PMDB 2A3.1; 191

pobrelogia 38A11.4; 4, 166

poder-função 1E3.5; 163

poesia (A) 36A4.2; 122

policial-militar 24A4.4; 187

poliesportivo 15A29.3; 32

político-administrativo 13A18.3; 185

político-institucional 8A6.1; 185

político-jurídico 15A2.1; 185

político-lesgislativo 6A11.3; 185

político-militar 35A6.2; 186

político-partidário 23A1.3; 182, 185

político-religioso 5A1.2; 182, 185

político-sindical 12A3.1; 185

politiquês 11E1.3; 70, 210

politraumatizado 30A2.1; 32

ponta-de-lança 1A32.1; 177

ponte aérea 38A1.3; 176

ponto-de-vista 1A20.5; 177

porta-garrafas 37A8.2; 102, 181

porta-ovos 37A8.2; 102, 181

portelense 1C5.1; 84

Portobrás 5A15.4; 193

pós-fixado 8A16.4; 32

pós-graduar-se 14B1.4; 32

pós-guerra 2A9.1; 32

posição-chave 33A9.2; 137, 161

posicionamento 5A3.5; 77, 78

pós-industrial 1A10.4; 32

possível (N) 17A6.2; 124

pós-modernidade 42A11.4; 8, 32

pós-parto 1A20.5; 32

pós-populista 16A11.1; 32

pós-Revolução 29A2.1; 32

pós-revolucionário 6A11.3; 32

pós-64 1E3.1; 32

pós-25 de abril 16A11.2; 32

povão 1A7.3; 49, 50

Povão Drogaria 1A7.3; 166, 211

pratista 1C2.4; 62, 65

prato-feito 1A30.2; 176

pré-calamidade 26A9.3; 33

precariíssimo 11E5.2; 89

precinho 41A5.5; 56, 57

pré-classificação 12A7.6; 33

preconceituoso 18A19.3; 45, 87, 109

pré-condição 3A12.5; 33

pré-contrato 23A22.1; 33

pré-convocar 1A30.2 ; 33

pregão-teste 37A15.5; 161

pré-gravado 14B1.2; 33

pré-grito de Carnaval 1B3.1; 33

pré-jubileu 9B3.5; 33

pré-lançamento 42A2.4; 33

pré-metrô 2A5.3; 33

pré-olímpico 1A31.3; 33

pré-partido 40A11.2; 33

pré-pombalino 11E3.1; 33

pré-programa 2A11.5; 33

pré-programado 34A5.4; 33

pré-qualificação 12A7.4; 33

pré-selecionado 1A31.5; 33

preservacionista 23A14.1; 64

preso-escritor 25A5.4; 155

pressentível 19A11.1; 92
prestação-aluguel 21C1.1; 156
prê-teste 5A1.5; 33
prevalecimento 27A10.4; 77
previazinha 23A5.4; 56, 195
primeiríssimo 16A6.2; 89
primeiro-mundo 9A10.2; 175
privacidade 15A29.3; 71, 210
privatista 35A10.2; 64
prô-diretas 4A3.3; 146, 195
prô-eleições diretas 3A2.5; 146
prô-emenda 35A3.2; 146
programável 6A19.1; 79
projeto-surpresa 17A8.2; 161
proletariemigranteuropeu 1B6.1; 151, 155, 156
prontinho 26A9.3; 88
prô-partido 19A2.1; 146
preventiva (N) 3A7.4; 127
prorrogacionismo 24A11.3; 59, 61
prorrogacionista 19B8.5; 64
prorrogador 27A11.3; 75
protagonismo 1E2.3; 61
prô-Tancredo 28A3.1; 146
pseudo-intelectualidade 37A4.2; 34
pseudoliderança 22A6.1; 34
pseudo-social 20A6.1; 34
PTB 27A4.5; 191

quadrinista 17A2.4; 62
quatro-três-três 21E3.1; 151, 156, 195
questão-chave 13A2.1; 137, 161
questionamento 7A28.1; 77

radicalizante 4A2.1; 91
radiofarmácia 13A2.5; 166
rádio-gravador 42A19.3; 154
radiopatrulha 14A9.1; 166
rádio-relógio 1A17.3; 154
radiotáxi 23A9.6; 166, 211
rádio-telefone 23A9.6; 154
ranhetar 39A11.2; 95, 100
rapidinho 24A7.3; 88
rastreador 3A9.3; 75
ratificatório 13A5.2; 93
rato-de-praia 2A1.3; 177
reacionar 1A29.2; 95, 96, 100, 209
reaganismo 2A11.3; 59, 61
reaglutinar 42A6.1; 34
reagrupar 35A6.1; 35
reaparelhamento 7A8.3; 13, 131
reaparelhar 7A8.3; 35
reaplicação 26A6.2; 34
reapropriar-se 39A11.1; 34
reaquecimento 31A17.3; 34
rearrumação 8A11.4; 35, 131
recadastramento 37A10.3; 34
recém-assinado 6A10.1; 37
recém-criado 33A10.5; 37
recém-eleito 13A32.6; 37
recém-encontrado 32A6.5; 37
recém-fundado 2A6.1; 37
recém-inaugurado 1A23.1; 37
recém-lançado 18A18.3; 37
recém-morto 2B8.2; 37
recital-conferência 33B2.1; 154
reconversão 27A18.6; 34
recreativismo 1C5.3; 61
redator-chefe 27A11.1; 161

redefinição 28A1.3; 131
Rede Manchete 2A7.1; 166
redescoberta 39A11.1; 34, 36
redirecionamento 1A27.2; 1, 131, 135
redirecionar 1A27.2; 35
redivisão 33A6.2; 35
reducionista 39A11.3; 64
reencetar 12A5.4; 34
refeição-convênio 29A8.1; 161
regionalização 3A2.5; 74
reinauguração 31A21.1; 34
reinclusão 37A6.5; 34
reinserção 9A5.6; 34
reinstitucionalização 11A2.5; 34, 131
reinterpretar 25A11.4; 35
releitura 39A11.1; 35
remédio-porrete 7A8.5; 162
renegociação 2A13.2; 131
renegociar 16A1.2; 34
reofensiva 19A11.2; 35
reordenamento 11E2.1; 35
reorientação 34A10.1; 131
repovoamento 4A12.1; 35, 131
reprivatizar 12A9.2; 35
reprofotocopiadora 40A5.1; 166, 194
ressocialização 24A8.6; 35
retaliatório 16A11.2; 93, 103
retestar 25A11.3; 35
retomada 2A3.4; 72
retroescavadeira 3A9.3; 37
retroporto 5A11.3; 37
reunião-almoço 30A2.6; 154
reutilização 3A24.1; 35
ritualística 34A10.2; 54
robertista 34A4.5; 62
robótica 38A17.1; 55
robotização 1E2.5; 74
rodinha 39A28.4; 56
rodo-aêreo 1A4.1; 185
romanista 31A23.1; 64
roqueiro 41A8.2; 52
ruminância 16A6.1; 204

saarização 33A10.2; 74, 77
saarizar 33A10.2; 100
saca-teclas 19A3.4; 102, 181
Saitecim Turismo 1A4.3; 166
sala-dois quartos 21 C1.1; 155
sala-oficina 28A6.5; 162
salário-contribuição 8A13.3; 163
salário-educação 1A6.3; 7, 163
salário (mínimo) 11A10.5; 195
salário-referência 2A10.3; 163
samba-enredo 40A6.2; 163
sambinha 20A11.1; 56
sambódromo 2A3.2; 6, 68
sardinha-gigante 7A16.1; 162
satélite-espião 42A19.3; 162
satelitização 15A3.4; 74
satelitizar 15A3.4; 99
secadora 42A5.5; 75, 76
segunda-via 1A7.2; 175
seguranca (m) 1B8.4; 7, 195
seguro-desemprego 35A10.2; 164
seguro-saúde 17A3.5; 164
semi-aberto 13A14.5; 38
semi-árido (N) 4A18.6; 38, 124
semiclandestinidade 1E2.3; 38
semicongelado 2A8.1; 38
semidestruído 1A23.4; 38
semidiretório 36A2.1; 38
semi-embutido 1A17.5; 38

semi-estacionária 2A12.5; 38
semi-estafado 38A6.2; 38
semilotado 1A23.1; 38
semimobilado 6A3.2; 38
semi-submersível 28A19.5; 38
sem-número 15A3.2; 136, 147
sem-teto 18A2.2; 127, 147
serzinho 8A10.3; 56, 57
sessão-sorteio 3A30.5; 164
showmício 32A5.5; 197, 198
Sid Microeletrônica 26A3.1; 166
sim/patia 21A24.2; 145
situação-limite 1A21.2; 162
sobrante 30A11.2; 91
sobrecustos 2A15.1; 142
sobretaxação 24A8.4; 142, 144
social-democracia 11E3.2; 175
socialismo-jenipapo 15A3.5; 157, 162
socialista-comunista 11E3.4; 186
socialisticamente 11E2.3; 106
socialístico 11E2.3; 65, 86, 105, 106
sociologizante 26A11.4; 91
sócio-proprietário 9A14.2; 155
sofanete 6A3.5; 53
solucionável 11A4.1; 92, 202
soviético-americano 3A4.2; 186
sovietólogo 3A13.5; 166
subabitação 1E5.4; 39
subcontador 15A47.1; 39
subemendão 13A4.4; 49
subempregado 16A7.1; 39
subemprego 9A9.3; 39
subempreiteira 3A5.3; 39
submetralhadora 18A14.3; 39
subocupado 1A15.1; 39
subpensamento 16B8.5; 39
subtransmissão 37A18.1; 39
subutilização 1A15.2; 39
Sudene 2A3.5; 193
sufoco 2A5.5; 102, 111, 118, 119, 208
suicidamente 18A2.2; 106
super (A) 27A10.3; 39, 40
superbroca 16A12.5; 40
supercandelariano 9A2.1; 40
Super Centro Vogue 1B1.1; 39
supercérebro 9B3.1; 40
superdelegado 7A13.4; 40
supereconômico 37A2.3; 40
superestrutural 40A11.3; 40
superexpressivo 16A11.2; 40
superliquidação 20A7.1; 40
superministério 29A10.2; 40
supernovo 2A6.4; 40
superpetroleiro 12A9.2; 40
superpoder 30A1.5; 40
superpresidente 42A10.1; 40
supersabedoria 29A9.5; 40
supersecretário 20A6.2; 40
supertecnocrata 37A11.3; 40
supertime 3A21.2; 40
supervalorizar 1A26.5; 40
suprapartidariamente 27A11.4; 106
suprapartidário 5A2.5; 41
suprimível 1E3.5; 92

tamanho-família 12A7.3; 164, 195
tancredar 36A3.4; 6, 95, 98, 99, 100
tancredizar 34A6.1; 6, 99
tancredista 16A6.1; 62
tapetão 34A2.1; 49

tateio 16A11.2; 111, 116, 117, 119

tatibitatiante 12A4.4; 91

tático-operativo 6A12.3; 185

táxi-penetra 16A16.2; 162

teatro-cinema 30B1.1; 154

técnico-administrativo 5A6.3; 185

técnico-burocrático 1E3.3; 182, 185

tecnocratite 42A10.2; 66

telecompra 29A18.2; 41, 42

telefilme 16A4.5; 41

telegrama-convite 16A4.6; 158, 164

teleinformatizada 20A21.4; 42

telejogo 1A1.5; 42, 166, 210

teleprocessamento 1A6.3; 41, 42

telessupervisão 1A19.1; 42

televisivo 3A30.2; 87

telexograma 27A4.1; 166

tenente-bombeiro 37A4.4; 162

tenentista 11A3.2; 64

terceirinha (N) 19A22.2; 56, 195

terceiro-mundista 29A11.4; 64

terceiro-mundo 21A10.3; 175

teverama 2B5.5; 69

thatcheriano 11E3.5; 86

timinho 13A32.4; 56, 208

tititi 39A11.3; 200

todinho 34A11.4; 88

totalizante 36A11.3; 91

transexual 38A13.2; 42

treino-teste 39A28.4; 162

turbilhonante 7A3.1; 91

UFSCar 12A3.2; 192, 193

ufscariano 12A3.2; 86, 192

ultrafechado 36A10.2; 42

ultraleve 9A20.3; 42, 124

ultranacionalista 23A8.3; 42

ultra-secreto 27A10.2; 42

unidimensionalidade 30A11.3; 43

unif 7A5.1; 193

unilinear 11E5.3; 43

unipessoalismo 1E4.5; 61

universalizante 35A10.1; 91

usina-piloto 29A7.3; 162

vagão-lanchonete 3A10.3; 158, 164

varandão 21C1.5; 49

velejador 14A27.4; 75

velha-guarda 3A13.1; 175, 210

velocista 1A29.2; 62

viabilização 9A11.2; 74

viabilizar 9A11.2; 99

videogame 11A1.4; 86

videogâmico 16B8.5; 86

videojogo 29A18.4; 166

videomania 1A1.5; 147

vilarengo 12A2.3; 3, 4, 83, 84

viral 2A4.1; 81

virgilista 17A4.6; 62

visibilíssimo 12A2.3; 89

visionarismo 37A10.1; 59, 61

visual (N) 18A5.4; 124

vivenciamento 41A11.1; 77

voejante 33A11.4; 91

zangadinho 38A4.4; 88, 89

zerar 29A11.3; 124

zerinho 6A3.1; 56